高等院校经济管理类系列教材

U0367909

管理统计学

康 鑫 单子丹 张雪飞 主编

清华大学出版社
北京

内 容 简 介

本书从管理统计学的基本概念、原理和应用背景入手,按照从简单到复杂,由理论到应用的编写思路由浅入深地介绍了统计学的基础知识、统计数据的调查与整理、统计推断的基础、抽样分布、参数估计、假设检验、方差分析、一元线性回归、多元线性回归、时间序列分析和统计指数等管理统计学核心知识点。另外,本书作为一本工具性学科参考书,强调从经济、管理常见问题入手,引发读者思考统计学在实践中的具体应用,有助于读者更好地理解统计方法和统计思想。

本书既可用于高等院校工商管理类相关专业的本科课程教学,也可用于经济学类相关专业的本科课程教学,还可作为各类统计人员、管理人员、相关技术人员的参考用书。

图书在版编目(CIP)数据

管理统计学/康鑫,单子丹,张雪飞主编. —北京:清华大学出版社,2023.9
高等院校经济管理类系列教材
ISBN 978-7-302-64322-7

Ⅰ. ①管… Ⅱ. ①康… ②单… ③张… Ⅲ. ①经济统计学—高等学校—教材 Ⅳ. ①F222

中国国家版本馆 CIP 数据核字(2023)第 144375 号

责任编辑:孟 攀
封面设计:李 坤
责任校对:么丽娟
责任印制:曹婉颖
出版发行:清华大学出版社
　　　　　网　　　址:http://www.tup.com.cn, http://www.wqbook.com
　　　　　地　　　址:北京清华大学学研大厦 A 座　　　邮　　编:100084
　　　　　社 总 机:010-83470000　　　　　　　　　　邮　　购:010-62786544
　　　　　投稿与读者服务:010-62776969, c-service@tup.tsinghua.edu.cn
　　　　　质量反馈:010-62772015, zhiliang@tup.tsinghua.edu.cn
　　　　　课件下载:http://www.tup.com.cn, 010-62791865
印 装 者:三河市铭诚印务有限公司
经　　销:全国新华书店
开　　本:185mm×260mm　　印　张:17.25　　字　数:418 千字
版　　次:2023 年 9 月第 1 版　　　　　印　次:2023 年 9 月第 1 次印刷
定　　价:49.80 元

产品编号:096907-01

前　言

管理统计学是一门用统计学方法和理论研究管理问题、经济问题的应用性学科，其将描述统计和推断统计的基本方法有机结合。不论是认识常见的经济现象，还是通晓企业管理实践经验，抑或是认识社会客观规律，管理统计学都是一门有效的学科。同市面上同类教材相比，本书有以下几个突出特点。

第一，本书具有较强的时效性，很多统计学实例均带有明显的时代特征，能够反映统计学的最新成果，全新的统计学案例设计也能较好地引起读者的共鸣，激发读者的学习热情。

第二，本书每章的开头均设置了章前导读，采用启发式的教学方式使人带着问题进行知识点的学习，使读者明确各章知识在经济、管理实际中的适用性。

第三，本书精减了一些烦琐复杂的统计学推导公式或相关理论，更强调整体内容的系统性、可读性及实用性，力求通俗易懂和由浅入深，减小读者的学习难度。

第四，本书配备了较为丰富的例题和习题，既有满足基础知识识记的客观题，也有锻炼统计分析能力的计算题，以便更好地满足教学实际需求。

本书由康鑫、单子丹、张雪飞担任主编，具体分工为张雪飞负责本书第一、二(部分)、十、十一章的编写及部分校对工作；单子丹负责本书第二(部分)、三、四、五章的编写及部分校对工作；康鑫负责本书第六、七、八、九章的编写及部分校对工作。在本书的编写过程中，我们也参考借鉴了许多同行的优秀成果，在此深表谢意！

由于编者水平有限，在本书的编写过程中难免存在疏漏和不妥之处，恳请同行和读者多提宝贵意见，以便我们进一步修改和完善。

编　者

目　　录

第一章　绪　论

【本章学习要求】

通过本章的学习，掌握统计的含义；了解统计的产生及发展过程；理解管理统计学的概念及其内容；掌握统计学的基本概念；了解统计的基本职能。

【本章重点】

- 统计的含义
- 管理统计学的概念
- 统计的相关概念

【本章难点】

- 统计的相关概念
- 统计的基本职能

【章前导读】

第七次全国人口普查公报(第三号)——地区人口情况

第七次全国人口普查结果已出，现将 2020 年 11 月 1 日零时我国大陆 31 个省、自治区、直辖市(以下简称省份)的常住人口有关数据公布如下(见表 1-1 所示)。

一、地区人口

我国 31 个省份中，人口超过 1 亿的省份有 2 个，人口在 5000 万至 1 亿的省份有 9 个，人口在 1000 万至 5000 万的省份有 17 个，人口少于 1000 万的省份有 3 个。其中，人口数量居前 5 位的省份合计人口占全国人口的比重为 35.09%。

表 1-1　全国各地区人口情况

地　区	数量(人)	比重(%)	
		2020 年	2010 年
全　国	1411778724	100.00	100.00
北　京	21893095	1.55	1.46
天　津	13866009	0.98	0.97
河　北	74610235	5.28	5.36
山　西	34915616	2.47	2.67
内蒙古	24049155	1.70	1.84
辽　宁	42591407	3.02	3.27
吉　林	24073453	1.71	2.05
黑龙江	31850088	2.26	2.86

续表

| 地 区 | 数量(人) | 比重(%) | |
		2020 年	2010 年
上 海	24870895	1.76	1.72
江 苏	84748016	6.00	5.87
浙 江	64567588	4.57	4.06
安 徽	61027171	4.32	4.44
福 建	41540086	2.94	2.75
江 西	45188635	3.20	3.33
山 东	101527453	7.19	7.15
河 南	99365519	7.04	7.02
湖 北	57752557	4.09	4.27
湖 南	66444864	4.71	4.90
广 东	126012510	8.93	7.79
广 西	50126804	3.55	3.44
海 南	10081232	0.71	0.65
重 庆	32054159	2.27	2.15
四 川	83674866	5.93	6.00
贵 州	38562148	2.73	2.59
云 南	47209277	3.34	3.43
西 藏	3648100	0.26	0.22
陕 西	39528999	2.80	2.79
甘 肃	25019831	1.77	1.91
青 海	5923957	0.42	0.42
宁 夏	7202654	0.51	0.47
新 疆	25852345	1.83	1.63
现役军人	2000000		

二、地区人口变化

与 2010 年第六次全国人口普查结果相比，2020 年第七次全国人口普查结果中，31 个省份有 25 个省份人口增加。人口增加较多的 5 个省份依次为广东、浙江、江苏、山东、河南，分别增加 21709378 人、10140697 人、6088113 人、5734388 人、5341952 人。

分区域看，与 2010 年第六次全国人口普查结果相比，2020 年第七次全国人口普查结果中，东部地区人口所占比重上升了 2.15 个百分点，中部地区人口所占比重下降了 0.79 个百分点，西部地区人口所占比重上升了 0.22 个百分点，东北地区人口所占比重下降了 1.20 个百分点。

(资料来源：国家统计局，国务院第七次全国人口普查领导小组办公室。)

【关键词】

统计　统计学　管理统计学　标志　统计指标　统计指标体系

第一节　统计的产生与发展

统计学是在统计实践活动中产生和发展起来的，它将在今后的统计实践中得到进一步完善和发展。

一、统计实践的产生和发展

从历史上看，统计实践活动远远早于统计学的产生，它是随着人类社会经济的发展，以及治国和管理的需要产生和发展起来的，至今已有四五千年的历史。统计活动起源于原始社会末期，当时人们就用结绳记事、结绳计量的方法对狩猎品和采集到的野果等进行简单的数量统计。

在奴隶社会，统治者为了维护自己的统治地位，满足对内统治和对外战争的需要，进行征兵、徭役、征税，开始了人口、土地和财产的统计活动。据晋皇甫谧(公元 215—282 年)《帝王世纪》记载，我国早在 4000 多年前的夏朝，统治者为了满足治国治水的需要，就进行过初步的国情统计，全国被分为 9 个州，人口约为 1355 万，土地约为 2438 万顷。在国外，古希腊、古罗马时代，就开始了人口和居民财产的统计活动。古埃及在建造金字塔时，为征集所需财物和征用劳力，在全国就进行过人口、劳力和财产的调查。

封建社会的统计活动已初具规模。封建君主和精明的政治家日益意识到统计对于治国安邦的重要作用。

封建社会末期，特别是进入资本主义社会以后，社会生产力迅速发展，社会分工日益明确，交通、贸易等日趋发达，国际市场逐步形成。当时，不仅政府需要进行包括人口、土地、财富、赋税、军事等国情国力的统计活动，各类企业主、商人为了经营管理和争夺市场，也需要各种商业情报和市场信息。统计逐步扩展到工业、农业、贸易、银行、保险、交通、邮电、海关等部门，并且出现了专业的统计机构和研究组织。统计逐步成为社会分工中的一个独立部门和专业。

二、统计理论的产生和发展

统计实践经过封建社会末期的丰富和发展，客观上需要用理论来加以概括和总结，因此统计学应运而生。从 17 世纪下半叶开始，欧洲出现了一些统计学理论著述。在资本主义社会，随着统计实践活动的发展，众多学者开始总结丰富的统计实践经验，纷纷著书立说，使得统计学在理论和方法上不断丰富。这些统计学者所处的历史时期不同，研究的领域不同，因此，形成了不同的统计学派。主要的统计学派如下所述。

1. 国势学派

国势学派，也称记述学派，产生于 17 世纪的德国，代表人物是赫尔曼·康令(H.Conring,

1606—1681 年)和阿亨瓦尔(Achenwall，1719—1772 年)，代表作是《近代欧洲各国国势学纲要》。他们在德国的大学开设了国势学课程。国势学派把统计学理解为国家重要事项的记述，他们收集了大量的第一手材料，分门别类地记述国家组织、土地、人口、军队、居民职业、宗教、资源、财产等社会经济情况。这些资料注重事件的文字记述，但缺乏数据的分析。由此，对比后人所认为的统计学，国势学派所理解的统计学是片面的，有着名不副实的缺陷。因此，"统计学"一词从"国势学派"演变而来。

2. 政治算术学派

政治算术学派产生于 17 世纪的英国，代表人物是威廉·配第(W.Petty，1623—1687年)，代表作是《政治算术》。该书运用大量的数据资料，对英国、荷兰、法国的政治事项、社会结构、经济状况、军事力量等方面首次进行了解剖分析。配第运用具体的数字、重量、尺度等统计方法对社会经济等现象及其相互关系进行系统的数量运算与对比分析，为统计学的创立奠定了方法论基础。该学派成功地将经济理论和统计分析方法结合在一起，由此形成了既不同于数学，又不同于政治经济学的新学科。因此，马克思称威廉·配第为"政治经济学之父"，在某种程度上说，他也是统计学的创始人。政治算术学派的另一个代表人物是约翰·格朗特(John Graunt，1620—1674 年)。在他的论著《对死亡率公报的自然观察和政治观察》中，首次通过大量观察研究发现了一系列人口统计规律，如新生儿性别比例；男性死亡率高于女性死亡率；一般疾病和事故的死亡率较稳定，而传染病的死亡率波动较大；编制了初具规模的"生命表"，对年龄死亡率与人口寿命进行了分析等。尽管该学派的学者运用了统计学的理论与方法，但都没有使用"统计学"这个名称。

3. 数理统计学派

数理统计学派产生于 19 世纪的比利时，代表人物是阿道夫·凯特勒(A.Quetelet，1796—1874 年)，代表作有《社会物理学》《概率论书简》等著作。他将法国古典概率理论引入统计学中，认为无论是自然现象还是社会现象都有规律可循，一切事物都受大数定律支配。统计学是可应用于任何学科研究的，并开创性地应用了许多统计方法。到 19 世纪 60 年代，凯特勒把统计学发展过程中的三个主要源泉，即国势学派、政治算术学派和古典概率学派进行结合，最终形成近代应用数理统计学。其后，由高尔顿(Galton，1822—1911 年)、皮尔生(Pearson，1857—1936 年)、戈塞特(Gosset，1876—1937 年)和费雪(Fisher，1890—1962 年)等统计学家，经过多方面的研究，提出并发展了回归和相关、假设检验、卡方(χ^2)分布、t 分布等理论，使数理统计学逐渐成为一门独立的学科。

4. 社会统计学派

社会统计学派产生于 19 世纪的后半叶，其先驱是德国大学教授克尼斯(Knies，1821—1898 年)，主要代表人物为恩格尔(Engel，1821—1896 年)和梅尔(Mayer，1841—1925 年)。该学派认为，统计学的研究对象是社会现象的数量，描述社会现象内部的联系、相互关系以及发展规律。统计应当包括资料的收集、整理以及对其进行的分析研究。社会统计学派认为，全面调查包括人口普查和工农业调查，居于重要地位；以概率论为理论基础的抽样调查，在一定程度上具有实际意义和作用。社会统计学派在理论上比政治算术学派更加完善，在时间上比数理统计学派更早成熟，因此，其在国际统计学界有较大的影响。

第二节　统计学的含义及其研究对象

一、统计学的含义

统计作为一种社会实践活动有着悠久的历史。在外语中，"统计"一词与"国家"一词来自同一词源。因此可以说，自从有了国家就有了统计实践活动。最初，统计只是为满足统治者管理国家的需要而收集资料，掌握国家的人力、物力和财力，并作为国家管理的依据。

今天，"统计"一词已被人们赋予多种含义，因此，很难给出一个简单的定义。在不同场合，"统计"一词具有不同的含义。它可以指统计数据的收集活动，即统计工作；也可以指统计活动的结果，即统计数据资料；还可以指分析统计数据的方法和技术的科学，即统计学。

(一)统计工作

统计工作是统计资料收集、整理、分析的一系列活动过程。统计工作在人类历史上出现得比较早，随着历史的发展得到了进一步的发展和完善，成为国家、部门、单位和个人认识与改造客观世界和主观世界的一种有力工具。统计工作，简称为统计。例如，某统计师在回答自己的工作性质时说："我是干统计的。"这里所说的"统计"就是指统计工作。从统计认识活动的特殊意义或一次统计活动来讲，一项完整的统计工作一般可分为统计设计、统计调查、统计整理和统计分析四个主要阶段。

1. 统计设计

统计设计，是指根据统计研究对象的性质和研究目的，对统计工作的各个方面和各个环节的通盘考虑和安排。统计设计的结果表现为各种标准、规定、制度、方案和办法，如统计分类标准、目录、统计指标体系、统计报表制度、统计调查方案、普查方法、统计整理或汇总方案等。统计设计的主要内容包括统计表的设计、统计资料收集方法的设计、统计工作各个部门和各个阶段的协调与联系、统计力量的组织与安排等。

统计设计在统计工作中发挥着决定性的作用。因为统计工作是一项要求高度集中统一和科学性很强的工作，无论是统计总体范围、统计指标的口径和计算方法，还是统计分类和分组的标准，都必须统一，绝不允许"各行其是"。因此，只有事先进行设计，才能做到统一认识、统一步骤、统一行动，使整个统计工作有秩序地、协调地进行，保障统计工作的质量。

2. 统计调查

统计调查，即统计资料的收集，它是根据统计方案的要求，采用各种调查组织形式和调查方法，有组织、有计划地对所研究总体的各个单位进行观察、登记，从而准确、及时

地收集原始资料的过程。

统计调查是统计认识活动由初始定性认识过渡到定量认识的阶段，这个阶段所收集的资料是否客观、系统，直接关系到统计整理的好坏，关系到统计分析结论是否正确，决定着统计工作的质量，因此，它是整个统计工作的基础。

3. 统计整理

统计整理是根据统计研究的目的，对调查阶段收集的原始资料，按照一定标准进行科学的分组和汇总，使之条理化、系统化，将反映各个单位个别特征的资料转化为反映总体和各组数量特征综合资料的工作过程。

统计整理是统计工作的一个中间环节，是使人们对社会经济现象的认识由个体的认识过渡到总体的认识，由感性认识上升到理论认识的必经过程，既是统计调查工作的中间环节，又是统计分析工作的必要前提。

4. 统计分析

统计分析是指运用各种统计分析方法对经过加工整理的统计资料从静态和动态方面进行基本的数量分析，认识和揭示所研究的现象的本质和规律，进而作出科学的结论，提出建议和进行预测的活动过程。统计分析是统计工作的最后阶段，也是统计发挥信息、咨询和监督职能的关键阶段。

统计工作的上述四个阶段各有自己的特定内容和作用。一般来说，是以先后顺序进行的，但是，它们是相互联系、相互制约的整体，任何一个阶段的工作出现失误，都会影响整个工作的顺利进行。为了从整体上取得良好效果，在某些情况下，各阶段工作要相互渗透，交叉进行。

(二)统计数据资料

统计数据资料是统计工作活动进行收集、整理、分析和研究的主体及最终成果。不管是个人、集体和社会，还是单位、部门和国家，都离不开统计数据资料。个人要进行学习、工作和家庭管理，需要对有关的统计数据资料进行收集和分析，以指导自己的学习、工作和生活；要管理好企业，必须进行市场调研、生产控制、质量管理、人员培训、成本评估等，这就需要对市场资料、生产资料、质量数据、人员资料、成本资料等进行收集、整理、分析和研究；国家要进行经济建设、社会要发展，更离不开有关国民经济和社会发展的统计资料，像我国发展的十年规划，2020 年的国内生产总值比 2010 年翻一番已经实现，这就需要我国有关国内生产总值的历史数据资料和各相关统计数据资料，以此为基础进行分析和决策。还有像国家统计局编辑、中国统计出版社出版的每年一册的《中国统计年鉴》以及国家统计局每年初公布的《中华人民共和国×年国民经济和社会发展统计公报》等，即是统计数据资料，也可称为统计。例如，电视台、电台、报纸和杂志所说的"据统计"的"统计"就是指统计工作获得的数据资料。

(三)统计学

一般来说，统计学是研究如何对客观事物数量方面进行调查、整理和分析的原理、原则与方式、方法的科学。

统计学的研究对象是客观事物的数量特征和数据资料。统计学是以收集、整理、分析和研究等统计技术为手段，对所研究对象的总体数量关系和数据资料去伪存真、去粗取精，从而达到显示、描述和推断被研究对象的特征、趋势和规律的目的。统计学，也可简称为统计。例如，我们所学的课程——统计课，实际上就是指统计学课程。

早期统计学的学派之一，政治算术学派的创始人威廉·配第和约翰·格朗特，首先在其著作中使用统计数字和图表等方法来分析社会、经济和人口现象，这不仅为人们进一步认识社会提供了一种新的方法，也为统计学的发展奠定了基础。

目前，随着统计方法在各个领域的应用，统计学已发展成具有多个分支学科的大家族。因此，要给统计学下一个大家普遍接受的定义是十分困难的。在本书中，我们对统计学做如下解释，统计学是一门收集、整理和分析统计数据的方法科学，其目的是探索数据的内在数量规律，以达到对客观事物的科学认识。

统计数据的收集是取得统计数据的工作，它是进行统计分析的基础。离开了统计数据，统计方法就失去了用武之地。如何取得所需的统计数据是统计学研究的内容之一。

统计数据的整理是对统计数据的加工处理工作，目的是使统计数据系统化、条理化，符合统计分析的需要。数据整理是介于数据收集与数据分析的一个必要环节。

统计数据的分析是统计学的核心内容，它是通过统计描述和统计推断探索数据内在规律的工作。

可见，统计学是一门有关统计数据的科学，统计学与统计数据有着密不可分的关系。在英文中，"statistics"一词有两种含义：当它以单数名词出现时，表示作为一门科学的统计学；当它以复数名词出现时，表示统计数据或统计资料。从以上内容可以看出，统计学是由一套收集和处理统计数据的方法所组成的，这些方法来源于对统计数据的研究，目的也是对统计数据进行研究。统计数据若不用统计方法进行分析也仅仅是一堆数据而已，无法得出任何有用的结论。此外，统计数据不是指单个的数字，而是由多个数据构成的数据集。单个数据显然用不着用统计方法进行分析，仅凭一个数据点，我们也不可能得出事物的规律，只有先对同一事物进行多次观察或计量得到大量数据后，才能利用统计方法探索出其内在的规律。

二、统计学的研究对象

一般来说，统计学的研究对象是自然、社会经济领域中客观现象总体的数量关系。正是因为统计学的这一研究的特殊矛盾，使它成为一门万能的科学。不论是自然领域，还是社会经济领域，凡涉及客观现象总体的数量方面的内容，都是统计学所要分析和研究的。

统计学研究对象的特点有如下所述几点。

1. 数量性

统计学的研究对象是自然、社会经济领域中现象的数量关系，这一特点是统计学(定量分析学科)与其他定性分析学科的界限。数量性是统计学研究对象的基本特点，因为数字是统计的语言，数据资料是统计的原料。一切客观事物都有质和量两个方面，事物的质与量总是密切联系、共同决定着事物的性质。没有无量的质，也就没有无质的量。一定的质规定着一定的量，一定的量也表现为一定的质。但在认识的角度上，质和量是可以区分的，可以在一定的质的条件下，单独地研究数量，通过认识事物的量进而认识事物的质。因此，事物的数量是我们认识客观现实的重要依据，通过分析研究统计数据资料，研究和掌握统计规律，就可以达到我们统计分析研究的目的。例如，要分析和研究国内生产总值，就要对其数量、构成及数量变化等进行研究、分析，这样才能正确地分析和研究国内生产总值的规律。

2. 总体性

统计学的研究对象是自然、社会经济领域中现象总体的数量关系，即统计的数量研究是对总体普遍存在着的事实进行大量的观察和综合分析，得出反映现象总体的数量特征和资料规律。自然、社会经济现象的数据资料和数量对比关系等一般是在一系列复杂因素的影响下形成的。在这些因素中，有起决定和普遍作用的主要因素，也有起偶然和局部作用的次要因素。由于种种原因，在不同的个体中，它们相互结合的方式和实际发挥的作用都不可能完全相同。所以，对于每个个体来说，就具有一定的随机性质，而对于有足够多数个体的总体来说又具有相对稳定的共同趋势，显示出一定的规律性。例如，对工资的统计分析，我们并不是要分析和研究个别人的工资，而是要反映、分析和研究一个地区、一个部门、一个企事业单位总体的工资情况和显示出来的规律性。统计研究对象的总体性，是从对个体的实际表现的研究过渡到对总体的数量表现的研究上。例如，工资统计分析，要反映、分析和研究一个地区的工资情况，先要从每个职工的工资开始统计，然后再综合汇总得到该地区的工资情况，只有从个体开始，才能对总体进行分析研究。研究总体的统计数据资料，不排除对个体进行深入调查研究，但它是为了更好地分析研究现象总体的统计规律而服务的。

3. 具体性

统计研究对象是自然、社会经济领域中具体现象的数量关系。即它不是纯数量的研究，而是具有明确的现实含义，这一特点是统计学与数学的区别之一。数学是研究事物的抽象空间和抽象数量的科学，而统计学研究的数量是客观存在的、具体实在的数量表现。统计研究对象的这一特点，也正是统计工作必须遵循的基本原则。正因为统计的数量是客观存在的、具体实在的数量表现，它才能存在于客观世界，不以人们的主观意志为转移。统计资料作为主观对客观的反映，必然是存在第一性，意识第二性，存在决定意识，只有如实地反映具体的已经发生的客观事实，才能为我们进行统计分析研究奠定可靠的基础，才能分析、探索和掌握事物的统计规律。因此，虚假的统计数据资料是不能成为统计数据资料的，因为它违背了统计研究对象的具体性的特点。

4. 变异性

统计研究对象的变异性是指构成统计研究对象总体的各单位，除了在某一方面必须是同质的以外，在其他方面又要有差异，而且这些差异并不是由某种特定的原因事先给定的。也就是说，总体各单位除了必须有某一共同标志表现作为它们形成统计总体的客观依据以外，还必须要在所要研究的标志上存在变异的表现。否则，就没有必要进行统计分析研究了。例如，高等院校这个统计对象，除了都是从事高等教育的教学活动这一共同性质之外，各高等院校在隶属主管部门、院校性质、招生规模、专业设置等各方面又有所不同。工人作为统计数据资料的对象，每个工人在性别、年龄、工龄、工作性质、工资等方面也会有不同的表现。这样，统计分析研究才能针对其表现出来的差异探索统计规律。

第三节　统计学的研究方法

统计学根据研究对象的性质和特点，形成了自己专门的研究方法，这些基本方法包括实验设计法、大量观察法、统计描述法和统计推断法等。

一、实验设计法

统计是要分析数据的，但在此之前首先需要考察数据的来源是否合适，实验采集的数据是否符合分析的目的要求。如果由于安排不科学，使实验数据不能反映现象的真实情况，或不能用以估计总体的数量特征，那么以后的一系列分析工作也没有意义。例如，要比较某农作物 A 品种和 B 品种的收获率高低，分别在两地段播种 A 品种和 B 品种，结果获得 A 品种单位面积产量的数据高于 B 品种。如果根据这个数据判断 A 品种优于 B 品种，这个结论就太片面了。原因是影响收获率高低的因素不仅有种子品种的差异，还有土地区位、肥沃程度等差异，所以我们需要事先作出安排，在实验结果数据的差异中排除可控因素(土地)的差异，以显示不可控因素(品种)的差异。所谓实验的统计设计，是指设计实验的合理程序，使收集的数据符合统计分析方法的要求，以便有效地得出客观的结论。它主要适用于自然科学研究和工程技术领域的统计数据收集。

实验的统计设计要遵循以下三个基本原则。

1. 重复性原则

重复性原则即允许在相同条件下重复多次实验。如果将一次实验所得的数据作为总体的估计量，精度就很差，这时实验的误差等于观察的误差，观察误差可能是实验误差的结果，很难用观察的数据来说明总体情况。多次重复实验具有两大好处：其一，可以获得更加精确的效应估计量；其二，可以获得实验误差的估计量。这些都是提高估计精度或缩小误差范围所需要的。

2. 随机性原则

随机性是指在实验设计中，实验对象的分配和实验次序都是随机安排的。这种安排可以使可控影响因素的作用均匀化，突出不可控影响因素的作用。例如，在种子品种的实验中如果不是将 A 品种固定在甲地段、将 B 品种固定在乙地段，而是两地段随机地选择不同品种多次重复实验，可以断定这种安排在不同品种收获率的差异中，受土地因素的影响大大减小，而受品种因素的影响大大提高了。因此，随机性原则是实验设计的重要原则。

3. 区组化原则

区组化原则即利用类型分组技术，对实验对象按有关标志顺序排队，然后，依次将各单位随机地分配到各处理组，使各处理组组内标志值的差异相对扩大，而各处理组组间的差异相对缩小，这种实验设计安排被称为随机区组设计。这样就可以提高处理组的估计精度。

二、大量观察法

大量观察法是统计学特有的方法。所谓大量观察法，是指对所研究的事物的全部或足够数量进行观察的方法。社会现象或自然现象都会受到各种社会规律或自然规律相互作用的影响。在现象总体中，个别单位往往受偶然因素的影响，如果任选其中之一进行观察，其结果不足以代表总体的一般特征；只有观察全部或足够的单位并加以综合，影响个别单位的偶然因素才会相互抵消，现象的一般特征才能显示出来。大量观察法的意义就在于可使个体与总体数量上的偏误相互抵消。

大量观察法的数学依据是大数定律，大数定律是随机现象的基本规律。大数定律的定义是在观察过程中，每次取得的结果不同，这是偶然性所致，但大量、重复观察结果的平均值几乎接近确定的数值。狭义的大数定律是指概率论中反映上述规律的一些定理，用以表述平均数的规律与随机现象的概率关系。

大数定律的本质意义在于经过大量观察，把个别的、偶然的差异性相互抵消，而集体的、必然的规律便会显示出来。例如，当我们观察个别家庭或少数家庭的婴儿出生情况时，生男生女的比例极为不协调，有的是生男不生女，有的是生女不生男，有的是女多男少，有的是男多女少。然而，经过大量观察，男婴、女婴的出生数则趋向均衡。也就是说，观察的次数越多，离差的差距就越小，或者说频率具有了稳定性。这就表明，同质的大量现象是有规律的，尽管个别现象受偶然性因素的影响出现偏差，但观察数量达到一定程度就呈现规律性，这就是大数定律的作用。

三、统计描述法

统计描述法，是指对由实验或调查而得到的数据进行登记、审核、整理、归类，计算出各种能反映总体数量特征的综合指标，并加以分析从中抽出有用的信息，用表格或图把它表示出来。统计描述是统计研究的基础，它可为统计推断、统计咨询、统计决策提供必要的事实依据。统计描述也是对客观事物认识的不断深化；它可通过对分散无序的原始资料的整理归纳，运用分组法、综合指标法和统计模型法得到现象总体的数量特征，揭露客观事物内在的数量规律，达到认识的目的。

分组法是研究总体内部差异的重要方法，通过分组可以研究总体中不同类型的性质以及它们的分布情况，如产业的经济类型及其行业分布情况；可以研究总体中的构成和比例关系，如三次产业的构成、生产要素的比例等；可以研究总体中现象之间的相关依存关系，如企业经营规模和利润率之间的关系等。

综合指标法是运用各种统计指标来反映和研究客观总体现象的一般数量特征和数量关系的方法。通过综合指标的计算可以显示出现象在具体时间、地点条件下的总量规模、相对水平、集中趋势、变异程度，并进一步从动态上研究现象的发展趋势和变化规律。

统计模型法则是综合指标法的扩展。它是根据一定的理论和假定条件，用数学方程去模拟客观现象相互关系的一种研究方法，利用这种方法可以对客观现象及发展过程中存在的数量关系进行比较完整和全面的描述，以凸显所研究的综合指标之间的关系，从而简化客观存在的其他复杂关系，以便利用模型对所关心的现象变化进行评估和预测。

四、统计推断法

统计在研究现象的总体数量关系时，需要了解的总体对象的范围很广，有时甚至是无限的，而受经费、时间和精力等各种因素的影响，有时在客观上只能从中观察部分单位或有限单位进行计算和分析，根据局部观察结果来推断总体。例如，要说明一批灯泡的平均使用寿命，则只能从该批灯泡中抽取一小部分进行检验，推断这一批灯泡的平均使用寿命，并给出这种推断的置信程度。这种在一定置信程度下，根据样本资料的特征，对总体的特征进行估计和预测的方法被称为统计推断法。统计推断法是现代统计学的基本方法，在统计研究中得到了极为广泛的应用，它既可以用于对总体参数的估计，也可以用作对总体某些分布特征的假设检验。从这种意义上来说，统计推断法是在不确定条件下作出决策或推断的一种方法。

第四节　管理统计学

一、管理统计学的概念及其内容

管理统计学作为一门应用性学科，它结合了管理学的基本理论和统计学的应用方法，对管理对象进行数量关系方面的收集、整理和研究，可为之后的管理决策提供科学、可靠的依据。

管理统计学是一门用统计学方法和理论研究管理问题、经济问题的应用性学科。将其展开来说，主要包括以下两个方面。

其一，它是一门以经济与管理理论为基础，采用描述和推断的方法来对社会经济和管理现象中研究对象的数量特征、数量关系、发展变化趋势及规律进行研究，最终解决管理和经济问题的学科。

其二，它是一门应用性的方法论科学，是以数理统计学的理论和方法为基础，不断吸收信息论、控制论、系统论和决策论等方面的研究成果，使统计职能从反映和监督拓展到推断、预测和决策的学科。这说明管理统计学除了要应用一般的统计方法，还必须以有关管理和经济理论为指导，并有自己独特的方法，如核算方法、综合评价方法、预测方法等。

总之，管理统计学是认识社会经济现象的有力工具，是进行宏微观管理、企业管理、管理研究等的重要工具。

(一)管理统计学的特点

管理统计学的本质特点是将描述统计和推断统计有机结合，并融合经济与管理理论，用以处理宏观和微观经济管理问题。

描述统计是通过大量数据资料的收集、整理和分析，对总体数据的分布特征进行描述，进而形成对总体内在数量规律的认识。传统的统计方法主要是描述统计。

推断统计是根据实际工作中所收集到的统计资料，利用这些样本资料所提供的信息，进一步对总体的数量规律进行科学的推论。

管理统计学就是将描述统计和推断统计的基本方法有机地结合在一起，形成社会经济管理中常用的统计方法，并用来解决实际问题的一门学科。

(二)管理统计学的内容

由于社会经济现象的数量特征有很多，其相互联系的变量关系具有确定性和随机性，因而管理统计的研究可从描述统计和推断统计这两方面出发，其核心是统计推断的基本理论和方法。

从现象总体数量特征和数量关系出发，管理统计学研究的主要内容有下述各项。

(1) 以社会经济现象静态信息为依据，应用统计分组和变量数列，采取绝对数、相对数、平均数等具有离散趋势的指标，对现象总体的频数分布、极差、绝对总量、相对程度以及集中离散趋势等进行描述。

(2) 根据社会经济现象动态统计信息，采用动态比较、动态平均、长期趋势、季节波动等，对现象总体的发展变化情况、变动趋势及变化因素进行统计描述和推断。

(3) 对社会经济现象中大量随机变量间的交互统计信息，采用相关回归分析，刻画现象变量间的相关程度，并利用数学表达式建立回归方程进行统计预测；或采用投入产出分析，揭示部门间的数量联系，综合反映其运行规律。

(4) 根据实际现象变量的概率分布、大数定律和中心极限定理，运用抽样推断原理，按照一定的方法用样本统计量去推算统计总体参数，并进行假设检验、方差分析和非参数估计等。

(5) 根据实际现象过去和现在的统计信息，对未来数量特征，运用平均数模型、长期趋势模型、季节波动模型、回归模型及时间序列分析等，借助计算机进行统计预测，为统计决策和控制提供数值依据。

(6) 根据社会经济数量的目标函数、约束条件、自然状态及其概率，建立数学模型，运用优化思想、风险决策技术及贝叶斯决策原理对企业实施有效决策，为合理的经济管理核算服务。

二、管理统计学的起源与发展

利用统计学的方法来研究社会经济问题早在 19 世纪就已经开始，但应用统计原理与方法来解决社会经济及管理问题这一思维的形成却是在 20 世纪。随着 19 世纪末 20 世纪初泰罗的科学管理理论和法约尔的一般管理理论的提出，管理学得到很大的发展，统计学思想融入管理中的趋势也显得十分必然，从而推动了管理统计学的产生与发展。

(一)管理统计学的萌芽阶段

管理统计学的萌芽阶段是指 20 世纪初至 40 年代末。在这一阶段，统计学开始被用来解决社会经济管理活动中的某些问题，但是应用领域不够广，而且比较零散，使用的方法主要是初级统计分析方法。处理和计算统计数据主要依靠手工或机械式计算机。其中具有代表性的是 1917 年美国国防部运用统计学方法解决急用军用品的规格设计问题。军用品的规格具有随机性和个体性。通过抽样调查，发现军人军衣和军鞋尺寸的分布都类似呈正态分布，根据这样的分布规律设计的军衣和军鞋，其规格满足了大部分军人的需要。从此，运用统计学解决管理问题开始引起人们的重视。1924 年，美国贝尔电话实验室研究人员休哈特将统计方法应用于产品质量管理，发明了产品质量控制图，有效地解决了产品生产过程中的质量控制问题。此后，管理统计学被广泛地应用，来解决各种经济管理问题。

(二)管理统计学的形成阶段

管理统计学的形成阶段是指 20 世纪 50 年代初至 60 年代末。在此阶段，统计学成为管理科学的重要学科之一，被广泛地用来解决社会经济管理活动中存在的问题，应用领域涉及行政管理和商业管理等方面，并且同管理理论相结合，形成了统计应用专题，如财务报表分析、投资决策等。使用的方法不仅涉及初级统计学，而且涉及高级统计学和决策论。另外，自 1946 年世界上第一台大型电子数字计算机(ENIAC)在美国宾夕法尼亚大学问世后，电子计算机不仅被广泛地应用于科学研究的数据处理，还被广泛地应用于经济管理和其他方面的数据处理，成为数据处理的主要工具。具有代表性的是 1953 年创立的国际通用的国民收入账户(国民账户体系及其辅助表，system of national accounts and supporting tables)，及 1968 年创立的以国民收入账户为主，包括投入产出表、资金循环表、国民资产负债表、国际收支表的新 SNA 体系。20 世纪 60 年代初，美国著名管理统计学家戴明提出的企业管理 PDCA 和费根堡的全面质量管理也促进了管理统计学的发展。

(三)管理统计学的发展阶段

管理统计学的发展阶段是指 20 世纪 70 年代初至今。随着计算机技术的飞速发展，硬件方面，高集成度、高处理速度及多 CPU 并行的计算机已逐渐普及；软件方面，出现了以 SAS、SPSS、Splus 等系统为主的统计软件包。软件包的商业化、社会化又进一步提高了人类处理和计算统计数据的速度，使管理统计学在社会经济管理活动中发挥了更大的作用；统计理论方面，20 世纪 70 年代可以被认为是规范化线性模型的时代，80 年代前期侧重于渐进理论的研究，90 年代对"复杂性"研究较为瞩目，特别是对马尔可夫链蒙特卡罗(Markov Chain Monte Carlo)理论的研究为建立可实际应用的统计模型开辟了广阔的空间。20 世纪 90 年代以来，随着信息科学的发展，统计学的应用环境发生了很大的变化，统计学受到信息科学发展的影响，出现了许多依靠以往统计学理论不能解决的新问题，比如对于非常庞大的数据集，怎样进行筛选和提炼有效信息，如何对各种数据进行有效的检索处理等，都是难度很大甚至是不能解决的问题。近年来，为适应实际的需要，统计学与计算机科学相结合又发展出一门数据挖掘技术，用以解决上述问题。也就是说，根据研究对象的不同，数据处理及数据采集挖掘的方法也呈现多样化，统计分析方法也相对复杂化和专业化。因此，统计学的应用不仅要不断提高理论统计学的基本素质，还要注重掌握经济学的理论、金融交易制度及金融理论、管理科学的理论与计算机的技术方法。可见，统计理论与应用的紧密结合比以往任何一个时期都更为迫切、更加重要。

如今，管理统计学已进入智能型发展阶段。数据挖掘技术有效地解决了管理中关于数据筛选、提炼有效信息的问题。在现代化技术飞速发展和全球化大生产的背景下，管理统计学在发展中不断学习和突破，进一步完善了自身的理论框架。

三、管理统计学的应用

管理统计学在现实中的应用主要有以下几个方面。

(一)管理统计学在人口管理中的应用

在人口管理学中，一个国家人口的男女比例问题、出生率和死亡率问题是被重点关注的。就男女比例问题而言，每个家庭生儿生女没有规律可循，但对大量家庭的新生儿进行观察后发现男女性别比例为 1.07∶1。从统计的角度来说，虽然对于个体而言没有规律，但站在总体的角度，可以得到人类自然发展的内在规律。

不同国家面临着不同的人口出生率、死亡率。对于俄罗斯来说，从 2005 年 1 月至 5 月，其人口减少了 35.9 万人。统计报告表明俄罗斯人口死亡率是出生率的 1.7 倍，这一指标在 27 个地区甚至达到 2 倍至 3 倍，因此，俄罗斯现在实施鼓励生育的政策。我国第七次全国人口普查的结果表明，我国人口出现了一些新的变化。一是人口老龄化程度在提高。2020 年，我国 60 岁及以上人口占全国人口的 18.7%，65 岁及以上人口占 13.5%，分别比第六次全国人口普查结果上升了 5.44 个和 4.63 个百分点。二是生育率水平在降低。2020 年，我国育龄妇女的总生育率为 1.3，处于较低的水平。人口老龄化是世界人口发展的大趋势，也是我国今后的基本国情。2021 年 5 月 31 日，中共中央政治局召开会议，听取"十四五"时期积极应对人口老龄化重大政策举措汇报，审议《关于优化生育政策促进人口长期均衡发展的决定》。会议指出，应进一步优化生育政策，实施一对夫妻可以生育三个子女政策及配套支持措施。实施一对夫妻可以生育三个子女的政策，从长期来看，有利于改变生育趋势走低的现状，改善人口的年龄结构，促进人口的长期均衡发展。

(二)管理统计学在市场营销中的应用

在市场营销领域，消费者的消费者行为是近年来各国学者研究的一个热点。作为消费主体的顾客自然就成为研究消费者行为的核心。顾客忠诚度不仅可以为企业的持续竞争优势奠定基础，而且更是企业发展的关键因素，因此，顾客忠诚度成为学者和企业最感兴趣的研究问题。人们在研究该问题时，通常采取调查问卷的方式。在调查问卷的设计中，需要对变量选取的数据类型作出判断；在调查问卷的分析和处理过程中，需要运用统计学中的因子分析、回归分析等多元统计方法；在调查问卷的信度和效度的检验中，需要运用结构方程、列联分析等高级统计方法，可以说，统计学在市场营销中的应用是无处不在的。

(三)管理统计学在企业管理中的应用

对一个成功的企业而言，对各部门进行科学的管理对企业的生存和发展至关重要，而企业的管理离不开统计学的知识。

企业的生产经理要想了解产品的质量是否达到规定的要求，就必须依据一定的统计技术从全部产品中抽出部分产品进行检验，据此作出是否对生产过程进行调整的决策。

公司的人事部经理在采用一项新的培训方法对整个公司的销售人员进行培训之前，首先会选择一部分销售人员用该方法进行培训；其次将该培训方法的效果与其他培训方法进行比较；最后决定是否推广这种新的培训方法。

公司的销售部经理在决定是否向市场推出一种新产品之前，首先会选择部分地区的消费者试用该产品并对产品作出评价，其次会根据消费者试用的情况和调查的结果作出是否向市场推出该产品的决策。

(四)管理统计学在投资分析和风险决策中的应用

1. 投资分析

投资分析的目的在于尽可能地提高投资收益，为此必须从可选择的投资资产中(股票、债权和包括外汇在内的外国证券)进行资产选择操作，在控制风险的同时追求收益的最大化，但股价、汇率、利息等金融资产的变动大多是多次元的，要从这些变动中找出规律，就必须利用统计学的方法将大量的数据进行分组，反复研究、分析，寻找数据出现的频率来获得必要的信息。

2. 风险管理

风险管理的领域是基于统计学质量管理的思想建立起来的。企业或银行的财务结构受汇率、利息、股价的变动影响，其资产价值也在不断变化，这就形成了市场风险。要对市场风险作定量和定性的分析，就有必要利用统计学的知识建立企业的价值变化随风险要素之股价、汇率等变化的函数，描述其概率样本分布，推定其下限 5% 损失可能的金额，最终建立相关数学模型进行风险的评估。

3. 期货交易

期货交易是理论水平较高并富有挑战性的领域，它包括金融资产组合理论与资产组合的实践，其中用到的概率统计学知识相当丰富，包括连续时间的马琴戈尔(Martingales)概率过程、概率微分方程、概率测度的变换公式、马琴戈尔的表现定理等。期货交易理论是在 1973 年发表的布拉克与舒尔斯(Black&Scholes)的论文和莫顿(Merton)的论文基础上发展起来的，近几十年来发展迅速，1997 年，莫顿与舒尔斯因此研究而获得诺贝尔经济学奖。另外，此领域中也有实用模型的规范化、假定模型的检验、参数推定等统计问题。

正是统计学在管理研究及实践中的大量应用，作为统计学分支之一的管理统计学才应运而生，并得到迅速发展和广泛应用。其实，管理统计在许多领域得到应用，小到个人、企业和任何组织分析问题、作出预测和决策，大到国家把握社会经济运行状况、研究宏观运行规律、制定相关的政策等都有广泛的应用。可以说，管理统计在现实生活中无处不在。

案例点击

上海交警发布数据，女司机肇事率远低于男性

在上海已申领机动车驾驶证的驾驶人共有 760.6 万人，其中女性机动车驾驶人(以下简称"女司机")有 264.4 万人，占比已经达到 34.8%，也就是说，平均每 100 名机动车驾驶人中就有 35 名是女性，如图 1-1 所示。

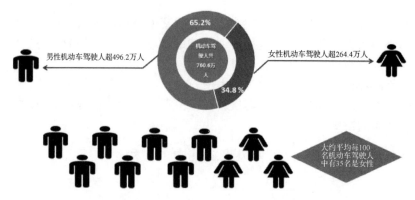

图 1-1　上海已申领机动车驾驶证的性别构成

从女司机的年龄分布来看，20 周岁至 40 周岁的人最多，有近 170 万人；40 周岁至 70 周岁的有 90 多万人，如图 1-2 所示。

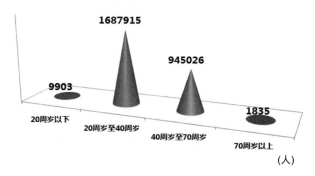

图 1-2　上海已申领机动车驾驶证的女性司机年龄构成

上海市公安局交警总队队长说，2018 年女司机交通肇事占 13%，2019 年 1 月 1 日至 3 月 7 日，这一比例为 14%。

可见，女司机虽然人数逐年递增，但相对女司机增加的人数，其交通肇事的比例并不高。女性和男性在生理上具有不同的特征，一般意义上认为男性更适合机械操作，但是，女性因细心、谨慎等特质，也能胜任驾驶这项工作。

(资料来源：上海交警微博。)

第五节　统计学的基本概念

统计科学和其他科学一样，在论述本门科学的理论与方法时，要运用一些专门的概念，有些是基本的、常用的，有些是局部的，在论述专门问题时使用局部的概念，局部的概念在以后章节讲解。本节只对统计学的基本的、常用的概念加以阐述。

一、统计总体与总体单位

统计总体简称总体，是指客观存在的、在同一性质上结合起来的许多个别单位的整体。构成总体的这些个别单位称为总体单位。例如，所有的工业企业就是一个总体，这是因为在性质上每个工业企业的经济职能是相同的，即都是从事工业生产活动的基本单位，也就是说，它们是同性质的。这些工业企业的集合就构成了统计总体。对于该统计总体来说，每一个工业企业就是一个总体中的单位，即总体单位。

总体分为有限总体和无限总体。总体所包含的单位数是有限的，称为有限总体，如人口数、企业数、商店数等。总体所包含的单位数是无限的，称为无限总体，如连续生产的某种产品的生产数量、大海里的鱼资源数等。对有限总体既可以进行全面调查，也可以进行非全面调查。但对无限总体只能抽取一部分单位进行非全面调查，据以推断总体。

(一)确定统计总体与总体单位的注意事项

(1) 构成总体的单位必须是同质的，不能把不同质的单位混在总体中。例如，研究工人的工资水平，就只能将职工的工资收入列入统计总体的范畴，同时也只能对职工的工资收入进行考察，对职工其他方面取得的收入就要加以排除，这样才能正确反映职工的工资水平。

(2) 总体与总体单位具有相对性，其随着研究任务的不同而不同。同一单位可以是总体，也可以是总体单位。例如，要了解全国工业企业职工的工资收入情况，那么，全部工业企业是总体，每一个工业企业是总体单位；如果要了解某个工业企业职工的工资收入情况，则该企业全部职工就成了总体，每位职工就是总体单位了。

(二)统计总体的特征

统计总体具有同质性、大量性和差异性三个主要特征。

(1) 同质性是指总体中的各个单位必须具有某种共同的属性或标志数值。例如，国有企业总体中每个企业的共同标志属性是国家所有。同质性是总体的根本特征，只有个体单位是同质的，统计才能通过对个体特征的观察研究，归纳和揭示出总体的综合特征和规律。

(2) 大量性是指总体中包括的总体单位有足够多的数量。总体是由许多个体在某一相同性质基础上结合起来的整体，个别或很少几个单位不能构成总体。总体的大量性可使个别单位某些偶然因素的影响——表现在数量上的偏高、偏低的差异——相互抵消，从而显示出总体的本质和规律。

(3) 差异性(变异性)是指总体的各单位之间有一个或若干个可变的标志，从而表现出的差异。例如，某高校的教职工总体中有男、女性别属性的差异，有 28 岁、30 岁、35 岁、40 岁、45 岁、50 岁、55 岁等年龄数值的差异。

二、统计标志

(一)标志和标志表现

统计标志简称标志，是指统计总体各单位所具有的共同特征属性的名称。从不同角度考察，每个总体单位可以有许多特征，如每个职工有性别、年龄、民族、工种等特征，这些都是职工的标志。

标志表现是标志特征在各单位的具体体现。职工的性别是女，年龄为 32 岁，民族为汉族等，这里"女""32 岁""汉族"就是性别、年龄、民族的具体体现，即标志表现。

(二)标志的分类

(1) 标志按变异情况可分为不变标志和可变标志。当一个标志在各个单位的具体表现都相同时，这个标志称为不变标志；当一个标志在各个单位的具体表现不同时，这个标志称为可变标志或变异标志。例如，中国第七次人口普查规定："人口普查的对象是具有中华人民共和国国籍并在中华人民共和国国境内常住的人。"按照这一规定，在作为调查对象的人口总体中，国籍和在国境内常住是不变标志，而性别、年龄、民族、职业等则是变异标志。不变标志是统计总体的基础，因为只有至少有一个不变标志将各总体单位连接在一起，才能使它具有"同质性"，从而构成一个总体。变异标志是统计研究的主要内容，因为如果标志在各总体单位的表现都相同，就没有进行统计分析研究的必要了。

(2) 标志按其性质可以分为品质标志和数量标志。品质标志可表示事物的质的特性，是不能用数值表示的，如职工的性别、民族、工种等。数量标志可表示事物的量的特性，是可以用数值表示的，如职工的年龄、工资、工龄等。品质标志可主要用于分组，将性质不相同的总体单位划分开来，便于计算各组的总体单位数、计算结构和比例指标。数量标志既可用于分组，也可用于计算标志总量以及其他各种指标。

三、统计指标

(一)统计指标及其构成要素

对统计指标的含义，一般有下述两种理解。

(1) 一种理解认为统计指标是指反映总体现象数量特征的概念，如人口数、商品销售额、劳动生产率等。它包括三个构成要素，即指标名称、计量单位、计算方法。这是在统计理论与统计设计中所使用的统计指标的含义。

(2) 另一种理解认为统计指标是反映总体现象数量特征的概念和具体数值。例如，2020 年我国国内生产总值为 1015986.2 亿元。这句话包括了指标数值。按照这种理解，统计指标除了上述三个构成要素外，还包括时间限制、空间限制、指标数值。这是统计实际工作中经常使用的统计指标的含义。因此，统计指标包括六个具体的构成因素。

一般认为，统计指标的这两种理解都是成立的。在做一般性统计设计时，只能设计统计指标的名称、内容、口径、计量单位和方法，不包括数值的统计指标。然后，经过收集资料、汇总整理、加工计算得到统计指标的具体数值，用来说明总体现象的实际数量状况及其发展变化的情况。从不包括数值的统计指标到包括数值的统计指标，在一定程度上反映了统计工作的过程。

(二)统计指标的特点

(1) 数量性。所有统计指标都可以用数值来表示。这是统计指标最基本的特点。统计指标所反映的就是客观现象的数量特征，这种数量特征，是统计指标存在的形式，没有数量特征的统计指标是不存在的。正因为统计指标具有数量性，它才能对客观总体进行量的描述，从而使统计研究运用数学方法和现代计算技术成为可能。

(2) 综合性。统计指标既是同质总体大量个别单位的总计，又是大量个别单位标志差异的综合，是许多个体现象数量综合的结果。例如，某人的年龄和存款不能叫作统计指标，一些人的平均年龄、储蓄总额及人均储蓄才叫作统计指标。统计指标的形成必须经过从个体到总体的过程，它通过个别单位数量差异的抽象来体现总体综合数量的特点。

(3) 具体性。统计指标的具体性有两层含义。一是统计指标不是抽象的概念和数字，而是一定的具体的社会经济现象的量的反映，是在质的基础上的量的集合。这一点是社会经济统计与数理统计、数学最明显的区别。二是统计指标说明的是客观存在的、已经发生的事实，它反映了社会经济现象在具体地点、时间和条件下的数量变化。这一点又和计划指标相区别。统计指标反映的是过去的事实和根据这些事实综合计算出来的实际数量，而计划指标则说明未来所要实现的具体目标。

(三)标志与指标的区别和联系

标志与指标的区别主要表现在以下两个方面。

(1) 标志是说明总体单位特征的，指标是说明总体特征的。例如，一名工人的工资是数量标志，全体工人的工资是统计指标。

(2) 标志有用文字表示的品质标志和用数值表示的数量标志，指标则都是用数值表示的，没有不能用数值表示的指标。

标志与指标的联系主要表现在以下两个方面。

(1) 统计指标的数值多是由总体单位的数量标志值综合汇总而来的。例如，工资总额是每个职工的工资之和，工业总产值是各个工业企业的工业总产值之和。由于指标与标志的综合汇总关系，有些统计指标的名称与标志是一样的，如工业总产值。

(2) 标志与指标之间存在变换关系。如果由于统计研究目的变化，原来的统计总体变成总体单位了，则相对应的统计指标也就变成了数量标志。反过来，如果原来的总体单位变成总体了，则相对应的数量标志也就变成了统计指标。

(四)统计指标的种类

1. 统计指标按其说明的总体内容，可分为数量指标和质量指标

数量指标是说明总体外延规模的统计指标。例如，人口数、企业数、工资总额、商品销售额等。数量指标反映的是总体的绝对数量，具有实物的或货币的计量单位，其数值的大小随着总体范围的变化而变化，它是认识总体现象的基础指标。

质量指标是说明总体内部数量关系和总体单位水平的统计指标。例如，人口的年龄构成、性别比例、平均亩产量、平均工资等。它通常是用相对数和平均数来表示，其数值的大小与范围的变化没有直接关系。

2. 统计指标按其作用和表现形式，可分为总量指标、相对指标和平均指标

总量指标是以绝对数形式反映社会经济现象总体规模或总水平的统计指标，也叫数量指标。总量指标又可分为实物指标、劳动指标和价值指标三种。

相对指标是说明社会经济现象发展过程中两个相互联系的指标对比关系。

平均指标是反映总体各单位某一数量标志值一般水平的统计指标。

相对指标和平均指标都是质量指标。

3. 统计指标按管理功能作用，可分为描述指标、评价指标和预警指标

描述指标主要是反映社会经济运行的状况、过程和结果，提供对社会经济总体现象的基本认识的指标，是统计信息的主体。例如，反映社会经济条件的土地面积指标、自然资源拥有量指标、社会财富指标、劳动资源指标、科技力量指标；反映生产经营过程和结果的国内生产总值指标、工农业总产值指标、国民收入指标、固定资产指标、流动资金指标、利润指标；反映社会物质文化的娱乐设施指标、医疗床位数指标等。

评价指标是用于对社会经济运行的结果进行比较、评估和考核，以检查工作质量或其他定额指标的结合使用。其包括国民经济评价指标和企业经济活动评价指标。

预警指标是用于对宏观经济运行进行监测，对国民经济运行中即将发生的失衡、失控等进行预报、警示的指标。通常多选择国民经济运行中的关键性、敏感性经济现象，建立相应的监测指标体系。例如，针对经济增长、经济周期波动、失业、通货膨胀等，可以建立国内生产总值与国民收入增长率、社会消费率、积累率、失业率、物价水平、汇率、利率等预警指标。

四、统计指标体系

不同现象具有复杂性和多样性，各种现象之间相互联系，只用个别统计指标来反映是不够的，需要采用指标体系来进行描述。统计指标体系就是各种相互联系的统计指标构成的一个有机整体，可用来说明所研究现象各个方面相互依存和相互制约的关系。统计指标体系因各种现象本身联系的多样性和统计研究的目的不同可分为不同的类别。

根据所研究问题的范围大小，有宏观统计指标体系和微观统计指标体系。宏观统计指标体系就是反映整个现象大范围的统计指标体系，如反映整个国民经济和社会发展的统计指标体系。微观统计指标体系就是反映现象较小范围的统计指标体系，如反映企业或事业单位的统计指标体系。介于以上两者之间的称为中观统计指标体系，如反映各地区或各行业发展的统计指标体系。

根据所反映现象的范围内容不同，统计指标体系可以分为综合性统计指标体系和专题性统计指标体系。综合性统计指标体系是较全面反映总系统及其各个子系统的综合情况的统计指标体系，如国民经济和社会发展统计指标体系。专题性统计指标体系则是反映某一个方面或问题的统计指标体系，如经济效益指标体系。

统计指标体系也可以将若干个统计指标之间的联系表示为一个方程关系。例如，工资总额=平均工资×职工人数；商品销售额=商品销售量×商品销售价格；等等。统计指标体系对统计分析和研究具有重要的意义。通过一个设计科学的统计指标体系，可以描述现象的全貌和发展的全过程，分析和研究现象总体存在的矛盾以及各种因素对现象总体变动结果的影响和程度，也可以对未来的指标进行计算和预测，对未来现象发展变化的趋势进行预测。

五、变异、变量和变量值

统计中的多数标志和指标都是可变的，如人的性别有男女之分，各时期、各地区、各部门的工业总产值各有不同等，这种不同叫作变异。变异就是有差别的意思，包括质的差别和量的差别，变异是统计的前提。

变量就是可以取不同值的量，这是数学上的一个术语。在社会经济统计中，变量包括各种可变的数量标志和全部统计指标，它都是以数值表示的，不包括品质标志。变量就是数量标志的名称或指标的名称，变量的具体数值表现则称为变量值。例如，职工人数是一个变量，因为各个工厂的职工人数不同。某工厂有 852 人，另一个工厂有 1686 人，第三个工厂有 964 人等，这些数字都是职工人数这个变量的具体数值，也就是变量值。但要注意区分变量和变量值。如上例，852 人、1686 人、964 人三个变量值的平均数，不能说是三个"变量"的平均数，因为这里只有"职工人数"这一个变量，并没有三个变量。

以整数值变化的变量，称为离散型变量；连续数值变化的变量，即可以用小数值表示的变量，称为连续型变量。离散型变量的各变量值之间是以整数位断开的，如人数、机器台数、工厂数等，都只能按整数计算；连续型变量的数值是连续不断的，相邻的两数值之间可作无限分割，如身高、体重等。

第六节　统计的职能

随着社会经济及科学的发展，人类进入信息社会和知识经济的时代，政府各级统计部门成为知识型的产业部门。随着政府职能的改变以及现代化管理体制的完善，统计的职能也逐步扩大，在认识和管理方面所发挥的作用日益增强，发挥着信息职能、咨询职能与监督职能。

一、信息职能

统计的信息职能是指根据一整套科学的统计指标体系，运用科学的统计调查方法，灵敏系统地采集、处理、传递、存储和提供大量的以数量描述为基本特征的社会经济现象的信息。信息职能是统计的基本功能。统计部门是提供全面、及时、准确的社会经济统计信息的职能部门，统计信息是社会经济信息的主体。

二、咨询职能

统计的咨询职能是利用已掌握的统计信息资源，运用科学的分析方法和先进的技术手段，深入开展综合分析和专题研究，为科学决策和管理提供各种可供选择的咨询建议和对策方案。在对统计信息进一步加工整理的基础上，对其进行分析研究和开发利用，从而更好地发挥统计咨询职能。统计信息咨询可以为各级政府管理部门制定规划、政策和管理决策提供依据，可作为企业制定生产经营管理措施的依据，并且是科学研究机构、高等院校结合定性分析进行定量分析和预测分析的资料来源。各级政府部门拥有丰富的统计信息资源，且已成为国家重要的咨询机构，可为各级政府管理部门、企事业单位、社会团体、个人和国外的用户提供统计咨询服务，使统计信息社会共享，发挥多方面的社会化功能。

三、监督职能

统计的监督职能是根据统计调查和统计分析，及时、准确地从总体上反映经济、社会和科技运行状况，并对其实行全面、系统的定量检查、监测和预警，以促进国民经济按照客观规律持续、稳定、协调地发展。如果说统计是监测经济、社会、科技发展状况的仪表，那么统计监督就是根据该仪表的显示来监测经济、社会、科技发展运行状况是否正常，并对其采取措施进行调节和控制，同时还起到对该仪表本身运行是否正常进行检测的作用。因此，通过统计监督既可以使国民经济健康发展，又可以保障各级政府统计部门的统计工作有效运转。

统计的信息职能、咨询职能和监督职能是一个相互促进、相互制约、紧密联系的有机整体。收集和提供统计信息是统计最基本的职能。统计的信息职能是保障统计的咨询职能和监督职能有效发挥的前提，没有准确、丰富、系统、灵敏的统计信息，统计的咨询和监督职能就是无源之水、无本之木。统计的咨询职能是统计的信息职能的延续和深化，使统计信息能对科学决策、管理和人们的实践发挥作用。统计的监督职能是在统计的信息、咨询职能基础上的进一步拓展，它可以通过统计信息的分析研究来评价和检验决策、计划方案是否科学、可行，并及时对决策、计划执行和管理过程中出现的偏差提出矫正意见。对统计的监督职能的强化，必然会对统计信息和咨询职能提出更高的要求，从而促进统计的信息和咨询职能的优化。统计的信息、咨询、监督职能具有相辅相成的关系，只有形成合力，提高三者的整体水平，才能使统计在现代化管理中发挥重要的作用。

复习思考题

一、单项选择题

1. 某市进行工业企业生产设备普查，总体单位是(　　)。

    A. 工业企业全部生产设备　　　　B. 工业企业每一台生产设备

    C. 每个工业企业的生产设备　　　　D. 每一个工业企业

2. 要调查 50 家公司的职工工资水平，则统计总体是(　　)。

    A. 50 家公司　　　　　　　　　　B. 50 家公司的全部职工

    C. 50 家公司职工的全部工资　　　　D. 50 家公司每个职工的工资

3. 工业企业的设备台数、产品销售额是(　　)。

    A. 连续型变量

    B. 离散型变量

    C. 前者是连续型变量，后者是离散型变量

    D. 前者是离散型变量，后者是连续型变量

4. 几名学生的年龄分别是 18 岁、19 岁、20 岁，则"年龄"是(　　)。

    A. 品质标志　　　B. 数量标志　　　　C. 变量值　　　　　　D. 数量指标

5. 在第七次全国人口普查中(　　)。

    A. 男性是品质标志　　　　　　　　B. 全国的人口是统计指标

    C. 人口的平均寿命是数量标志　　　D. 全国的人口数是统计指标

6. 下列统计指标中属于质量指标的是(　　)。

    A. 总产值　　　　B. 总成本　　　　　C. 单位产品成本　　　D. 职工人数

二、多项选择题

1. 要了解某地区全部成年人口的就业情况，那么(　　)。

    A. 全部成年人口是研究的总体　　　B. 成年人口总数是统计指标

    C. 成年人口就业率是统计标志　　　D. 反映每个人特征的职业是数量指标

    E. 某人职业是标志表现

2. 下列变量中属于离散型变量的有(　　)。

    A. 机器台数　　　　B. 职工人数　　　　　C. 粮食产量

    D. 耕地面积　　　　E. 手机产量

3. 下列统计指标中属于质量指标的有(　　)。

    A. 工资总额　　　　B. 单位产品成本　　　　C. 产品销售单价

    D. 人口密度　　　　E. 合格品率

4. 下列各项中，(　　)属于数量指标。

    A. 2021 年国内生产总值　　　　　　B. 某企业年平均库存额

    C. 某地区出生人口总数　　　　　　D. 某城市人均收入

    E. 某市工业劳动生产率

5. 在工业普查中(　　)。

    A. 每一个工业企业是总体单位

    B. 某一个企业有职工 5000 人是统计指标

    C. 所有工业企业总产值 100 亿元是统计指标

    D. 设备台数是离散型变量

    E. 工业企业的所有制形式是品质标志

第二章　统计数据的调查与整理

【本章学习要求】

通过本章的学习，掌握统计数据调查方案的设计、统计分组及频数分布数列的编制；了解统计调查方法；理解统计表的结构、统计图的结构及适用条件。

【本章重点】

- 统计调查方案的设计
- 统计分组及频数分布数列的编制

【本章难点】

- 统计调查方法的选择
- 统计分组及频数分布数列的编制

【章前导读】

2021 年中国房地产市场价格水平

2021 年，中国房地产市场经历了从上半年高热到下半年深度调整的转变，全年房地产规模仍保持较高水平。自 2021 年 9 月底以来，中央及各部委连续释放维稳信号，信贷环境边际改善，房地产企业融资环境逐步转好，但信贷环境边际改善传导至市场端是一个循序渐近的过程，按揭贷款和房地产开发贷款等资金到位尚需时间。

2020 年 1 月至 2021 年 12 月，百城新房及二手房价格年累计均小幅上涨，2021 年 11—12 月，价格环比连续下跌。

根据中国房地产指数系统百城价格指数，2021 年百城新建住宅价格累计上涨 2.44%，为近 7 年最低水平，较 2020 年收窄 1.02 个百分点。上半年，新房市场平稳向好，百城新建住宅价格累计上涨 1.70%，较 2020 年同期增加 0.43 个百分点；下半年以来，随着调控政策和信贷环境的持续收紧，市场预期逐渐转变，百城新房市场不断降温，价格环比涨幅持续收窄，11 月、12 月连续下跌。下半年百城新建住宅价格累计上涨 0.73%，较上半年收窄 0.97 个百分点，较 2020 年同期收窄 1.43 个百分点。单从 12 月来看，百城新建住宅均价为 16180 元/平方米，环比下跌 0.02%。

根据中国房地产指数系统百城价格指数，2021 年，百城二手住宅价格累计上涨 3.27%。具体来看，上半年百城二手住宅价格累计上涨 2.56%；下半年百城二手住宅价格累计上涨 0.70%，较上半年收窄 1.86 个百分点。单从 12 月来看，百城二手住宅均价为 15999 元/平方米，环比下跌 0.08%，连续 3 个月出现下跌，且跌幅持续扩大。另外，下半年百城二手住宅价格环比下跌的城市数量也逐月增加，12 月达 71 个，较 11 月增加 3 个。

综合来看，2021 年上半年百城新建住宅价格涨幅较 2020 年同期有所扩大，二手住宅价格涨幅也居年内高位。2021 年下半年以来，受调控政策和信贷环境收紧影响，新房和二手房市场降温；部分城市受二手房成交参考价格政策的叠加影响，二手房市场降温更为明显。虽然 10 月份以来，信贷政策边际宽松信号不断释放，调控政策边际调整预期不断增强，但市场下行预期短期内仍难以改变，12 月市场价格仍呈下跌态势，百城新建住宅价格环比连续 2 个月下跌，二手住宅价格环比连续 3 个月下跌。

整体来看，2022 年，房地产行业调控总基调保持不变，金融监管不会放松，企业端"三道红线"、银行端"两条红线"、土地"两集中"等政策仍将继续执行。当前房地产市场已步入调整通道，企业资金回笼压力不减，叠加偿债高峰期到来，企业资金端继续承压，行业收并购将增加。在此背景下，2022 年房地产企业更需顺势而为，控规模、调节奏，加速销售回款，紧盯融资"窗口期"，保障现金流安全；量入为出，优化城市布局，聚焦主流城市；提升产品力和服务力，提高品牌竞争力。

（资料来源：中指研究院，新浪网。）

【关键词】

统计调查　统计调查方案　统计分组　频数分布数列　统计表　统计图

第一节　统计数据的调查

统计作为一种社会实践活动已有悠久的历史，可以说，自从有了国家就有了统计实践活动。但这种活动最初只是一种计数活动，为满足统治者管理国家的需要而收集资料，通过统计计数掌握国家的人力、物力和财力情况，作为国家管理的依据。而统计活动的成果就是形成了统计资料，它包括在统计调查中所取得的原始资料和经过加工整理汇总的综合统计资料。

一、统计数据的含义及分类

(一)统计数据的含义

统计数据是统计工作活动过程中所取得的反映国民经济和社会现象的数字资料以及与之相联系的其他数据资料。通常是表示某一区域自然、经济等要素特征、规模、结构、水平等指标的数据，如我们通常所说的经济年报、统计年鉴等。

(二)统计数据的分类

1. 按计量层次分类

按照数据的计量层次，统计数据可分为分类数据、顺序数据和数值型数据。

(1)　分类数据。分类数据是对事物所属类别进行的测度，数据采用文字表述，如将产品分为合格产品、不合格产品两类，将人分为男性和女性两类。

(2)　顺序数据。顺序数据是对事物类别顺序的测度，数据采用文字表述，如产品分为一等品、二等品、三等品和次品等。

(3)　数值型数据。数值型数据是对事物的精确测度，数据形式一般表现为具体的数值，如商品售价为 10 元/件、12 元/件和 20 元/件等。

前两类数据说明的是事物的品质特征，其结果表现为类别，不能用数值表示，称为品质数据或定性数据；最后一类数据说明的是现象的数量特征，其结果表现为数值的形式，不能用文字表示，称为数量数据或定量数据。分清数据计量的层次十分重要，对不同类型的数据应采用不同的统计方法。

2. 按收集方法分类

按照数据的收集方法，统计数据可以分为观察数据和试验数据。

（1）观察数据。观察数据是通过观测或者调查而收集到的统计数据，这类数据是在没有对事物人为控制的条件下得到的。例如，报纸和杂志上刊登的有关社会经济现象的统计数据几乎都是观察数据。

（2）试验数据。试验数据是在人工干预或操作条件下收集到的统计数据。例如，对一种新药疗效的试验得出的数据、对一种新型农作物品种产量的试验得出的数据等，统计学在自然科学领域中应用时所使用的统计数据大多是试验数据。

3. 按时间状况分类

按照数据所处的时间状况，统计数据可以分为截面数据和时序数据。

（1）截面数据是指针对不同主体在同一时间截面上发生的事件所调查的数据，因此，也称静态数据，即截面数据是一批发生在同一时间点或时段内的不同主体的调查数据，是样本数据中的常见类型，如人口普查数据、农业普查数据、家庭收入调查数据等。

（2）时序数据即时间序列数据，是指在不同时间点或时段内所收集到的数据，用来描述某一事物或现象等随时间的变化而变化的状态或程度。例如，2019 年 6 月至 2022 年 1 月上海市 92 号汽油油价调整的统计数据，如表 2-1 所示。

表 2-1　2019 年 6 月至 2022 年 1 月上海市 92 号汽油油价调整

调整时间	调整后价格(元/升)	调整额度(元/升)	调整幅度(%)
2022 年 1 月 1 日	7.11	↑0.12	↑1.72
2021 年 12 月 18 日	6.99	↓0.11	↓1.55
2021 年 12 月 4 日	7.10	↓0.42	↓5.59
2021 年 10 月 22 日	7.52	↑0.24	↑3.30
2021 年 10 月 9 日	7.28	↑0.28	↑4.00
2021 年 9 月 18 日	7.00	↑0.07	↑1.01
2021 年 9 月 6 日	6.93	↑0.11	↑1.61
2021 年 8 月 23 日	6.82	↓0.20	↓2.85
2021 年 7 月 27 日	7.02	↓0.08	↓1.13
2021 年 7 月 12 日	7.10	↑0.06	↑0.85
2021 年 6 月 28 日	7.04	↑0.18	↑2.62
2021 年 6 月 11 日	6.86	↑0.14	↑2.08
2021 年 5 月 14 日	6.72	↑0.08	↑1.20

调整时间	调整后价格(元/升)	调整额度(元/升)	调整幅度(%)
2021 年 4 月 28 日	6.64	↑0.08	↑1.22
2021 年 3 月 31 日	6.56	↓0.18	↓2.68
2021 年 3 月 17 日	6.74	↑0.19	↑2.90
2021 年 3 月 3 日	6.55	↑0.20	↑3.14
2021 年 2 月 18 日	6.35	↑0.23	↑3.76
2021 年 1 月 29 日	6.12	↑0.05	↑0.82
2021 年 1 月 15 日	6.07	↑0.15	↑2.53
2020 年 12 月 31 日	5.92	↑0.08	↑1.37
2020 年 12 月 17 日	5.84	↑0.12	↑2.10
2020 年 12 月 3 日	5.72	↑0.20	↑3.62
2020 年 11 月 19 日	5.52	↑0.12	↑2.22
2020 年 11 月 5 日	5.40	↓0.13	↓2.35
2020 年 10 月 22 日	5.53	↑0.07	↑1.28
2020 年 9 月 18 日	5.46	↓0.26	↓4.54
2020 年 8 月 21 日	5.72	↑0.07	↑1.24
2020 年 7 月 10 日	5.65	↑0.08	↑1.44
2020 年 6 月 29 日	5.57	↑0.10	↑1.83
2020 年 3 月 18 日	5.47	↓0.81	↓12.90
2020 年 2 月 19 日	6.28	0	0
2020 年 2 月 5 日	6.28	↓0.34	↓5.14
2019 年 12 月 31 日	6.62	↓0.15	↓2.22
2019 年 12 月 3 日	6.77	↑0.05	↑0.74
2019 年 11 月 19 日	6.72	↑0.05	↑0.75
2019 年 11 月 5 日	6.67	↑0.09	↑1.37
2019 年 10 月 22 日	6.58	↓0.12	↓1.79
2019 年 9 月 19 日	6.70	↑0.10	↑1.52
2019 年 9 月 4 日	6.60	↑0.09	↑1.38
2019 年 8 月 21 日	6.51	↓0.17	↓2.54
2019 年 8 月 7 日	6.68	↓0.06	↓0.89
2019 年 7 月 10 日	6.74	↑0.12	↑1.81
2019 年 6 月 26 日	6.62	↓0.10	↓1.49
2019 年 6 月 12 日	6.72	—	—

(资料来源: 上海本地宝。)

由一系列按照时间先后顺序排列起来的数据组成的数列我们称为时间序列,又称为动态数列,对时间序列的研究是统计学的一个重要内容,我们将在第十章详述,此不赘述。

二、统计调查的含义、要求及种类

(一)统计调查的含义

统计调查是根据调查的目的与要求，采用科学的调查方法，有目的、有组织、有计划地收集各项反映社会经济现象和科学研究成果的原始资料的过程。统计调查所获得的原始资料是未经整理，尚待进一步条理化、系统化的第一手资料，也是个体特征向总体特征过渡的重要统计资料。比如 2020 年 11 月 1 日零时，我国进行的第七次全国人口普查即为一次全国性的统计调查。

统计调查是整个统计工作的重要环节，有提供原始数据的责任，是统计工作的基础环节。统计调查是统计设计的延伸，是统计整理与分析的前提条件，统计整理与分析所依赖的基础数据均由统计调查阶段提供。因此，只有做好统计调查工作，获得了准确的统计数据，才能使统计工作对客观事物有规律性的认识及预测。同时，从统计数据的应用来看，真实准确的统计数据能够为政府部门和机构制定经济政策及实施经济计划提供有力的参考，并据此检查和监督政策或计划的贯彻、执行情况。

(二)统计调查的要求

统计调查是统计工作的基础环节，是统计整理与统计分析的前提。根据我国统计制度的规定，统计调查必须具有准确性、及时性、完整性，以获得高质量的统计资料。

1. 准确性

统计调查的准确性是指获得的统计数据必须符合客观实际，真实可靠，而非虚假或臆断的数据。

2. 及时性

统计调查的及时性是指要在统计调查方案规定的调查时间内快速进行调查以便获得所需数据。统计调查在要求数据具有准确性的同时也要有时效性即及时性，因为许多资料往往在事物发展变化的一段时间内能够起重要作用，如果资料过时，滞后于形势的发展，这些数据就不能为政府、企业或个人制定政策、实施措施提供参考，这些统计数据就失去了意义。

3. 完整性

统计调查的完整性是指需要将调查项目的资料收集齐全，既不能重复，也不能遗漏。统计调查中确保数据的完整性，在以后统计数据的应用中十分重要，这包括调查项目齐全、样本齐全、各时间点上资料齐全等。若资料收集不齐全，则许多分析模型就无法应用，最终难以对所研究事物的规律性作出明确的判断，甚至会得出错误的结论。

(三)统计调查的种类

统计调查的种类多样，主要有以下几种划分方式。

1. 按被研究总体的范围，可分为全面调查和非全面调查

1) 全面调查

全面调查是对调查对象中所包含的全部调查单位无一例外地进行调查，它的目的是收集比较全面、系统和精确的调查资料。常见的全面调查包括普查和全面的统计报表。比如要了解全国的电冰箱产量，就要对所有电冰箱生产企业进行调查；要了解全国工业企业的生产状况，就要对全国所有的工业企业进行调查。全面调查的特点是样本多、资料系统，但是需要耗费大量的人力、物力和时间。

2) 非全面调查

非全面调查是指调查范围只包括调查对象中的一部分单位的调查活动，即对总体的部分单位进行观察或实验。根据被调查的这部分单位选取方式的不同，可将其分为抽样调查、重点调查、典型调查和非全面的统计报表等。非全面调查的特点是调查的单位少，可以集中力量做深入、细致的调查，能调查更多的指标项目，同时还可节省人力、物力和时间，增强统计资料的时效性。但非全面调查只针对总体中的部分单位进行，如果用调查获得的统计资料对总体总量指标进行推算，则具有一定的统计误差。

2. 按调查登记时间的连续性，可分为连续调查和非连续调查

1) 连续调查

连续调查又称经常性调查，是指随着调查对象的不断变化而连续对调查单位进行登记的调查。连续调查可以是每日、每周、每月或者每年进行的调查，它既可以是全面调查，也可以是非全面调查，连续调查获得的资料反映的是调查对象在调查期间的发展变化情况，可以获得较为系统而且连续的统计资料。例如，对哈尔滨市区的气温每天进行间隔两小时的连续调查，共计十二次，就能够说明当天气温的变化情况。

2) 非连续调查

非连续调查也称一次性调查，它是对调查单位间隔一段相当长的时间所进行登记的调查。非连续调查可以间隔时间相等，也可以间隔时间不等，其获得的资料说明了调查对象在某一时间段或某一时间点的发展状况。例如，某企业针对近期产品销量下滑而进行的一次消费者调查，或者某工业企业对月末产品库存量的盘点等。

3. 按组织的形式，可分为统计报表制度和专门调查

1) 统计报表制度

统计报表制度是国家统计部门和业务主管部门为了定期取得系统、全面的基本统计资料，而按照一定的表式和要求，自上而下地统一布置，自下而上地提供统计资料的一种定期的调查方式，如工业统计报表制度和农业统计报表制度等。统计报表制度体现了国家统计部门或业务管理部门的权威性和法规约束性，每一个调查范围内的基本单位都需准确、及时、完整地向管理机构提交统计报表。

2) 专门调查

专门调查是为了了解和研究某些问题而专门组织的统计调查，多为一次性调查。专门调查相对统计报表制度而言，可以更加全面、灵活地设定调查时间、调查地点、调查方式和调查项目。专门调查主要包括普查、抽样调查、重点调查和典型调查四种类型。

三、统计调查的组织形式

(一)统计报表制度

1. 统计报表的含义

统计报表是按国家统一规定的表式、统一的指标项目、统一的报送程序和报送时间，自下而上逐级定期提供基本统计资料的一种调查方式。

统计报表是国家或政府部门定期获取国民经济和社会发展基本情况的主要方式之一，它已经形成一种制度，即统计报表制度，这一制度体系包括从工业、农业、建筑业及其他物质生产部门到文化、教育、科学和医疗等部门在内，它是各个地区、部门、基层单位，甚至个人都必须向国家履行的一种义务。

2. 统计报表的特点

统计报表具有与其他统计调查不同的显著特点，具体如下所述。

(1) 统计报表的表式是由国家或地区的统计部门根据统计研究的目的和任务专门设计，一经敲定，不得擅自改变的表格。填表单位需要按照填表的规定，填写统一的指标项目，在统一的报送时间内按统一的报送程序将表格送至指定机构。

(2) 统计报表是逐级上报和汇总的，因此各级部门都能及时得到辖区范围内各种重要数据，以了解本地区、本部门经济和社会基本发展情况，进而向上汇总至国家相关统计部门。

(3) 填写统计报表是一种经常性调查，资料的来源主要是基层的原始记录、台账及基层单位的内部报表，因此这些原始记录作为可靠的资料依据，可使统计报表更准确、及时、系统、完整，更方便查阅。

3. 统计报表的种类

(1) 按照调查的总体范围，可将统计报表分为全面的统计报表和非全面的统计报表。全面的统计报表是指所有调查对象均需要填写报表；反之，则为非全面的统计报表。

(2) 按照填表范围，可将统计报表分为国家统计报表、部门统计报表和地方统计报表。国家统计报表反映全国经济和社会发展的基本情况，部门统计报表反映本业务部门的业务资料，地区统计报表反映辖区内的基本发展情况。

(3) 按照报送周期，可将统计报表分为日报、周报、旬报、月报、季报、半年报和年报。各种报表报送周期的长短与表格内指标项目的时效性密切相关。比如反映企业中生产经营情况的报表要求时效性强，故多为日报、周报或旬报；反映部门计划执行情况的报表，由于具有总结性质，因此经常使用月报、半年报或年报。

(4) 按照报送方式，可将统计报表分为书面报表和电子报表。书面报表是以纸质的表格形式提交给统计部门，可以通过投递或邮寄等方式提交；电子报表是以电子表格的形式提交给统计部门，可以通过邮件、传真、电话等方式提交。

(二)普查

1. 普查的含义

普查是指一个国家或地区为调查关系国民经济和社会发展的重要指标而专门组织的一次性的全面调查。普查可以摸清一个国家国情、国力或一个地区的人力、物力、资源等情况，为国家或部门制订长期规划或近期计划提供可靠的依据。例如，我国的人口普查、经济普查、第三产业普查、基本单位普查等。

2. 普查的特点

(1) 普查适用于涉及国民经济和社会发展的重要指标的调查，因此调查对象范围广、单位多、资料完整，而且需要耗费大量人力、物力和时间。

(2) 普查是全面调查。普查的规范程度高、数据准确，且所有调查单位均要参与调查，不能遗漏。

(3) 普查是非连续调查。由于普查耗费人力、物力、时间较多，因此不经常进行，需要间隔相当长的时间重复调查一次。例如，我国每逢年份位数为"0"的当年进行人口普查，逢"3"的当年进行第三产业普查，逢"1"的当年和"6"的当年进行基本单位普查，间隔5年或10年进行一次，这与我国编制五年规划密切相关。

3. 普查的标准时间

由于普查涉及单位多，为了避免调查数据重复或遗漏，需规定调查的标准时间，以保障调查数据的准确性。普查通常规定调查资料所属的时间为标准时间。例如，我国第七次人口普查的标准时间为2020年11月1日零时。但在实际统计调查工作中，全国不可能都要求在该时点瞬间完成统计工作，尤其是有些偏远地区需要提前几天开始调查，然后对前后几天数据进行调整，进而得到标准时点上较准确的数据。

(三)抽样调查

1. 抽样调查的含义

抽样调查是遵循随机原则，从总体中抽取部分单位进行调查，根据调查结果推断总体的一种调查方法，是一种非全面调查。例如，灯泡生产企业对产品质量进行抽样调查，从10000只灯泡中随机抽取100只进行检验，用得出的数据来推断总体质量合格率。抽样调查是运用最普遍的一种调查方式，广泛适用于政府部门、企事业单位、家庭或个人。

2. 抽样调查的特点

(1) 抽样调查是一种典型的非全面调查，调查过程中只选取调查对象中的一部分单位进行调查，调查方法有简单随机抽样法、等距抽样法、分层抽样法和整群抽样法。

(2) 抽样调查遵循随机原则。抽样调查所选取的样本不是指定的，而是遵循随机原则，即非主观原则，调查者不带任何主观倾向，完全凭借偶然性从总体中随机抽取样本进行调查，总体中每一个样本单位被抽中的机会都是均等的。

(3) 抽样调查的最显著特点是用部分样本的数量特征来推知总体的数量特征。抽样调查是按照科学的原理和计算，从若干单位组成的事物总体中抽取部分样本单位来进行调查，用所得到的调查数据推断总体的数量特征。抽样调查是用部分样本的数量特征推断总体数量特征，而非计算总体数量特征，因此推算结果与真实值存在误差，这种误差称为抽样误差，抽样误差的大小可以计算，可以控制。

3. 抽样调查的适用范围

在社会经济现象中，有很多现象由于调查试验具有破坏性或者样本数量众多而不能进行全面调查，在这种情况下即可采用抽样调查法获得统计数据。抽样调查法具有节约人力、物力和财力的特点，最大特点是时效性较强、适用面广。因此，广泛适用于如产品质量调查、消费者满意度调查、民意测验调查等。例如，对汽车防爆能力进行测量、对采沙场沙料等级进行调查等，均可采用抽样调查方式。

(四)重点调查

1. 重点调查的含义

重点调查是指在调查对象中人为地选取一部分重点单位进行调查，以取得统计数据的一种非全面调查方法。它是在总体中选择个别或部分重点单位进行调查，以了解总体的基本情况。

2. 重点单位的含义

重点单位是指其标志总量占总体标志总量较大比重的少数或个别单位。这些单位通常在行业或地区内具有举足轻重的地位。这些单位虽然少，但是它们在所调查的指标方面所体现出的指标数值总量却占有极大的比重。通过调查这些重要的单位，可以迅速推知整体的基本情况。例如，要掌握全国每年原油的总产量，只需对中国石油天然气集团有限公司、中国石油化工集团公司、中国海洋石油集团有限公司等几家大型产油企业进行调查，而省略掉中小产油企业，就可以推知全国年原油产量。

3. 重点调查的特点

(1) 调查单位少、投入少，能够迅速体现总体发展情况。重点调查的优点在于调查单位少，可以调查较多的指标项目，了解较为详细的情况，并且投入少、调查速度快、所反映的主要情况或基本趋势比较准确。重点调查既可以是专门组织的一次性调查，也可以是利用定期统计报表进行的经常性调查。

(2) 人为选取调查对象。重点调查是采用人为选取调查对象的方式，选取重点单位进行的一种非全面调查。重点单位通常是选择在调查总体中占有举足轻重的地位、能够代表总体情况、特征和主要发展变化趋势的那些少数或个别单位。

(五)典型调查

1. 典型调查的含义

典型调查是根据调查的目的与要求，在对被调查对象进行全面了解的基础上，有意识地选择若干具有典型意义或代表性的单位进行调查的一种调查方式，它是一种非全面调查。所谓具有典型意义或代表性的单位，是指那些能够充分、集中地体现总体某些共性的单位，通过对这些单位进行深入而全面的调查，能够获得对总体本质特征的深刻认识，总结事物发展的规律，特别是在对一些复杂问题的研究上，经常采取典型调查的方式，如在我国国有企业改革期间，国家有关部门曾对通过改革迅速发展起来的企业进行过典型调查，以探究它们的成功经验，进而推广。

2. 典型调查的特点

(1) 典型调查是一种调查单位少、灵活性强的非全面调查。典型调查的调查单位少，因此可以通过对典型单位进行深入细致的调查，收集详细的第一手数字资料，以掌握生动具体的情况，从而获得对总体特征的深刻认识。

(2) 典型调查是人为选取调查对象进行的一种调查方式。调查选取具有代表性或典型性的事物进行调查，进而深入了解现象本质，这是一种由点到面、由个别到一般的调查方式。

3. 典型调查的种类

(1) 划类选典式的典型调查。这类典型调查是先将调查对象的全体根据某一重要标志进行分类，然后再从各个类别中选取较为典型的单位组成一个样本，对样本进行全面调查，从而推测总体的数量特征。

(2) 解剖麻雀式的典型调查。这类典型调查是直接对总体中某些个别单位进行调查研究，从而推测总体的数量特征。

四、统计调查方案的设计

统计调查是一项系统性工程，进行调查之前需要针对调查工作的各个步骤进行详细的计划，形成的方案称为统计调查方案。一个完整的统计调查方案一般包括调查目的、调查对象和调查单位、调查项目、调查表、调查方式和方法、调查时间和调查期限及调查工作的组织安排等。

(一)调查目的

统计调查方案的首要工作是明确统计调查要围绕什么问题开展调查工作，以及明确调查目的，以便于解决调查什么、采用什么方法调查和什么时间调查等一系列问题。

(二)调查对象和调查单位

根据调查目的确定调查对象和调查单位。调查对象是指接受调查的社会现象的总体，它是由许多具有共同性质的调查单位组成的，调查单位是调查对象的基本组成部分，它是信息的承载者。例如，要调查研究全国煤炭企业的煤炭产量、成本、劳动生产率等情况，那么，全国所有的煤炭生产企业就是调查对象，而每一家煤炭生产企业就是一个调查单位。

要区分调查单位和填报单位，填报单位也称报告单位，是指向调查机构提供调查内容、提交统计资料的企事业单位、家庭或个人，即在进行调查时提供信息的调查单位。调查单位和填报单位二者有时一致有时不一致，当调查单位是企事业单位、家庭或个人时，二者一致；反之，二者不一致，由调查单位的所有者或管理者作为填报单位提供信息。例如，要对某市工业企业的生产状况进行调查，那么二者一致，调查单位即是填报单位；若对某市工业企业的生产设备运转状况进行调查，则二者不一致，调查单位为该市工业企业的每一台生产设备，填报单位为生产设备的所有者或管理者。

确定了调查对象、调查单位和填报单位，就确定了调查的总体范围、具体被调查的基本单位和提供统计信息的单位等情况。

(三)调查项目

调查项目就是所要调查的具体内容，即总体单位所具有的基本标志。确定调查项目就是要确定向调查单位调查哪些问题、统计哪些指标。调查项目的设定要紧密围绕调查目的，同时要根据填报单位的自然情况而设定。一般情况下，设计调查项目需要注意下述四点。

(1) 确定调查目的所急需的项目，可有可无和备而不用的项目一律不要列入。

(2) 调查项目应是能够取得实际资料的项目。

(3) 调查项目要注意彼此衔接，避免重复和相互矛盾。

(4) 列出调查项目的表格形式。可采用一览表形式，也可采用单一表形式，这应依调查目的、任务而定。一览表是在一张表上登记若干个调查单位的资料，每个单位都填写解答调查项目所提出的问题，但只适合在调查项目不多时使用。单一表是在一张表上只登记一个调查单位，可以比较详细地列出各种标志，内容比较详尽，也便于整理汇总，但费时较多。

(四)调查表

调查表是根据调查目的设计的带有调查项目的表格，调查表所要解决的是向调查单位调查什么的问题。调查表是调查方案的核心部分，调查表根据表现形式不同可分为单一表和一览表两种类型。

1. 单一表

单一表就是一张表格里只登记一个调查单位的调查表，如职工入职登记表，每一张表格里只登记一名职工的基本信息。单一表的优点是可以容纳较多的调查项目，能够对调查单位了解得更加详尽，但是单一表无法全面反映一个总体的基本情况，如表 2-2 所示。

2. 一览表

一览表就是把许多调查单位和相应的调查项目按次序登记在一张表格里的调查表，如某商场日销售情况明细表，就是将该商场每天各个部类销售情况填写在同一张表格上。一览表的优点是能够全面反映某一总体多个单位的基本情况，调查时节省人力、物力和时间，但由于表格空间有限，所以，调查项目不宜过多，如表 2-3 所示。

表 2-2　不良品统计

机型			订单号	
不良总数		制程不良数	材料不良数	

制程不良品中各工段统计

工段	不良数	百分比	备　注
SMT			
拖焊			
AI			
插件			
补焊			
测试			
其他			
统计	审核	统计时间	年　月　日

表 2-3　2021 年不良品质量统计

月份	供货数量(千件)	不合格数量(千件)	不合格率(%)
1 月			
2 月			
3 月			
4 月			
5 月			
6 月			
7 月			
8 月			
9 月			
10 月			
11 月			
12 月			
统计	审核	统计时间	年　月　日

(五)调查方式和方法

调查方式和方法按调查对象范围可分为全面调查和非全面调查；按统计调查的组织形式可分为统计报表和专门调查(包括普查、典型调查、重点调查、抽样调查等)；按调查登记时间的连续性可分为经常性调查和一次性调查；按收集资料的方式可分为直接观察法、采访法、报告法和验法等，它们可以相互组合使用。

(六)调查时间和调查期限

1．调查时间

调查时间是指调查资料所属的时点或时期。如果所要调查的是时点现象，就要明确规定调查资料所属时点。例如，我国第七次人口普查调查时点是 2020 年 11 月 1 日零时。如果所调查的是时期现象，就要明确规定调查资料所属时期。例如，调查 2022 年 1 月某企业的生产产量，则调查时间是从 2022 年 1 月 1 日至 1 月 31 日，共计 31 天。

2．调查期限

调查期限是整个调查工作的起讫时间(即从调查开始到结束的时间)，包括收集资料及呈报资料的时间，为了保障调查工作的时效性，调查期限不宜过长。例如，调查哈尔滨市商业企业 2021 年上半年的经营情况，要求在 2021 年 7 月 5 日以前完成普查登记，则调查时间为 2021 年 1 月 1 日至 6 月 30 日，调查期限是 5 天(2021 年 7 月 1 日至 7 月 5 日)。

(七)调查工作的组织安排

为保证整个调查工作顺利进行，在调查方案的最后需要明确实施上述计划的人员安排、经费来源等问题。调查工作的组织安排具体应包括下述几点。

(1)　建立调查工作的组织领导机构，做好调查人员的分工。

(2)　做好调查前的准备工作，包括宣传教育、人员培训、文件资料的准备、调查方案的传达布置、经费预算和开支办法等。

(3)　确定调查工作的检查、监督方法。

(4)　调查成果的公布时间及调查工作完成后的工作总结等。

五、统计调查的具体方法

统计调查资料的获得主要有两种渠道。一是直接来源，即通过组织专门调查或者科学实验来取得统计数据，这种调查获得的数据资料也称为第一手资料，如直接观察法、询问调查法、报告法、实验法等。二是间接来源，即通过一定方法查阅他人调查或试验结果得出的数据，这种调查获得的数据也称为第二手资料。

(一)直接观察法

直接观察法是指调查人员亲临现场对调查对象进行直接观察、测量等以获得统计指标的调查方法。在观察过程中，调查人员的地位是被动的，也就是说，调查人员对所观察的事件或行为不加任何控制或干涉。比如在销售现场进行调查时，调查人员并不访问消费者，只是观察现场的基本情况，然后记录备案。调查内容一般为某时段的客流量、顾客在各柜台的停留时间、顾客的基本特征、售货员的服务态度、各组的销售状况等。

直接观察法能够保障统计资料的准确性和真实性，但需要较大的精力投入，并且受时间和空间的限制。通常，在自然条件下，调查人员难以通过记忆全面地记录信息。因此，常借助一定的记录工具，如卡片、特殊标志、照相机、录音机、录像机等。

(二)询问调查法

询问调查法是指调查人员以询问为调查手段，从调查对象的回答中获得信息的一种调查方法。它是市场调查中较为常见的一种调查方法。

在实际应用中，根据调查人员同被调查者的接触方式，询问调查法又可分为面谈调查法、电话调查法、网络调查法、邮寄调查法、留置问卷调查法和混合调查法等。

1. 面谈调查法

面谈调查法是最为常见的一种询问调查法，它是指派出调查人员直接向被调查者当面询问以获得所需调查信息的调查方法。这种调查方式具有信息回收率高、信息真实可靠、能够控制调查局面的特点，但是投入成本相对其他询问调查法较高、受访问时间和空间因素制约，且获得的资料易受主观因素影响。

2. 电话调查法

电话调查法是指通过与被调查者进行电话交流获取信息的调查方法。这种调查方法的优点是成本低、信息回收迅速，且不受空间因素影响。但电话调查法仅能应用于简单的问题调查，不能进行深入交谈，并且只能访问到拥有电话的这部分人群。

3. 网络调查法

网络调查法是指在互联网上进行问卷调查以收集资料的一种调查方法。这种调查方法的优点是组织简单、投入少、被访者有足够时间思考作答、受访者范围广泛、网络调查传播速度快等。网络调查法的缺点是调查对象仅为网络用户、网络调查获得资料需要去伪存真。

4. 邮寄调查法

邮寄调查法是调查人员将设计好的调查表或调查问卷通过邮局邮寄的方式寄给被访者，被访者填好后再将问卷发给调查人员的一种调查方法。邮寄调查法具有不受时间和空间的限制(被访者有充分的思考时间)及成本低等优点。但是邮寄调查法存在所用时间长、受调查人文化程度限制、问卷回收率低等缺点。企业通常采用有奖、有酬的刺激方式来弥补。

5. 留置问卷法

留置问卷法是指调查人员将调查表留置被调查者手中，由被调查者自行填写，再由调查人员定期回收表格的一种调查方法。

6. 混合调查法

将以上几种询问调查法混合使用，称为混合调查法。比如在某项调查中，派出人员分别进行街头拦人式的询问调查、邮寄问卷调查、电话调查、网络调查和留置问卷调查，多管齐下地获取信息，然后将全部回收资料进行整理，最终得出调查结果。

(三)报告法

报告法是基层单位或个人根据上级部门的要求，以原始凭证为依据填写调查表，然后逐级上报的调查方法。例如，我国长期以来实行的各级统计报表制度就是这种调查方法。

(四)实验法

实验法是在特定条件下，对调查对象进行实验以获取所需资料的一种调查方法。实验法是有目的地控制一定的条件或创设一定的情境，然后操控某种变量的变化以便考察它对其他变量的影响及最终结果的影响程度。比如在商场不同时间采用打折促销、广告宣传、有奖销售等多种销售手段，然后统计各种促销方式对销售额的影响，这就是实验法。

(五)间接获取资料

在统计数据的收集过程中，有时很难通过直接来源获得第一手资料，就需要间接地获取资料，即通过一定渠道获取别人调查或科学试验所取得的统计数据，这便是第二手资料又称间接资料。获取数据的间接来源有以下几种途径。

1. 公开出版的统计数据

公开出版的统计数据主要来源于官方统计部门、政府、组织、科研机构、学校等的统计结果，查阅渠道有网络、报纸杂志、广播、电视等。目前，较为权威的经济类统计年鉴有《中国统计年鉴》《地方统计年鉴》《中国金融年鉴》；权威期刊有《中国经济数据分析》《经济预测分析》；权威统计网站有中国国家统计局网站、中国经济信息网等。

2. 尚未公开发表的统计数据

尚未公开发表的统计数据多是各企业内部的经营报表、专业调查咨询机构掌握的调查数据、科研机构或院校尚未发表的研究数据等。

在实际调查工作中适当地运用间接数据能够节约时间和费用，取得良好的成果和效益。在使用间接数据时应注意以下几个问题。

(1) 首先要对间接数据的可用价值进行评估。

(2) 注意间接数据中的各项指标的含义、统计口径和计算方法是否具有可比性，避免误用、错用他人数据。

(3) 注意弥补缺失数据和进行质量检查。

(4) 引用间接数据时，一定要注明数据来源和数据所属时间。

六、统计调查问卷的设计

在统计调查实施之前，调查人员需要确定好调查提纲、调查表或者调查问卷。统计调查问卷作为常用的调查工具，它采用书面的形式或通过网络平台将所需调查的项目以问答的方式系统罗列出来，请被访者填写问卷，以获取统计资料。调查问卷主要用于非政府统计机构或个人的市场调查及社会调查。

(一)问卷的基本结构

问卷的基本结构包括问卷标题、问卷说明、被访者基本情况、主题问句、作业记载等。

1. 问卷标题

问卷标题应概括性地说明调查研究的主题，使被访者通过标题对问卷内容有大致的了解。问卷标题要力求简明扼要、主题突出、易于引起被访者回答问题的兴趣。

2. 问卷说明

问卷说明又称卷首语，在被访者作答前，起到对问卷进行简单说明的作用。问卷说明的内容包括调查目的、调查意义和 主要调查内容、填表注意事项、调查人员的自我介绍、调查的说明和保密原则，以及对被访者配合调查工作的感谢，如有酬劳应一并写明。问卷说明要语气诚恳、平易近人，文字要通俗易懂、简明、可读性强。问卷说明除了对被访者阐明填写要求，最重要的是要使被调查者快速了解问卷调查的意图，引起他们的重视和兴趣，争取他们的支持和合作，问卷说明是调查者与被访者沟通的桥梁。

3. 被访者基本情况

被访者基本情况主要用于后期统计数据的整理和分析，若被访者是企事业单位、组织、学校或机构，则此部分应包括单位名称、单位所属行业、单位所属性质、单位组织机构代码、职工人数等；若被访者是个人，则此部分应包括被访者性别、年龄、职业、学历、收入状况、婚姻状况等。

4. 主题问句

主题问句是问卷中最重要的组成部分，并最终决定着问卷的质量。主题问句包括封闭式问句和开放式问句两种。封闭式问句由问句和备选答案两部分组成，被访者可在备选答案中进行选择、连线或者排序等。开放式问句只有问句，被访者不受备选答案的限制，自由作答。

5. 作业记载

作业记载通常作为问卷的最后一部分，主要记录调查人员姓名、调查时间、地点、制表机构、问卷编码等。该部分的主要目的是便于查询和明确责任。

(二)问题设计要点和注意事项

问卷的设计是否合理直接影响着调查的结果。因此，设计一份有针对性的调查问卷还需遵循以下各项设计原则。

1. 明确调查目的和调查对象

进行问卷调查的目的是获得需要的信息，只有明确了这一点，设计问卷才会有所侧重，并通过提出不同的问题和不同的提问方式来获得信息。在设计问卷时，还要时时想着调查的对象，分析这个人群的特点，并从他们的角度思考：这个问题会产生误解吗？好答吗？他们愿意回答吗？

2. 简单化原则

简单化原则是一个永恒的基本原则，编写问卷要求语言简单、概念明确、任务容易操作。因为问卷调查一般没有酬劳，如果问卷设计得不够简单、明白，很难有用户耐心回答问卷。另外，还要考虑问卷的内容不能太多，问题要少。

(1) 语言简单。应尽量避免以下几种提问方式。

a. 双重对象：如"你认为 A 和 B 还有 C 是否……"，应该尽量分开问。

b. 双重否定：如"难道你认为 A 不是不会……"

c. 列举项太多：如"非常同意，比较同意，同意，不是很同意，不同意，常不同意……"

d. 概念不明确：有人做过这样的试验："你看电视新闻节目的时间在你晚上闲暇时间里所占的比例是多少？"53 个人里有 14 个人不明白这个问题的意思；因此明白地回答起来也相当吃力。

(2) 任务的可操作性。在设计主题问句时应将事实和态度的问题区分开，不要有太多的假设性问题；减少涉及回忆的问题，需要时应进行引导和提供线索。

(3) 过滤虚假意见。虚假意见可使调查获得一些错误的信息，将影响调查结果并得出错误的结论。所以，过滤虚假意见非常重要。虚假意见的来源大概有两种。

① 不认真或者恶意答卷。恶意答卷的现象可能较少，但不认真答卷的现象比较普遍。答卷者可能一开始饶有兴致，后来却不耐烦等，结果连问题都没搞清楚就选了答案，提供奖品的情况下更可能出现这样的情况。因此，在设计问卷时可以考虑加一些"陷阱"，如果答卷者掉进这个"陷阱"则知道答卷者不认真，此答卷作废，不计入统计结果。

② 心理学意义上的虚假意见——顺序效应。例如，美国心理学家在关于婚姻问题的全国性调查中发现了这样的问题：最后一个选项是倾向于被选择的选项。当问及"你认为在这个国家里，离婚程序应该更容易、更难，还是维持现状？"23%的人认为更容易，36%的人认为更难，41%的人认为应该维持现状；当问题改为"更容易，维持现状，更难"时，26%的人认为更容易，29%的人认为应维持现状，45%的人认为应该更难。

(4) 所问问句符合被访者回答能力，问题不要过于专业化。

(5) 问卷容量适度，问卷不宜过长或过短，作答时间应控制在 10～20 分钟。

只有遵循上述各项设计原则，问卷调查得到的数据才具有针对性，满足数据调查所要求的真实性和完整性。举例如下。

我校大学生兼职情况调查问卷

亲爱的同学们：

大家好！为了了解我校学生的兼职情况，现做一份兼职调查问卷，希望各位同学帮忙填写，以得到你们的宝贵意见。此次调查仅限本机构研究使用，不会给你个人造成任何影响，请各位同学放心填写，谢谢！

调查对象：我校所有在校大学生。

专业：　　　　性别：　　　　年龄：

1. 你认为大学生有必要做兼职吗？

□有必要　　□没有必要

2. 你是否做过兼职？

□是　　□否

3. 如果做兼职，你愿意做哪类兼职？

□家教　　□促销　　□翻译　　□其他

4. 你认为兼职会影响你的学业吗？

□一定会　　□可能会，因人而异　　□一定不会　　□不知道

5. 当兼职与上课冲突时，你会怎么做呢？

□逃课　　□放弃兼职　　□请假去做兼职　　□其他

6. 兼职过程中你最大的收获是什么？

□赚钱　　□拓宽了交际面　　□对社会的了解更深　　□其他

7. 兼职过程中，你是否遇到过性别歧视？

□经常遇到　　□偶尔遇到　　□从未遇到

8. 你认为兼职过程中，你最大的优势是什么？

□口齿清晰，善于表达　　□大胆自信，活泼开朗

□出众的仪表和气质　　□兴趣广泛，知识渊博

9. 你的家长是否同意你做兼职？

□完全同意　　□基本同意　　□无所谓　　□不同意

10. 你曾经通过什么方式和途径找到兼职工作的？(可多选)

□海报或广告　□专门的中介机构网站　□传单　□学校勤工俭学中心、老师等介绍

□经熟人介绍或帮忙(包括家人、亲朋、同学)　　□自己寻找

11. 你所做兼职是否与你的专业相关？

□完全相关　　□很相关　　□一般相关　　□相关度很小　　□无相关

12. 你的月支出是多少？

□500元以下　　□500～1000元　　□1000～1500元

□1500～2000元　　□2000～3000元　　□3000～5000元

13. 你实际的兼职日收入是多少？

□50元以下　　□50～100元　　□100～200元　　□200～300元　　□300元以上

14. 做兼职后你觉得自己的社会能力有提高吗？

□很大的提高　　□一般提高　　□和原来差不多　　□完全没有

15. 兼职过程中，你最大的收获是什么？(可多选)

□消费水平提高　　□经济独立，能够自己支付全部或部分生活费

□很有自豪感　　□生活更加充实、更大胆地与他人交流，认识更多的人

□增加了工作经验和社会阅历，更加了解社会，为今后的工作奠定基础

16. 你有过兼职受骗的经历吗？

□有　　□没有　　□说不清

17. (假如)被骗后，你会如何处理？

□与当事人或其领导交涉　　　□向相关部门投诉　　　□自认倒霉

18. 请你结合你目前了解的大学生兼职状况，对大学生做兼职给出自己的建议。

非常感谢你的合作！

勤工俭学统计调查机构

2022 年 2 月 6 日

第二节　统计数据整理

一、统计数据整理概述

(一)统计数据整理的含义及意义

1. 统计数据整理的含义

统计数据的整理简称统计整理，它是根据统计研究的目的和要求，对统计调查所收集到的原始资料进行科学的加工、整理，使其条理化、系统化，把原始资料转化为能够反映总体数量特征的综合指标的过程。

2. 统计数据整理的意义

统计数据的整理属于统计工作的第三个环节，它介于统计调查和统计分析之间，具有承上启下的作用。统计整理实现了从个别单位的数量特征向总体总量数量特征的转换，是人们对社会经济现象从感性认识到理性认识的升华，是统计分析的必要前提。

(二)统计数据整理的步骤

统计数据整理是一项细致、周密的工作，需要有计划、有组织地进行。因此，进行统计资料的整理需要按照以下步骤进行。

1. 审核

为了保障资料的质量，首先需对原始数据进行审核，审核数据的准确性、完整性和及时性。发现数据不符合逻辑要求、出现计算错误、数据缺失、统计口径不一致，或者数据缺乏时效性等问题应及时纠正，如果问题无法得以纠正，应果断废弃，避免错误的数据流入后期整理程序。

2. 排序

数据排序就是将审核之后的数据按照一定顺序进行排列，以便进行分组和汇总。定性数据，可按照类别或者属性排序；无法分类或划分属性的，可按照数据的首字母、笔画数或笔顺排序。定量数据，可以按照升序或者降序进行排序。例如，美国的《财富》杂志每年都要按上一年的营业收入列出世界 500 强企业，企业可以借此了解自己在行业中的发展水平，近年来，我国已经有许多家企业跻身其中。

审核和排序是统计整理的基础性工作，因此也把审核和排序称为对数据进行预处理。排序后的数据称为顺序统计量。随着计算机的应用和普及，无论是定性数据的排序还是定量数据的排序，目前均可借助计算机很容易地完成。

3. 分组

分组是指对预处理后的数据用一定的组织形式和方法对其进行科学的分组，是统计汇总的前提和基础。

4. 汇总

汇总是指对分组后的资料进行汇总和必要的计算，使其形成能反映数量特征的综合指标，并用统计表或统计图等形式将整理结果表现出来。

二、统计分组

(一)统计分组的含义

统计分组是指根据统计研究任务的要求和研究现象总体的内在特点，把现象总体按某一个或几个重要标志划分为若干不同性质但有联系的小组。统计分组兼有"总"和"分"两方面的含义。"总"是指将总体中性质相同的许多个体合成一个小组，"分"是指将总体划分为若干不同性质的更小的总体。数据分组后要体现"组间差异大，组内差异小"的特征。比如，将企业根据职工人数划分为超大型企业、大型企业、中小型企业等；将学生按文化水平性质划分为小学生、中学生、大学生、硕士生、博士生等。

(二)统计分组的意义及原则

统计分组的目的在于揭示现象之间的依存关系及差别，是深入认识社会现象的必要前提，分组时要坚持以下两个原则。

(1) 穷尽原则。即使总体中的每一个标志值都划归到相应的组中，或者各分组的空间足以容纳总体的所有单位。

(2) 互斥原则。即总体中每一个标志值只能在一组中出现，而不能同时出现在两个或两个以上的小组之中。

(三)统计分组的相关概念

(1) 全距。在统计数据中，最大变量值与最小变量值的差距称为全距，也称极差。

(2) 上限。在组距式分组中，各组的最大变量值称为上限。

(3) 下限。在组距式分组中，各组的最小变量值称为下限。

(4) 组距。在组距式分组中，各组上限和下限之间的距离称为组距。

(5) 闭口组。在组距式分组中，既有上限又有下限的组称为闭口组。

(6) 开口组。在组距式分组中，有上限无下限或者有下限无上限的组称为开口组。

(7) 组中值。是指组距数列中各组变量值的中间数值。

对于闭口组，组中值=上限-(上限+下限)/2；对于开口组，若有上限无下限，则组中值=上限-邻组组距/2；若有下限无上限，则组中值=下限+邻组组距/2。

(四)统计分组的方法

统计分组的方法根据选择分组的标志，可分为以下几类。

1. 按照品质标志或数量标志分组

(1) 品质分组法。品质分组法是指将反映事物属性、类别等方面的品质标志作为分组依据进行分组的方法。比如，人口按性别分组(见表2-4)，职工按职称等级分组(见表2-5)，企业按经济类型分组等。

表2-4　某地区人口按性别分组

按性别分组	人数(万人)	比重(%)
男性	325	50.78
女性	315	49.22
合计	640	100.00

表2-5　某企业职工按职称等级分组

按职称分组	人数(人)	比重(%)
一级	15	5.00
二级	30	10.00
三级	90	30.00
四级	60	20.00
五级	105	35.00
合计	300	100.00

在统计实践中，比较复杂的分组一般将国家统计局或各业务主管部门统一编制标准的分类目录作为统计整理的依据，如《国民经济行业分类目录》《工业产品分类目录》《主要商品分类目录》等。

(2) 变量分组法。变量分组法也称为数量分组法，就是根据数量的多少作为分组标志的分组方法。例如，对家庭按照人口数量进行分组、对企业按照固定资产总额进行分组等。按数量标志分组的目的并不是单纯确定各组数量上的差别，而是要通过数量上的变化来区分各组的类型和性质。数量标志分组方法可划分为单项式分组法和组距式分组法。

单项式分组法是按每个具体变量值对总体进行的分组，每组只有一个变量值。单项式分组法适用于变量值不多且分布比较集中的离散型变量。比如，按照拥有计算机的数量对家庭进行分组，如表2-6所示。

组距式分组法是按变量值的一定区间对总体进行分组，每一组的变量值均在一个区间。例如，对企业按照职工总人数进行分组、对职工按照月工资进行分组等。组距式分组法适用于变量值较多且分布比较分散的离散型变量和所有连续型变量。

组距式分组还可以根据各组组距是否相等分为等距分组法和异距分组法。各组组距相等的分组称为等距分组法，形成的数列称为等距数列，如表 2-7 所示；各组组距不完全相等的分组称为异距分组法，形成的数列称为异距数列，如表 2-8 所示。分组是采用等距分组还是异距分组需要视统计整理的要求和数据分布的特点而定。

表 2-6　某小区家庭按拥有计算机数量分组

按计算机数量分组(台)	家庭数(户)	比重(%)
0	60	12.00
1	140	28.00
2	230	46.00
3	50	10.00
4	20	4.00
合计	500	100.00

表 2-7　某班学生按《统计学》考试成绩分组

按考试成绩分组(分)	人数(人)	比重(%)
60 以下	2	4.00
60～70	11	22.00
70～80	21	42.00
80～90	13	26.00
90～100	3	6.00
合计	50	100.00

表 2-8　某企业职工按月工资分组

按月工资额分组(元)	人数(人)	比重(%)
2000 以下	50	10.00
2000～3000	150	30.00
3000～5000	250	50.00
5000～7000	40	8.00
7000 以上	10	2.00
合计	500	100.00

2. 按照分组标志的数量分组

(1) 简单分组法。将总体按照一个标志分组，称为简单分组法。表 2-8 根据职工月工资这个标志分组就是采用了简单分组法。

(2) 复合分组法。将总体按两个或两个以上标志分组，称为复合分组法。例如，为了了解我国高等学校在校生的基本状况，可选择学科、学历和性别三个标志进行分组。复合分组对反映总体的数量特征及内部结构具有重要意义，但由于复合分组的组数等于各简单分组组数的乘积，因此复合分组体系过于庞大，所以在复合分组时不宜选择过多的分组标志。

三、频数分布数列

(一)频数分布数列的含义

频数分布数列就是在对总体进行分组的基础上，将总体中所有单位按照标志进行归类、汇总，最终形成反映总体各单位在各组间分布情况的数列，也称次数分布数列。分组中各组确定的标志表现称为组别；分布在各组的个体单位数叫作频数，又称次数；各组频数与总体总数之比称为频率，又称比率。组别、频数、频率是频数分布数列的基本组成要素。

频数分布数列可以反映总体中所有单位在各组间的分布状态和分布特征，研究总体的频数分布特征既是统计整理的重要内容，也是统计分析的基础。

(二)频数分布数列的种类

根据所选的分组标志，频数分布数列可分为品质频数分布数列和变量频数分布数列。

1. 品质频数分布数列

品质频数分布数列简称品质数列，是按照品质标志分组形成的分布数列。常见的品质数列有企业按所有制形式分类、商品按类别分类、生产成本按用途分类等。

2. 变量频数分布数列

变量频数分布数列简称变量数列，是按照数量标志分组形成的分布数列。常见的变量数列有学生按考试成绩分类、职工按年龄分类、工人按工龄分类等，表现形式如表 2-7 所示。

(三)频数分布数列的编制步骤

1. 品质频数分布数列的编制步骤

首先，对总体按照一定的属性或特征进行排序；其次，根据统计研究的目的和数据特征采用适当的品质标志进行分组；再次，将数据归入各个组之中；最后，计算各组出现的单位数和所占频率，形成品质分布数列，如表 2-4 和表 2-5 都属于品质频数分布数列。以下为学期初某班大学生体育课选课资料及整理后所得品质频数分布数列。

例 2-1 某班 40 名学生体育课选课资料如下所述。

足球	乒乓球	羽毛球	羽毛球	篮球	羽毛球	羽毛球	网球	篮球	羽毛球
羽毛球	篮球	网球	羽毛球	羽毛球	乒乓球	足球	篮球	羽毛球	羽毛球
羽毛球	网球	羽毛球	羽毛球	足球	羽毛球	网球	羽毛球	羽毛球	篮球
网球	羽毛球	乒乓球	足球	羽毛球	足球	篮球	羽毛球	篮球	羽毛球

该班学生体育课选课分组资料如表 2-9 所示。

表 2-9　某班学生体育课选课分组资料

体育选课分组	人数(人)	比重(%)
乒乓球	3	7.50
足球	5	12.50
羽毛球	20	50.00
篮球	7	17.50
网球	5	12.50
合计	40	100.00

2. 变量频数分布数列的编制步骤

变量频数分布数列因为种类繁多，所以较品质频数分布数列的编制更为复杂。下面对其编制步骤进行重点讲解。

第一步，将原始资料排序。将所有原始资料按照大小进行排序，可以升序排列，也可以降序排列。以排列后的数据计算全距，以此确定变量值的变动范围和变动幅度。然后，对数据进行分组，若数据为变动范围较小的离散型变量，则选择单项式分组；若数据为变动范围较大的离散型变量或连续型变量，则选择组距式分组。

第二步，确定组数、组距及组限。确定组数要考虑的因素有很多，其中最根本的就是要体现各组间质的不同，除此之外，还要考虑总体单位数的多寡、全距的大小，但最常用的一般方法是将美国学者斯特吉斯(Sturgess)的经验公式作为确定组数时的参考。他认为当总体单位按某标志分组接近正态分布时，可根据总体单位数 N 确定组数 K 及组距 d，公式为

$$K=1+3.322\lg N$$
$$d=全距/组数$$

其中，N 为总体单位数。

第三步，按照分组的组别，将总体划分到各个组。

第四步，编制变量频数分布数列。计算各组中变量值出现的频数及频率，最终形成变量频数分布数列。

下面通过一个实例介绍变量频数分布数列的编制步骤。

例 2-2　某地区抽样调查获得 40 户居民人均月收入资料如下。(单位：元)

```
1730   2600   2580   2220   3540   1200   4400   3610   2650   2170
 850   1610   2400   3600    900   2780   4730   3450   2800   2950
1950   2640   3000   2590   5270    720   6900   2950   2500   1560
2750   3180   2780   2490   2080   4840   3330   2120   2790   2300
```

具体步骤如下。

第一步，将原始资料排序。如表 2-10 所示，计算全距为 6180 元，根据数据特点，应采用组距式分组的等距分组法。

表2-10 某地区居民按平均月收入排序资料(由低到高)

单位：元

720	850	900	1200	1560	1610	1730	1950	2080	2120
2170	2220	2300	2400	2490	2500	2580	2590	2600	2640
2650	2750	2780	2780	2790	2800	2950	2950	3000	3180
3330	3450	3540	3600	3610	4400	4730	4840	5270	6900

第二步，确定组数、组距及组限。可以借助美国学者斯特吉斯的经验公式：$K=1+3.322\lg N\approx6$，根据数据特点，分5组或者6组。如果分5组，组限可以采用开口式，分别为1000以下、1000～2000、2000～3000、3000～4000、4000以上。

第三步，按照分组的组别，将总体划入各个组。

第四步，计算各组中变量值出现的频数及频率，最终形成变量频数分布数列。如表2-11所示。

表2-11 某地区居民按人均月收入分组资料

按人均月收入分组(元)	人数(户)	比重(%)
1000以下	3	7.50
1000～2000	5	12.50
2000～3000	20	50.00
3000～4000	7	17.50
4000以上	5	12.50
合计	40	100.00

通过观察频数分布数列情况，该地区抽样调查得到的40户居民人均月收入的分布情况一目了然，人均月收入在2000～3000元的家庭最多，占50.00%，在1000元以下的家庭最少，占7.50%。

(四)编制频数分布数列的注意事项

(1) 组距的大小和组数的多少，是互为条件和制约的。当全距一定时，组距大，组数则少；组距小，组数则多。因此，组距不宜过大或过小，一般为5或10的整数倍，组数为5～15组。

(2) 数据归类应遵循"上限不在内"原则。采用组距式分组时，需要保证分组遵循"穷尽、互斥"原则。我们习惯采用"上限不在内"原则，即当相邻两组的上下限重叠时，恰好等于某一组上限的变量值不算在本组内，而计算在下一组内。例如，在表2-11的分组中，3000这一数值不计算在"2000～3000"这一组内，而计算在"3000～4000"组中，其余以此类推。

(3) 最小组下限要小于或等于最小变量值，最大组上限要大于或等于最大变量值。只有满足这一要求，才能使所有变量值毫无遗漏地分到各组中，最小变量值分入第一组中，最大变量值分入最后一组中。

(4) 如果变量值相对集中，无极大值或极小值，可采用闭口组，否则采用开口组。组限要根据变量的性质确定，如果数据经排序后出现个别极大值或极小值，则极值所在组可采用开口组形式，不设上限或下限。例如，使最小组只有上限(用"××以下"表示)，最大组只有下限(用"××以上"表示)。

第三节　统计数据的显示

统计数据经过审核、排序、分组、汇总后，需要以一定的形式将统计整理的结果显示出来，以供他人查阅或参考，最常用的是统计表和统计图两种表现形式。统计表或统计图的主要作用是可以简化资料，反映数据的分布和规律，省去冗长的文字叙述，也便于分析、对比和计算。

一、统计表

(一)统计表的含义

统计表是把经过汇总整理所得的系统化的数据，按照一定顺序填写在由纵横交叉线条所绘制的表格中，就形成了统计表。上一节我们例题中编制的组距数列，就是一种统计表。

(二)统计表的作用

统计表能够很好地反映整理后数据的分布和规律，是集中而有序地表现统计资料的表格，是表现数字资料整理结果最基本、最常用的一种工具。它在统计工作中的主要作用体现在以下几个方面。

(1) 统计表可以说明研究对象之间的相互关系。通过统计表能够观察到总体分布的基本态势。

(2) 统计表可以把研究对象之间的变化规律明显地表示出来。统计表能够表明总体发展的规律。

(3) 统计表可以把研究对象之间的差别明显地表示出来。这样便于研究人员分析问题和研究问题。

(三)统计表的构成

从形式上看，统计表一般由五个主要部分组成，即表头、行标题、列标题和数字资料及表外附加。

(1) 表头。表头包括总标题、表号、单位等。总标题一般位于表格上端正中，相当于一篇文章的总标题，表明全部统计资料的内容；表号位于总标题左侧，是表格的编码；全表若有统一单位，单位居于总标题右侧。

(2) 行标题。行标题通常位于统计表的左侧第一列，一般可表明研究总体及其组成部分，即统计表所要说明的对象；如果是时间序列数据，当数据较多时，通常可将时间放在行标题的位置。

(3) 列标题。列标题通常位于统计表上端第一行，一般表明总体特征的统计指标的名称。

(4) 数字资料。数字资料是行标题与列标题交叉位置处的数字，它是统计表的主体。

(5) 表外附加。为了对统计表中的内容进行补充，统计表下方位置往往附加一些说明，这部分内容称为表外附加。表外附加一般包括资料来源、指标说明、填表单位、填表日期等。表 2-12 为统计表的各个组成部分。

表 2-12   2020 年我国国内生产总值构成

项目	工业增加值	
	产值(亿元)	比重(%)
第一产业	77754.00	7.65
第二产业	384255.00	37.82
第三产业	553977.00	54.53
合 计	1015986.00	100.00

资料来源：《2020 年中国统计年鉴》。

(四)制作统计表的注意事项

(1) 总标题应简明扼要，表号标注正确。

(2) 统计表一般为长方形，上、下两端封闭且为粗线，左、右两端开口，列标题之间一般用竖线分开，行标题之间通常不必用横线隔开。

(3) 全表若有统一单位，则单位应写在表头总标题右侧；若无统一单位，单位可写在行标题或列标题右侧，用"( )"或"/"间隔，如表 2-12 所示。

(4) 表格不宜过长或过短，行与列的数量应比例适中，表中数据分布合理，有小数点时应以小数点为界对齐，而且小数点的位数应统一；表中缺少数据的位置用"…"表示，不应有数的用"–"表示，一张填好的统计表不应当出现空白单元格。

(5) 统计表下方一般应备注资料来源、填表时间、指标说明等内容，方便读者查阅使用。若统计表为引用他人资料，特别要注明资料来源，以表示对他人劳动成果的尊重，且防止侵权。

二、统计图

(一)统计图的含义及用途

统计图是利用点、线、面、体等绘制成几何图形，以表示各种数量间的关系及其变动情况的工具。广义上讲，统计图是表现统计数字大小和变动的各种图形的总称。统计图的特点是简明生动、通俗易懂、形象具体、一目了然等。因此，统计图在统计资料整理与分析中占有重要地位，并得到广泛应用。

统计图在统计数据的显示中主要用途包括下述几点。

(1) 揭示现象间的依存关系，反映总体单位的分配情况。

(2) 说明现象总体的分布情况。

(3) 表明现象间的对比关系。

(4) 检查计划的执行情况。

下面就来介绍一些常见的统计图及其应用。主要有条形图、柱形图、饼状图、折线图等，图的制作均可通过计算机来完成。

(二)统计图的类型

1. 条形图

条形图是用宽度相同、长度不同的条形来表示数据的图形，横坐标表示各组数据的频数或频率，纵坐标表示统计分组。在条形图中，各条形的宽度及条形之间的间隔距离均相等。条形图的特点是能够明确各组数据的大小，易于比较数据之间的差别等，图 2-1 为通过表 2-9 得出的某班 40 名学生体育课选课构成的条形图。

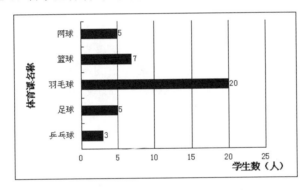

图 2-1 某班学生体育课选课条形图

2. 柱形图

柱形图是用宽度相同、高度不同的柱形来表示数据的图形，横坐标表示统计分组，纵坐标表示各组数据的频数或频率。在柱形图中，各柱形的宽度以及柱形之间的间隔距离均相等。图 2-2 为通过表 2-9 得出的某班 40 名学生体育课选课构成的柱形图。

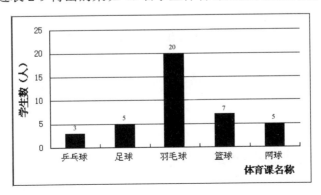

图 2-2 某班学生体育课选课柱形图

3. 饼状图

饼状图是使用圆形及圆形内扇形所占的比例来表示数值的统计图，主要用于表示一个总体中各组成部分的数据占总体数据的比例，常用于结构性问题的研究。图 2-3 为通过表 2-9 得出的某班 40 名学生体育课选课构成的饼状图。

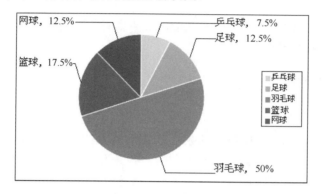

图 2-3 某班学生体育课选课饼状图

4. 折线图

折线图是以折线的上升或下降来表示统计数据增减变化的统计图。折线图不仅可以表示数量的多少，而且可以反映同一事物在不同时间里的发展变化情况。除此之外，折线图还可用来揭示现象动态发展变化的规律和趋势、检查计划执行情况等。

折线图在工作和生活中使用非常普遍，图 2-4 为通过表 2-9 得出的某班 40 名学生体育课选课构成的折线图。

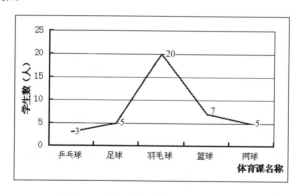

图 2-4 某班学生体育课选课折线图

第四节 变量分布特征描述

实例 1：

2017 年 2 月 28 日国家统计局发布的《2016 年国民经济和社会发展统计公报》显示：全年全国居民人均可支配收入为 23 821 元，比上年增长 8.4%，扣除价格因素，实际增长 6.3%；全国居民人均可支配收入中位数为 20 883 元，增长 8.3%。按常住地分，城镇居民人均可支配收入为 33 616 元，比上年增长 7.8%，扣除价格因素，实际增长 5.6%；城镇居民人均可支配收入中位数为 31 554 元，增长 8.3%。农村居民人均可支配收入为 12 363 元，比上年增长 8.2%，扣除价格因素，实际增长 6.2%；农村居民人均可支配收入中位数为 11 149 元，增长 8.3%。

什么是人均可支配收入？什么是中位数？国家统计局为什么同时公布居民人均可支配收入和居民人均可支配收入中位数？

实例2：

表 2-13 和图 2-5 是某球队 A、B、C 三位球员近几场比赛的得分情况，教练希望通过分析他们的得分表现决定让谁上场。

表 2-13 三位球员比赛得分

A	比赛得分	7	8	9	10	11	12	13
	频数	1	1	2	2	2	1	1
B	比赛得分	7	8	9	10	11	12	13
	频数	1	1	2	4	2	1	1
C	比赛得分	7	8	9	10	11	12	15
	频数	2	0	3	3	2	1	1

三位球员最近几场比赛得分的平均数是多少？哪位球员的得分差距程度最大，哪位球员的得分差距程度最小？三位球员最近几场比赛得分的分布形态如何？

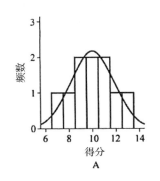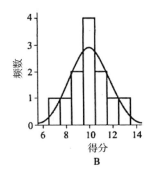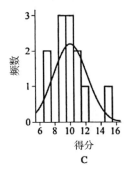

图 2-5 三位球员比赛得分

一、集中趋势的描述

变量分布特征可以从三方面进行描述：一是通过算术平均数、调和平均数、几何平均数、中位数、众数等描述变量分布的集中趋势；二是通过极差、四分位差、平均差、方差、标准差、离散系数、异众比率等描述变量分布的离中趋势；三是通过偏度系数、峰度系数等描述变量的分布情况。

集中趋势又称趋中性，是指变量分布以某一数值为中心的倾向，该中心数值被称为中心值或代表值。对于绝大多数变量来说，总是接近中心值的变量值居多，远离中心值的变量值较少，使变量分布呈现向中心值靠拢或聚集的态势，这种态势就是变量分布的集中趋势。描述变量分布的集中趋势，就是寻找变量分布的中心值或代表值，以反映某变量数值的一般水平。

变量分布的集中趋势用平均指标来反映。平均指标是通过抽象化变量值的差异来反映变量取值的一般水平或平均水平的指标，其具体表现被称为平均数。平均数因计算方法不同可分为数值平均数和位置平均数，前者根据变量的所有数据计算而得，主要有算术平均数、调和平均数和几何平均数；后者根据变量分布特征直接观察或根据变量数列部分处于特殊位置的变量值来确定，主要有中位数和众数。

平均指标的应用范围很广，主要体现在以下几个方面。①通过反映变量分布的一般水平，帮助人们对研究现象的一般数量特征有一个客观的认识。②可以对不同空间的发展水平进行比较，消除因规模不同不能直接比较的因素，以反映它们之间总体水平存在的差距，进而分析产生差距的原因。③可以对某一现象总体在不同时间的发展水平进行比较，以说明这种现象发展变化的趋势或规律。④可以分析现象之间的依存关系或进行数量上的推算。⑤可以作为研究和评价事物的一种数量标准或参考。

(一)算数平均数

算术平均数也称均值，等于变量所有取值的总和除以变量值个数，即总体(样本)标志总量除以总体(样本)容量的结果，是最常用的平均数。根据掌握资料的不同，算术平均数可以分为简单算术平均数与加权算术平均数。

1. 简单算术平均数

简单算术平均数是根据未分组数据计算获取的平均数，即直接将变量的各变量值相加，除以变量值的个数。设一组数据 x_1，x_2，x_3，…，x_n，则简单算术平均数 $\bar{x}$ 的计算公式为

$$\bar{x} = \frac{x_1 + x_2 + \cdots + x_n}{n} = \frac{\sum_{i=0}^{n} x_i}{n} \tag{2-1}$$

例 2-3 根据表 2-14 的数据，计算某企业 80 名女职工的平均年薪。

表 2-14　某企业 80 名女职工的年薪

单位：元

42 900	33 900	67 800	50 100	63 000	52 500	53 100	57 000
43 800	42 300	48 300	32 400	63 300	40 200	55 500	34 200
43 800	62 700	58 500	40 200	50 400	44 700	50 100	48 000
55 800	38 400	55 200	48 000	75 600	71 100	58 800	54 900
48 000	47 100	45 900	51 900	37 500	57 000	66 600	36 900
60 600	44 700	69 600	49 200	65 100	48 900	43 800	69 000
70 200	60 000	102 000	57 000	66 600	33 300	36 300	72 000
52 500	52 800	48 600	44 100	77 100	53 100	93 750	58 200
77 700	108 000	49 500	50 400	39 300	53 400	59 700	33 000
48 000	52 800	45 900	42 000	83 100	41 700	71 400	49 500

根据表 2-14 的数据，再结合式(2-1)可得

$$\overline{x} = \frac{x_1 + x_2 + \cdots + x_n}{n} = \frac{\sum\limits_{i=0}^{n} x_i}{n} = \frac{4\,361\,250}{80} = 54\,515.63(元)。$$

即 80 名女职工的平均年薪是 54 515.63 元。

2. 加权算术平均数

加权算术平均数是根据变量数列计算获取的平均数，即以各组变量值(或组中值)乘以相应的频数求出各组标志总量，加总各组标志总量得出总体标志总量，再用总体标志总量除以总频数，计算公式为

$$\overline{x} = \frac{x_1 f_1 + x_2 f_2 + \cdots + x_k f_k}{f_1 + f_2 + \cdots + f_k} = \frac{\sum\limits_{i=1}^{k} x_i f_i}{\sum\limits_{i=1}^{k} f_i} \tag{2-2}$$

式中表示第 i 组的变量值(组中值)，代表第 i 组变量值(组中值)出现的频数，k 表示组数。

例 2-4 根据表 2-15 的数据，计算某企业 80 名女职工的平均受教育年限。

表 2-15　某企业 80 名女职工的受教育年限

受教育年限(年)	频数(人)	百分比(%)
8	8	10.00
12	44	55.00
15	17	21.25
16	11	13.75
合计	80	100.00

根据表 2-15 的数据，再结合式(2-2)可得

$$\overline{x} = \frac{x_1 f_1 + x_2 f_2 + \cdots + x_k f_k}{f_1 + f_2 + \cdots + f_k} = \frac{\sum\limits_{i=1}^{k} x_i f_i}{\sum\limits_{i=1}^{k} f_i} = \frac{8 \times 8 + 12 \times 44 + 15 \times 17 + 16 \times 11}{8 + 44 + 17 + 11} = 12.79(年)。$$

即 80 名女职工的平均受教育年限是 12.79 年。

(1) 权数与权数系数。加权算术平均数的权数除了用绝对形式的频数表示外，还可以用权数系数表示。如果已知各组的频率，就可以直接用权数系数求加权算术平均数，那么，式(2-2)可以改写为

$$\overline{x} = \frac{\sum\limits_{i=1}^{k} x_i f_i}{\sum\limits_{i=1}^{k} f_i} = \sum_{i=1}^{k} x_i \times \frac{f_i}{\sum_{i=1}^{k} f_i} \tag{2-3}$$

根据表 2-15 中的数据，再结合式(2-3)计算加权算术平均数

$$\overline{x} = \sum_{i=1}^{k} x_i \times \frac{f_i}{\sum_{i=1}^{k} f_i} = 8 \times 10.00\% + 12 \times 55.00\% + 15 \times 21.25\% + 16 \times 13.75\% = 12.79(年)。$$

即 80 名女职工的平均受教育年限是 12.79 年，与式(2-2)的计算结果相同。

(2) 关于组距式数列计算加权算术平均数的问题。在组距式数列中，需要先计算各组的组中值，并作为各组的变量值，再按加权算术平均数的公式进行计算。

例 2-5 根据表 2-16 中的数据，计算某企业 120 名男职工的平均年薪。

表 2-16　某企业 120 名男职工的年薪

年薪分组(万元)	组中值(万元)	频数(人)	百分比(%)
5 以下	2.5	10	8.33
5～10	7.5	78	65.00
10～15	12.5	22	18.33
15～20	17.5	7	5.83
20 以上	22.5	3	2.50
合计		120	100.0

$$\overline{x} = \frac{\sum_{i=1}^{k} x_i f_i}{\sum_{i=1}^{k} f_i} = \frac{2.5 \times 10 + 7.5 \times 78 + 12.5 \times 22 + 17.5 \times 7 + 22.5 \times 3}{10 + 78 + 22 + 7 + 3} = 8.96(万元)$$

即 120 名男职工的平均年薪为 8.96 万元，这是一个近似值。

3. 算术平均数的数学性质

为了更好地理解和运用算术平均数，有必要了解算术平均数下述两种重要的性质。

(1) 各变量值与算术平均数的离差之和等于零。即

$$\sum (x_i - \overline{x}) = 0 (对于简单算数平均数) \tag{2-4}$$

或

$$\sum (x_i - \overline{x}) f_i = 0 (对于加权算数平均数) \tag{2-5}$$

(2) 各变量值与算术平均数的离差平方和为最小值。即

$$\sum (x_i - \overline{x})^2 = 最小值 \tag{2-6}$$

或

$$\sum (x_i - \overline{x})^2 \leqslant \sum (x_i - x_0)^2 \tag{2-7}$$

只有当 $\overline{x} = x_0$ 时，等号成立。

4. 算术平均数的优点、缺点

算术平均数的优点：一是可以利用算术平均数来推算总体标志总量，因为算术平均数与变量值个数之乘积等于总体标志总量(变量值总和)；二是由算术平均数的两个数学性质可知，算术平均数在数理方面具有无偏性与有效性(方差最小性)的特点，因此在统计推断中得到了极为广泛的应用；三是算术平均数具有良好的代数运算功能，即分组算术平均数的算术平均数等于总体算术平均数。

算术平均数的缺点：一是算术平均数易受特殊值(特大值或特小值)的影响，当变量存在少数几个甚至一个特别大或特别小的变量值时，就会导致算术平均数迅速增大或迅速变小，从而影响其对变量值一般水平的代表性；二是根据组距数列计算算术平均数时，由于组中值具有假定性而使计算结果只是一个近似值，尤其当组距数列存在开口组时，算术平均数的准确性会更差。

(二)调和平均数

调和平均数是平均数的一种，它先对变量值的倒数求平均，再取倒数，也称为倒数平均数。在数学上它是一种独立的存在形式，但在实践中通常被作为算术平均数的变形来使用。调和平均数也有简单调和平均数与加权调和平均数两种。

1. 简单调和平均数

当各组的标志总量相等时，所计算的调和平均数被称为简单调和平均数。简单调和平均数是各个标志值的倒数的算术平均数的倒数。设总体分为 k 个组，每个组的标志总量都为 m，以 x_i 表示各组变量值，H 表示调和平均数，则简单调和平均数公式为

$$H = \frac{km}{\frac{m}{x_1} + \frac{m}{x_2} + \cdots + \frac{m}{x_k}} = \frac{k}{\sum_{i=1}^{k} \frac{1}{x_i}} \tag{2-8}$$

例 2-6 市场上猪肉的价格是早市 18 元/斤，午市 16 元/斤，晚市 14 元/斤。若早、中、晚各购买二十元的猪肉，问当天三次购买猪肉的平均价格是多少？

$$H = \frac{20 \times 3}{\frac{20}{18} + \frac{20}{16} + \frac{20}{14}} = \frac{3}{\frac{1}{18} + \frac{1}{16} + \frac{1}{14}} = 15.83(\text{元})$$

即三次购买猪肉的平均价格是 15.83 元。

2. 加权调和平均数

当各组的标志总量不相等时，所计算的调和平均数要以各组的标志总量为权数，其结果即为加权调和平均数。若以 m_i 表示各组标志总量，则加权调和平均数计算公式为

$$H = \frac{m_1 + m_2 + \cdots + m_k}{\frac{m_1}{x_1} + \frac{m_2}{x_2} + \cdots + \frac{m_k}{x_k}} = \frac{\sum_{i=1}^{k} m_i}{\sum_{i=1}^{k} \frac{m_i}{x_i}} \tag{2-9}$$

例 2-7 根据表 2-17 的数据，计算某企业 120 名男职工的平均年薪。

表 2-17 某企业 120 名男职工的年薪

年薪分组(万元)	年薪总额(万元)
5 以下	25.30
5～10	586.55
10～15	271.37
15～20	120.07
20 以上	73.87

在本例中，已知各组男职工的分组年薪和年薪总额，即各组的标志值和对应标志总量，但不知道各组的工人数，因此要采用调和平均数的公式进行计算。计算各组标志值的组中值与各组的工人数，如表 2-18 所示。

$$H = \frac{\sum_{i=1}^{k} m_i}{\sum_{i=1}^{k} \frac{m_i}{x_i}} = \frac{1077.16}{120} = 8.98 (万元)$$

即该企业 120 名男职工的平均年薪为 8.98 万元。

表 2-18　某企业 120 名男职工的平均年薪

年薪分组(万元)	组中值(万元)	年薪总额(万元)	职工数(人)
5 以下	2.5	25.30	10
5～10	7.5	586.55	78
10～15	12.5	271.37	22
15～20	17.5	120.07	7
20 以上	22.5	73.87	3
合计		1077.16	120

例 2-5 和例 2-7 算出来的男职工的平均年薪不同，是由于两个例子在计算过程中都用到了组中值，组中值是以假定各组的变量值均匀分布为前提的，所以利用组中值计算出来的加权算术平均数与加权调和平均数都是近似值。

(三)几何平均数

几何平均数是对各变量值的连乘积开项数次方根，而几何平均法是计算平均比率或平均速度的一种常用方法。例如，用于计算水平法的平均发展速度、流水作业生产的产品平均合格率、复利法的平均利率等。根据掌握的数据条件不同，几何平均数分为简单几何平均数与加权几何平均数两种。

1. 简单几何平均数

简单几何平均数就是变量的 n 个变量值连乘积的 n 次方根。若以表示变量的第 i 个变量值($i =1,2,3,\cdots,n$)以 G 表示几何平均数，则简单几何平均数的计算公式为

$$G = \sqrt[n]{x_1 \cdot x_2 \cdot x_3 \cdots x_n} = \sqrt[n]{\prod_{i=1}^{n} x_i} \tag{2-10}$$

例 2-8　某工厂有五条相同的流水线，生产同一产品且生产速度相同，各流水线的合格率分别为 95%、92%、90%、85%、80%，那么，该工厂产品的平均合格率是多少？如果某流水生产线有前后衔接的五道工序，各工序产品的合格率分别为 95%、92%、90%、85%、80%，那么，产品的平均合格率又是多少？

如果五条相同的流水线，生产同一产品且生产速度相同，则平均合格率应采用简单算术平均数公式来计算。即

$$\bar{x} = \frac{x_1 + x_2 + \cdots + x_n}{n} = \frac{95\% + 92\% + 90\% + 85\% + 80\%}{5} = 88.40\%$$

如果某流水生产线有前后衔接的五道工序，则平均合格率应采用简单几何平均数公式来计算，即

$$G = \sqrt[n]{x_1 \cdot x_2 \cdot x_3 \cdots x_n} = \sqrt[5]{95\% \times 92\% \times 90\% \times 85\% \times 80\%} = 88.24\%$$

但需要注意的是，整条流水线的总合格率为 95% ×92%×90%×85%×80% =53.49%，与整条流水线的平均合格率不同。

2. 加权几何平均数

当计算几何平均数的各变量值出现的次数不等，即数据经过统计分组时，则应采用加权几何平均数。若以 x_i 表示第 i 组的变量值($i = 1$，2，3，$\cdots$，k)，以 f_i 表示第 i 组的频数($i = 1$，2，3，$\cdots$，k)，以 k 表示分组数，则加权几何平均数的计算公式为：

$$G = \sqrt[\sum\limits_{i=1}^{k} f_i]{x_1^{f_1} \cdot x_2^{f_2} \cdot x_3^{f_3} \cdots x_k^{f_k}} = \sqrt[\sum\limits_{i=1}^{k} f_i]{\prod_{i=1}^{k} x_i^{f_i}} \tag{2-11}$$

例 2-9　某笔为期 12 年的投资以复利计算收益。近 12 年来的收益率有 4 年为 3%，2 年为 5%，2 年为 8%，3 年为 10%，1 年为 15%。求整个投资期内的平均收益率。

$$G = \sqrt[\sum\limits_{i=1}^{k} f_i]{x_1^{f_1} \cdot x_2^{f_2} \cdot x_3^{f_3} \cdots x_k^{f_k}} = \sqrt[12]{103\%^4 \times 105\%^2 \times 108\%^2 \times 110\%^3 \times 115\%^1} = 106.85\%$$

$$G - 1 = 6.85\%$$

即整个投资期的平均收益率为 6.85%。

(四)中位数和分位数

1.中位数

中位数是变量的所有变量值按定序尺度排序后，处于中间位置的变量值。由于它居于数列的中间，所以在某些情况下可以用来代表变量值的一般水平。

1)　中位数的确定

中位数的确定因掌握的数据条件不同可分为以下几种确定方式。

(1)　根据未经分组的原始数据来确定。在变量未经分组的情况下，先将变量的 n 个取值按大小、强弱等顺序排列，确定中位数的位置$(n+1)/2$，然后确定中位数。

假设变量的 n 个取值按大小顺序排列结果为：x_1，x_2，x_3，$\cdots$，x_n，以 M_e 表示中位数，则

$$M_e = \begin{cases} x_{\frac{n+1}{2}}, & n\text{为奇数} \\ \dfrac{1}{2}\left\{x_{\frac{n}{2}} + x_{\frac{n}{2}+1}\right\}, & n\text{为偶数} \end{cases} \tag{2-12}$$

例 2-10　某高校学生男子篮球队 10 名队员的身高(单位：厘米)分别为 185、181、188、182、182、186、183、183、186、189。确定该校男子篮球队员身高的中位数。

本例中，$n=10$，中位数的位置为 5.5，所以中位数是身高排序后第 5 名和第 6 名队员身高的平均数。

10 名队员的身高由低到高排序为 181、182、182、183、183、185、186、186、188、189。第 5 名和第 6 名队员的身高分别为 183 和 185，所以该校学生男子篮球队员身高的中位数 M_e=(183 + 185)/2 = 184(厘米)。

(2) 根据单项式数列确定中位数。根据单项式数列确定中位数，先按 $(\sum f_i +1)/2$ 来确定中位数位置，然后对数列中的各组频数进行向上累计或向下累计，当某一组的累计频数大于或等于 $(\sum f_i +1)/2$ 时，该组的变量值就是中位数。

例 2-11 某企业 120 名男职工受教育年限的数据资料如表 2-19 所示，根据表中数据确定男职工受教育年限的中位数。

表 2-19 某企业 120 名男职工受教育年限的数据资料

受教育年限(年)	频数(人)	向上累计频数(人)	向下累计频数(人)
8	10	10	120
12	31	41	110
14	2	43	79
15	37	80	77
16	18	98	40
17	6	104	22
18	3	107	16
19	10	117	13
20	2	119	3
21	1	120	1
合计	120	—	—

根据所给数据可以计算中位数的位置 $(\sum f_i +1)/2=(120 +1)/2 =60.5$。对表 2-19 中各组频数向上累计或向下累计，向上累计至第 4 组(累计频数 80)或向下累计至第 7 组(累计频数 77)，累计频数大于 60.5，所以该企业男职工受教育年限的中位数 M_e=15(年)。

(3) 根据组距式数列确定中位数。根据组距式数列确定中位数，首先，计算各组的累计频数，并按 $\sum f_i /2$ 来确定中位数位置。其次，找出中位数所在的组，即累计频数大于或等于 $\sum f_i /2$ 的组。最后，再用插值法按比例计算中位数的近似值。具体计算有下限公式和上限公式两种。

中位数公式示意图如图 2-6 所示。

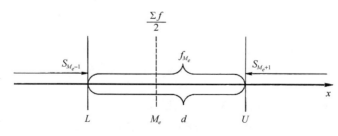

图 2-6 中位数公式

下限公式为

$$M_e = L + \frac{\frac{\sum f_i}{2} - S_{M_e-1}}{f_{M_e}} \times d \qquad (2\text{-}13)$$

式中，L 为中位数所在组的下限，f_{M_e} 为中位数所在组的频数，S_{M_e-1} 为向上累计至中位数所在组下一组上的累计频数，d 为中位数所在组的组距。

上限公式为

$$M_e = U - \frac{\frac{\sum f_i}{2} - S_{M_e+1}}{f_{M_e}} \times d \qquad (2\text{-}14)$$

式中，U 为中位数所在组的上限，f_{Me} 为中位数所在组的频数，S_{Me+1} 为向下累计至中位数所在组上一组的累计频数，d 为中位数所在组的组距。

例 2-12 根据表 2-20 中数据计算某企业 120 名男职工年薪的中位数。

表 2-20 某企业 120 名男职工的分组年薪数据

年薪(万元)	人数(人)	向上累计人数(人)	向下累计人数(人)
5 以下	10	10	120
5~10	78	88	110
10~15	22	110	32
15~20	7	117	10
20 以上	3	120	3
合计	120	—	—

由表 2-20 数据可以计算中位数位置为 $\sum f_i /2 = 120/2 = 60$。根据表 2-20 可知，向上累计至第 2 组的累计频数(88)或向下累计至第 4 组的累计频数(110)大于 60，因而中位数所在组为 5 万~10 万元这一组，即 $L=5$，$U=10$，$d=5$。

由下限公式得

$$M_e = L + \frac{\frac{\sum f_i}{2} - S_{M_e-1}}{f_{M_e}} \times d = 5 + \frac{\frac{120}{2} - 10}{78} \times 5 = 8.21(\text{万元})$$

由上限公式得

$$M_e = U - \frac{\frac{\sum f_i}{2} - S_{M_e+1}}{f_{M_e}} \times d = 10 - \frac{\frac{120}{2} - 32}{78} \times 5 = 8.21(\text{万元})$$

2) 中位数的优点、缺点

中位数的优点：一是中位数概念清晰，只要排列数据顺序，就可以比较容易地确定；二是中位数不受变量中特殊值的影响，出现特大值或特小值时，用中位数表示现象的一般水平更具有代表性；三是组距式数列出现开口组时，对中位数无影响；四是当某些变量不能表现为数值但可以定序时，不能计算数值平均数但可以确定中位数。

中位数的缺点：一是中位数不能像算术平均数那样进行代数运算；二是除了变量数列

的中间部分数值外，其他数值的变化都不会对中位数产生影响，因此中位数的灵敏度相对较低。

2. 分位数

分位数是将变量的数值按大小顺序排列并等分为若干部分后，处于等分点位置的数值。常用的分位数有四分位数、十分位数、百分位数等。

以四分位数为例，设 Q_L、Q_m 和 Q_u 分别表示第一个、第二个和第三个四分位数，则它们的位置分别为$(n+1)/4$、$2(n+1)/4$ 和 $3(n+1)/4$，根据位置可以确定各个四分位数。

例 2-13 某行政班 15 名学生的统计学考试成绩，如表 2-21 所示。

表 2-21 某行政班 15 名学生的统计学考试成绩

序号	1	2	3	4	5	6	7	8	9	10	11	12	13	14	15
成绩	75	73	93	73	89	84	84	63	86	92	85	68	82	84	77

要求：①计算 15 名学生统计学考试成绩的中位数、四分位数；②增加 1 名插班生，统计学考试成绩为 83 分，试计算 16 名学生考试成绩的中位数、四分位数。

首先对考试成绩进行排序如表 2-22 所示。

表 2-22 某行政班考试成绩排序

排序	1	2	3	4	5	6	7	8	9	10	11	12	13	14	15
成绩	63	68	73	73	75	77	82	84	84	84	85	86	89	92	93

由于 $n=15$，M_e 的位置为 8.5，Q_L 的位置为 4.25，Q_u 的位置为 12.75，由此可以确定 $M_e=84$，$Q_L=73$，$Q_u=86$。

该插班生的考试成绩为 83 分，则新的考试成绩排序，如表 2-23 所示。

表 2-23 某行政班新来的考试成绩

排序	1	2	3	4	5	6	7	8	9	10	11	12	13	14	15	16
成绩	63	68	73	73	75	77	82	83	84	84	84	85	86	89	92	93

由于 $n=16$，所以 M_e 的位置为 8.5，Q_L 的位置为 4.25，Q_u 的位置为 12.75，由此可以确定

$$M_e = 83 \times 0.5 + 84 \times 0.5 = 83.5$$
$$Q_L = 73 + 0.25 \times (75 - 73) = 73.5$$
$$Q_u = 85 + 0.75 \times (86 - 85) = 85.75$$

(五)众数

众数是变量数列中出现次数最多、频率最高的变量值，用 M_o 表示。众数可用以测定任何种类变量的集中趋势，包括定类变量和定序变量，反映现象的一般水平。

众数的确定方法因掌握的数据条件不同而不同。根据单项式数列确定众数比较容易，

只要找出出现频数最多的变量值即可。例如，根据表 2-19 的数据，可以发现，120 名男职工受教育年限的众数是 15 年。

如果根据组距式数列计算众数，则要找出频数最多的一组作为众数组，然后运用公式来确定众数。

众数公式如图 2-7 所示。

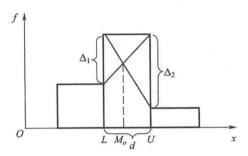

图 2-7　众数公式

下限公式为

$$M_0 = L + \frac{\Delta_1}{\Delta_1 + \Delta_2} \times d \tag{2-15}$$

式中，Δ_1 为众数组与下一组频数之差，Δ_2 为众数组频数与上一组频数之差，L、d 的含义与中位数公式相同。

上限公式为

$$M_0 = U - \frac{\Delta_1}{\Delta_1 + \Delta_2} \times d \tag{2-16}$$

式中，U 是众数所在组的上限。

例 2-14　根据表 2-24 的数据计算某企业 120 名男职工年薪的众数。

表 2-24　某企业 120 名男职工的分组年薪

年薪(万元)	人数(人)	向上累计人数(人)	向下累计人数(人)
5 以下	10	10	120
5～10	78	88	110
10～15	22	110	32
15～20	7	117	10
20 以上	3	120	3
合计	120	—	—

根据表 2-21 的数据可知：众数组为 5 万～10 万元这一组。已知 $L=5$，$U=10$，$\Delta_1=68$，$\Delta_2=56$，$d=5$

由下限公式得

$$M_0 = 5 + \frac{68}{68+56} \times 5 = 7.74(万元)$$

由上限公式得

$$M_0 = 10 - \frac{68}{68+56} \times 5 = 7.74(万元)$$

所以，该企业 120 名男职工年薪的众数为 7.74(万元)。

众数具有以下特点。一是众数不受变量数列中特殊值的影响，用众数来表示某些现象的一般水平具有较好的代表性。二是众数的应用面较广，可用于测定任何种类变量的集中趋势。三是众数只有在总频数充分多且某一组的频数明显高于其他组时才有意义，若各组的频数相差不多，则不能确定众数。四是有时一个变量数列会有两个组的频数明显最多，就会有两个众数，有时也会出现多个众数。例如，不同专业的学生参加全国研究生考试，英语的考试分数就可能出现多个众数现象。五是众数不能像算术平均数那样进行代数运算。

(六)中位数、众数和算数平均数的关系

中位数、众数和算术平均数三者在不同条件下均可代表变量的平均水平，均可用以反映变量分布的集中趋势。如果把三者结合起来，通过比较它们之间的数量关系，可以帮助我们更好地认识变量分布的特征。

(1) 在变量分布完全对称时(正态分布)，中位数、众数和算术平均数三者完全相等，即 $\bar{x} = M_e = M_o$，如图 2-8 所示。

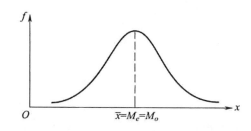

图 2-8 正态分布时中位数、众数和算术平均数的关系

(2) 在变量分布不对称时(偏态分布)，中位数、众数和算术平均数三者之间存在差异。当算术平均数受极大标志值一端的影响较大时，变量分布向右偏，三者之间的关系为 $M_o < M_e < \bar{x}$，如图 2-9 所示。

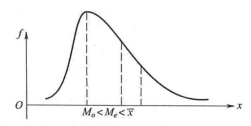

图 2-9 右偏分布时中位数、众数和算术平均数的关系

当算术平均数受极小标志值一端的影响较大时，变量分布向左偏，三者之间的关系为 $\bar{x} < M_e < M_o$，如图 2-10 所示。

(3) 根据经验，在轻微偏态时，不论是左偏还是右偏，众数与算术平均数的距离约等于中位数与算术平均数距离的 3 倍，即 $M_o - x = 3(M_e - \bar{x})$。利用该公式，可以从已知的两个平均数来推算另一个平均数。

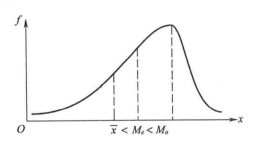

图 2-10　左偏分布时中位数、众数和算术平均数的关系

二、离散趋势的描述

变量分布既有集中趋势的一面，又有离中趋势的一面。所谓离中趋势，就是变量分布中各变量值背离中心值的倾向。如果说集中趋势体现变量分布的同质性，那么离中趋势就是变量分布变异性的体现。对离中趋势的描述就是要反映变量分布中各变量值远离中心值的程度，以反映变量分布的特征。

离中趋势要用离散指标来反映。离散指标就是反映变量取值变动范围和差异程度的指标，即各变量值远离中心值或代表值程度的指标，也称为变异指标或标志变动指标。

离散指标也是衡量平均指标代表性的尺度。数据分布越分散，变异指标越大，平均指标代表性越小；数据分布越集中，变异指标越小，平均指标代表性越大。常用的离散指标有全距和四分位差、平均差、方差和标准差、离散系数、异众比率等。

离散指标的作用主要有以下几点：①可以用来衡量和比较平均数的代表性；②可以用来反映各种现象活动过程的均衡性、节奏性或稳定性；③可为统计推断提供依据。

例如，某企业 80 名女职工与 120 名男职工的年薪直方图如图 2-11 所示，其集中趋势和离中趋势有什么区别？

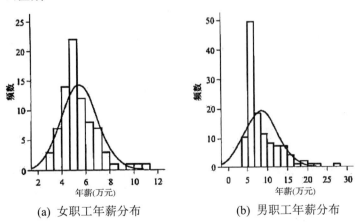

(a) 女职工年薪分布　　　　(b) 男职工年薪分布

图 2-11　某企业职工年薪分布

(一)全距和四分位差

1. 全距

全距(R)也称为极差,是指总体各单位的两个极端标志值之差,是最简单的变异程度的测度指标,即

$$R = x_{\max} - x_{\min} \tag{2-17}$$

全距一般只根据未分组数据或单项式数列来计算。例如,根据例 2-13 可计算出 15 名学生统计学考试成绩的全距为 93-63=30(分)。对于组距式数列,全距根据最高组的上限减去最低组的下限来近似计算。

全距是测定变量分布离中趋势最简单的方法,在实际中的应用也很广泛。例如,天气预报中最高气温与最低气温的温差,股票市场中各种股票每天最高成交价与最低成交价的价差,人体血压中收缩压与舒张压的血压差,专家打分扣除最低分与最高分等,都是全距应用的体现。

由于全距只考虑了两个极端变量值的差距,没有利用全部变量值的信息,无法考虑变量中间分布的情况,所以不能充分反映全部变量值之间的实际差异程度,因而在应用上存在一定的局限性。

2. 四分位差

四分位差作为变异程度的一种度量指标,能够克服异常值的影响。它是第三个四分位数与第一个四分位数的差值。也就是说,四分位差是中间 50%数据的全距。

$$Q_d = Q_U - Q_L \tag{2-18}$$

例如,根据例 2-13 可以计算出 15 名学生统计学考试成绩的四分位差为

$$Q_d = Q_U - Q_L = 86 - 73 = 13\,(\text{分})$$

四分位差弥补了全距容易受极端值影响的缺点。剔除数据中最小 25% 和最大 25% 的数据,反映了中间 50% 数据的离散趋势。数值越小,说明中间的数据越集中;数值越大,说明中间的数据越分散。

(二)平均差

平均差是另一种变异程度的度量指标,是各变量值与均值离差绝对值的算术平均数,通常用 AD 来表示。AD 的计算公式为

$$\mathrm{AD} = \frac{\sum_{i=1}^{n}\left|x_i - \bar{x}\right|}{n}\,(\text{根据未分组数据}) \tag{2-19}$$

$$\mathrm{AD} = \frac{\sum_{i=1}^{k}\left|x_i - \bar{x}\right|f_i}{\sum_{i=1}^{k}f_i}\,(\text{根据已分组数据}) \tag{2-20}$$

平均差利用了全部数据信息,比全距和四分位差更能客观地反映变量分布的离散程度。平均差越大,表示变量分布离散程度越大;平均差越小,表示变量分布离散程度越小。

平均差的特点:①不会受到极端值的影响;②计算过程使用了全部标志值;③绝对值可以消除离差正负号的影响。但由于平均差对每一个离差都取绝对值,因而数学处理不是

很方便，数学性质也不是最优，应用上受到了一定的限制。

例 2-15 根据表 2-25 的数据计算某企业 200 名职工月收入的平均差。

表 2-25　某企业 200 名职工的月收入数据

收入水平分组(元)	人数(人)
3 000 以下	5
3 000~4 000	32
4 000~5 000	59
5 000~6 000	44
6 000~7 000	15
7 000~8 000	11
8 000 以上	34
合计	200

根据表 2-25 可以得到如表 2-26 所示的平均差计算表。

表 2-26　某企业 200 名职工月收入平均差计算

收入水平分组(元)	组中值 x_i	人数(人)f_i	$x_i f_i$	$\lvert x_i - \bar{x} \rvert$	$\lvert x_i - \bar{x} \rvert f_i$
3 000 以下	2 500	5	12 500	3 005	15 025
3 000~4 000	3 500	32	112 000	2 005	64 160
4 000~5 000	4 500	59	265 500	1 005	59 295
5 000~6 000	5 500	44	242 000	5	220
6 000~7 000	6 500	15	97 500	995	14 925
7 000~8 000	7 500	11	82 500	1 995	21 945
8 000 以上	8 500	34	289 000	2 995	101 830
合计		200	1 101 000		277 400

$$\bar{x} = \frac{\sum x_i f_i}{\sum f_i} = \frac{1\,101\,000}{200} = 5\,505(\text{元})$$

$$AD = \frac{\sum_{i=1}^{k} \lvert x_i - \bar{x} \rvert f_i}{\sum_{i=1}^{k} f_i} = \frac{277\,400}{200} = 1\,387(\text{元})$$

即该企业 200 名职工月收入的平均差为 1 387 元。

(三)方差和标准差

方差和标准差是测度数据变异程度的常用指标。方差是各变量值与其均值的离差平方的算术平均数。标准差又称均方差，是方差的算术平方根。方差和标准差的计算也可分为简单平均法与加权平均法两种。

1. 方差的计算公式

根据未分组数据，方差的计算公式为

$$s^2 = \frac{\sum_{i=1}^{n}(x_i - \overline{x})^2}{n} \tag{2-21}$$

根据分组数据，方差的计算公式为

$$s^2 = \frac{\sum_{i=1}^{n}(x_i - \overline{x})^2 f_i}{\sum_{i=1}^{n} f_i} \tag{2-22}$$

这里需要指出的是，利用样本数据和有限总体数据计算方差时，分母应减去 1，这是由自由度的性质所决定的，但在样本容量较大时，由于计算误差很小，所以可以忽略不计。

方差的特征：①计算时可以利用所有的变量值；②方差不会受极端值的过度影响；③方差的计量单位是原始数据计量单位的平方，不容易解释。

例 2-16 根据表 2-26 的数据计算例 2-15 中某企业 200 名职工月收入的方差，如表 2-27 所示。

表 2-27 某企业 200 名职工月收入方差计算

收入水平分组(元)	组中值 x_i	人数(人)f_i	离差 $(x_i - \overline{x})$	离差平方 $(x_i - \overline{x})^2$	离差平方×人数 $(x_i - \overline{x})^2 f_i$
3 000以下	2 500	5	−3 005	9 030 025	45 150 125
3 000~4 000	3 500	32	−2 005	4 020 025	128 640 800
4 000~5 000	4 500	59	−1 005	1 010 025	59 591 475
5 000~6 000	5 500	44	−5	25	1 100
6 000~7 000	6 500	15	995	990 025	14 850 375
7 000~8 000	7 500	11	1 995	3 980 025	43 780 275
8 000以上	8 500	34	2 995	8 970 025	304 980 850
合计		200	—	—	596 995 000

根据表 2-27 的数据可得

$$s^2 = \frac{\sum_{i=1}^{k}(x_i - \overline{x})^2 f_i}{\sum_{i=1}^{k} f_i} = \frac{596\,995\,000}{200} = 2\,984\,975(\text{元})$$

即 200 名职工月收入的方差为 2 984 975(元)。

2. 标准差的计算公式

根据未分组数据，标准差的计算公式为

$$s = \sqrt{\frac{\sum_{i=1}^{n}(x_i - \overline{x})^2}{n}} \tag{2-23}$$

根据分组数据，标准差的计算公式为

$$s = \sqrt{\frac{\sum_{i=1}^{k}(x_i - \overline{x})^2 f_i}{\sum_{i=1}^{k} f_i}} \tag{2-24}$$

标准差的特征：①标准差与原始数据具有相同的计量单位；②标准差是非负的；③标

准差是应用最广泛的离散程度测度指标。

根据例 2-16，可计算该企业 200 名职工月收入的标准差为

$$s = \sqrt{2\,984\,975} = 1727.71(\text{元})$$

3. 标准差的应用

(1) 切比雪夫定理。对于任意一组观测值，落在均值加上 k 个标准差与均值减去 k 个标准差区间之内数值的比例至少为 $1-1/k^2$，其中 k 是任意大于 1 的常数。如图 2-12 所示。

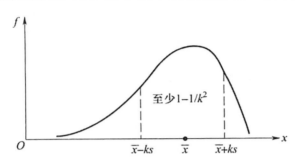

图 2-12 切比雪夫定理

例 2-17 某涂料公司的员工投资了公司的一项利润分成计划，双周投资额的算术平均数为 51.54 美元，标准差为 7.51 美元。最少有多大比例的投资额会落在均值加减 3.5 个标准差范围之内？

由题意可知 $k = 3.5$，则 $1-1/3.5^2 = 91.84\%$，即最少有 91.84%的投资额会落在 51.54 美元 3.5 个标准差范围之内。

(2) 经验法则。对于近似正态分布，大约 68.3%观测值可落在均值加减 1 个标准差区间内，大约 95.5% 观测值可落在均值加减 2 个标准差区间内，大约 99.7% 观察值可落在均值加减 3 个标准差区间之内。

例 2-18 某公司是生产管材的企业，质检部门抽检了 600 根管材进行测量，发现外径的均值为 14.0 英寸，标准差为 0.1 英寸。请问：①如果分布未知，至少多少比例观测值会落在 13.85～14.15 英寸？②如果服从正态分布，大约 95.5% 的观测值落在哪个区间？③如果服从正态分布，多少比例的观测值小于 13.7 英寸？

若观测值落在 13.85～14.15 英寸，即观测值落在均值加减 1.5 个标准差区间。由于分布未知，依据切比雪夫定理，$1-1/k^2 = 1-1/1.5^2 = 55.56\%$，即至少有 55.56% 的管材外径处在 13.85～14.15 英寸。

如果服从正态分布，根据经验法则可知，大约 95.5% 的观测值会落在均值加减 2 个标准差区间之内。即大约有 95.5%的观测值会落在[14-2×0.1, 14+2×0.1]内。即大约有 95.5% 的管材外径处在 13.80～14.20 英寸。

若观测值小于 13.7 英寸，即观测值会小于均值减 3 个标准差。在服从正态分布条件下，观测值落在均值减去 3 个标准差左侧的概率为 0.135%，即管材外径小于 13.7 英寸的概率为 0.135%。

4. 是非标志的方差与标准差

在定类变量中有一种叫二分类变量或是非变量，它只有两种结果。例如，性别变量只有男或女两种结果。如果是非变量的两种结果分别用 1、0 表示，那么，如何计算是非变量的均值、方差和标准差？假定是非变量的分布如表 2-28 所示。

表 2-28 假定是非变量分布

X	1	0
P	$\dfrac{n_1}{n}$	$\dfrac{n_0}{n}$

已知， $n_1 + n_0 = n$, $\dfrac{n_1}{n} = p$, $\dfrac{n_0}{n} = q$, $p + q = 1$,

$$\text{则} \overline{x} = \frac{\sum x_i f_i}{\sum f_i} = \frac{1 \times n_1 + 0 \times n_0}{n_1 + n_0} = \frac{n_1}{n} = p \tag{2-25}$$

$$s^2 = \frac{\sum (x_i - \overline{x})^2 f_i}{\sum f_i} = \frac{(1-p)^2 \times n_1 + (0-p)^2 \times n_0}{n} = pq \tag{2-26}$$

$$s = \sqrt{pq} \tag{2-27}$$

例 2-19 已知某产品的合格率为 95%，求相应的方差和标准差。

根据题意可知： $s^2 = pq = 95\% \times 5\% = 4.75\%$ ， $s = \sqrt{4.75\%} = 21.79\%$ 。

(四)离散系数

以上离散指标都是反映变量分散程度的绝对值，其数值大小依赖变量值水平的高低。同时，不同变量的计量单位不同，无法进行直接比较。为了对不同变量的分布特征进行比较，就必须消除不同均值水平和不同计量单位的影响，因而需要计算离散系数。

离散系数也称为标准差系数，它是一组数据的标准差与其均值之比，是测度数据离散程度的相对指标。通常用 V_s 表示，即

$$V_s = \frac{s}{\overline{x}} \times 100\% \tag{2-28}$$

离散系数大，说明变量分布的离散程度大；离散系数小，说明变量分布的离散程度小。

例 2-20 为了分析某企业男女职工的年薪差异，分别从 80 名女职工和 120 名男职工中随机抽取 20 名，通过调查获得他们的年薪数据如表 2-29 所示。

表 2-29 某企业职工年薪样本数据

单位：元

女职工	49 200	48 300	42 300	48 900	33 300	66 600	45 900	44 700	48 300	50 100
	49 500	40 200	42 900	52 500	50 100	65 100	58 500	42 300	60 000	36 300
男职工	207 500	47 400	194 000	61 500	87 900	53 100	56 100	47 400	117 500	109 800
	71 100	60 000	61 500	92 000	92 000	90 000	84 000	135 000	141 750	61 800

要求计算男、女职工平均年薪及离散系数，并说明两组数据的离散程度及均值的代表性。

由题意可知

$$\overline{x}_{女} = \frac{\sum x_i}{n} = \frac{975\,000}{20} = 48\,750(元)$$

$$s_{女} = \sqrt{\frac{\sum_{i=1}^{n}(x_i - \overline{x})^2}{n}} = \sqrt{\frac{1\,435\,230\,000}{20}} = 8\,471.22(元)$$

$$V_{女} = \frac{s_{女}}{x_{女}} = \frac{8\,471.22}{48\,750} = 17.38\%$$

$$\overline{x}_{男} = \frac{\sum x_i}{n} = \frac{1\,871\,350}{20} = 93\,567.50(元)$$

$$s_{男} = \sqrt{\frac{\sum_{i=1}^{n}(x_i - \overline{x})^2}{n}} = \sqrt{\frac{40\,084\,761\,375}{20}} = 44\,768.72(元)$$

$$V_{男} = \frac{s_{男}}{x_{男}} = \frac{44\,768.72}{93\,567.50} = 47.85\%$$

由于 $V_{男} > V_{女}$，说明男职工年薪的离散程度更高，女职工平均年薪的代表性比男职工高。

(五)异众比率

异众比率是分布数列中非众数组的频数与总频数之比，通常用 V_r 来表示，即

$$V_r = \frac{\sum f_i - f_{M_e}}{\sum f_i} = 1 - \frac{f_{M_e}}{\sum f_i} \tag{2-29}$$

其中，f_{M_e} 为众数组的频数。

例如，根据表 2-29 的数据，可计算 200 名职工月收入的异众比率为

$$V_r = 1 - \frac{59}{200} = 70.50\%$$

异众比率通常与众数相结合，用以表明众数代表性的高低。异众比率越大(越小)，说明数列的分布越分散(越集中)，众数的代表性就越差(越好)。

三、分布形状的描述

变量分布的形状是各种各样的，有 J 形、U 形、钟形等。仅就钟形而言，有的左、右两侧完全对称，有的左偏，有的右偏；有的比较扁平，有的比较适中，有的比较尖陡。分布形状不同，表明变量分布内在结构不同。为全面了解变量分布的特征，不仅要观察其集中趋势和离中趋势，也要观察其分布形状。

变量分布的形状要用形状指标来反映，即左右是否对称、偏斜程度与陡峭程度如何。具体而言，变量分布的形状一般可从对称性和陡峭性两方面来反映。因此，形状指标也有两类：一类是反映变量分布偏斜程度的指标，称为偏度系数；另一类是反映变量陡峭程度的指标，称为峰度系数。

偏度系数可以判断变量分布是左偏还是右偏，即受低端变量值的影响大还是受高端变量值的影响大。峰度系数可以判断变量分布是尖陡还是扁平，即频数分布绝大部分集中在

众数附近还是各变量值的频数相差不大。如果各变量值的频数一样，则分布呈一条直线，无峰顶可言。

(一)统计动差

矩是测度变量分布偏度和峰度的重要基础，为此，需要先引入"矩"的概念，矩也称为动差。

t 阶原点动差 M_t 的一般形式为

$$M_t = \frac{\sum_{i=1}^k x_i^t f_i}{\sum_{i=1}^k f_i} \tag{2-30}$$

t 阶中心动差 m_t 的一般形式为

$$m_t = \frac{\sum_{i=1}^k (x_i - \overline{x})^t f_i}{\sum_{i=1}^k f_i} \tag{2-31}$$

由式(2-30)和式(2-31)可以看出，1 阶原点动差 M_t 就是均值，2 阶中心动差 m_2 就是方差，1 阶中心动差 m_1 等于零。

(二)偏度系数

偏度指数据分布的不对称程度或偏斜程度。测度数据分布偏斜程度的指标称为偏度系数，一般记为 S_k，统计人员通常使用以下两种方法计算变量的偏度系数。

1. 根据算术平均数、中位数与众数的离差求偏度系数

对于数值型数据，在单峰分布的情况下，可利用众数、中位数与算术平均数之间的关系来判断数据分布是对称、左偏，还是右偏。

如果众数、中位数和平均数三者相等，即 $M_o = M_e = \overline{x}$，数据呈对称分布；如果 $M_o > M_e > \overline{x}$，则呈左偏分布，数据尾端拖向左端；如果 $M_o < M_e < \overline{x}$，则呈右偏分布，数据尾端拖向右端。

$$S_k^{(1)} = \frac{\overline{x} - M_0}{s} \tag{2-32}$$

一般情况下，偏度系数 $S_k^{(1)}$ 的变动范围是(-3，3)。当 $M_o < \overline{x}$ 时，$S_k^{(1)}$ 为正值，变量分布为正偏；当 $M_o > \overline{x}$ 时，$S_k^{(1)}$ 为负值，变量分布为负偏；当 $\overline{x} = M_o$ 时，$S_k^{(1)}$ 为零，变量分布无偏。$S_k^{(1)}$ 的绝对值越接近于 3，表明变量分布的偏斜程度越严重的绝对值越接近于 0，表明变量分布的偏斜程度越轻微。

2. 根据统计动差计算偏度系数

计算偏度系数最重要的方法是统计动差法。用统计动差法计算偏度系数必须以变量数列的 3 阶中心动差(m_3)作为度量偏度的基本依据。

根据未分组数据计算偏度系数的公式为

$$S_k^{(2)} = \frac{m_3}{s^3} = \frac{\sum (x_i - \overline{x})^3}{ns^3} \tag{2-33}$$

式(2-33)中，s^3 是标准差的 3 次方。

根据分组数据计算偏度系数的公式为

$$S_k^{(2)} = \frac{m_3}{s^3} = \frac{\sum (x_i - \overline{x})^3 f_i}{s^3 \sum f_i} \tag{2-34}$$

如果 $S_k^{(2)}>0$，表示变量分布正偏，如果 $S_k^{(2)}<0$，表示变量分布负偏；如果 $S_k^{(2)}=0$，表示变量分布无偏。$S_k^{(2)}$ 的绝对值越接近于 0，表示变量分布的偏斜程度越轻微；$S_k^{(2)}$ 的绝对值越大于 0，表示变量分布的偏斜程度越严重。

例 2-21 某专业 96 名学生统计学课程期末考试成绩如表 2-30 所示，用动差法求考试成绩分布的偏度系数。

表 2-30　某专业 96 名学生统计学课程期末成绩

成绩分组(分)	学生人数(人)
60 以下	2
60～70	10
70～80	22
80～90	50
90 以上	12
合计	96

根据表 2-30 数据可得到统计动差法偏度系数计算表，如表 2-31 所示。

表 2-31　某专业 96 名学生统计学成绩动差法偏度系数计算

成绩分组(分)	x_i	f_i	$x_i f_i$	$x_i - \overline{x}$	$(x_i - \overline{x})^2$	$(x_i - \overline{x})^2 f_i$	$(x_i - \overline{x})^3 f_i$
60 以下	55	2	110	−26.25	689.06	1 378.13	−36 175.78
60～70	65	10	650	−16.25	264.06	2 640.63	−42 910.16
70～80	75	22	1 650	−6.25	39.06	859.38	−5 371.09
80～90	85	50	4 250	3.75	14.06	703.13	2 636.72
90 以上	95	12	1 140	13.75	189.06	2 268.75	31 195.31
合计		96	7 800	−31.25		7 850.02	−50 625.00

根据表 2-31 数据可得

$$\overline{x} = \frac{\sum x_i f_i}{\sum f_i} = \frac{7\,800}{96} = 81.25(分)$$

$$s = \sqrt{\frac{\sum_{i=1}^{k}(x_i - \overline{x})^2 f_i}{\sum_{i=1}^{k} f_i}} = \sqrt{\frac{7\,850.02}{96}} = 9.04(分)$$

$$m_3 = \frac{\sum(x_i - \overline{x})^3 f_i}{\sum f_i} = \frac{-50\,625}{96} = -527.34$$

$$S_k^{2} = \frac{m_3}{s^3} = \frac{-527.34}{9.04^3} = -0.713\,8$$

结果表明，该专业 96 名学生统计学课程期末考试成绩呈负偏分布。

(三)峰度系数

峰度的概念首先由统计学家皮尔逊于 1905 年提出，是对变量分布扁平性或尖陡性的测度指标，通常是指钟形分布的顶峰与标准正态分布相比偏扁平或偏尖陡的程度。它通常可分为三种类型，即标准正态峰度、尖顶峰度和平顶峰度，如图 2-13 所示。

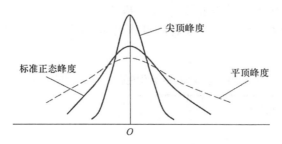

图 2-13　不同峰度的分布曲线

如果变量分布的频数多数集中于众数附近，分布曲线比较尖陡，使分布曲线的顶部较标准正态曲线更为突出，则变量分布的峰度属于尖顶峰度；如果变量分布各组的频数比较接近，分布曲线比较扁平，使分布曲线的顶部低于标准正态曲线，则变量分布的峰度属于平顶峰度。

峰度的测定是通过计算峰度系数来实现的，通常用 K 表示。峰度系数的计算主要采用统计动差法，是 4 阶中心动差 m_4 与标准差四次方 s^4 的比值，即

$$K = \frac{m_4}{s^4} \tag{2-35}$$

峰度系数的标准值为 3。当 $K=3$ 时，变量分布的峰度为标准正态峰度；当 $K<3$ 时，变量的峰度为平顶峰度；当 $K>3$ 时，变量的峰度为尖顶峰度。更进一步地，当 K 值接近于 1.8 时，变量的分布曲线就趋向一条水平线；当 K 值小于 1.8 时，变量分布曲线为 U 形曲线，表示变量分布的频数分配是"中间小，两头大"。

例 2-22　根据例 2-21 中表 2-31 数据计算统计学课程期末考试成绩分布的峰度系数。

解

$$m_4 = \frac{\sum (x_i - \bar{x})^4 f_i}{\sum f_i} = \frac{2\,119\,296.88}{96} = 22\,076.01$$

$$K = \frac{m_4}{s^4} = \frac{22\,076.01}{9.04^4} = 3.31$$

结果表明，该专业 96 名学生的统计学课程期末考试成绩为尖顶峰度。

复习思考题

一、单项选择题

1. 对一批食品进行质量检验，最适宜的调查方式是(　　)。

　　A. 全面调查　　　B. 抽样调查　　　C. 典型调查　　　D. 重点调查

2. 下述调查属于全面调查的是(　　)。

　　A. 对某种连续生产的产品质量进行调查

　　B. 某地区对工业企业设备进行普查

　　C. 对全国钢铁生产中的重点单位进行调查

　　D. 抽取部分地块进行农产量调查

3. 抽样调查与重点调查的主要区别是(　　)。

　　A. 作用不同　　　　　　　　　　B. 组织方式不同

　　C. 灵活程度不同　　　　　　　　D. 选取调查单位的方法不同

4. 重点调查中的重点单位是指(　　)。

　　A. 这些单位在全局中举足轻重

　　B. 这些单位数量占总体全部单位总量的很大比重

　　C. 这些单位的标志值总量占总体标志值总量的很大比重

　　D. 这些单位是当前工作的重点单位

5. 对某市全部商业企业职工的生活状况进行调查，调查对象是(　　)。

　　A. 该市全部商业企业　　　　　　B. 该市全部商业企业的职工

　　C. 该市每一个商业企业　　　　　D. 该市商业企业每一名职工

6. 下列调查中，调查单位与填报单位一致的是(　　)。

　　A. 工业设备调查　　　　　　　　B. 人口普查

　　C. 农村耕畜调查　　　　　　　　D. 工业企业现状调查

7. 某市规定 2021 年工业经济活动成果年报呈报时间是 2022 年 1 月 31 日，则调查期限为(　　)。

　　A. 一天　　　　B. 一个月　　　　C. 一年　　　　D. 一年零一个月

二、多项选择题

1. 要调查全国外资企业情况，全国每一个外资企业是(　　)。

　　A. 调查对象　　　　　　　B. 调查单位　　　　　　C. 调查项目

　　D. 填报单位　　　　　　　E. 总体单位

2. 我国第七次人口普查的标准时点是 2020 年 11 月 1 日零时，下列情况应统计人口数的有(　　)。

　　A. 2020 年 11 月 2 日 1 时出生的婴儿

　　B. 2020 年 10 月 30 日 6 时出生的婴儿

　　C. 2020 年 10 月 30 日 14 时死亡的人

　　D. 2020 年 11 月 1 日 1 时死亡的人

　　E. 2020 年 10 月 29 日出生，11 月 1 日 3 时死亡的婴儿

3. 下列各项中，调查单位和填报单位不一致的是(　　)。

　　A. 工业企业生产设备调查　　B. 人口普查　　　　C. 工业企业现状调查

　　D. 农产量调查　　　　　　　E. 城市零售商店销售情况调查

4. 在工业企业设备普查中(　　)。

　　A. 全部工业企业是调查对象　　　　B. 全部工业企业的所有设备是调查对象

C. 每台设备是调查单位

D. 每台设备是填报单位

E. 每个工业企业是填报单位

三、计算分析题

1. 某企业某班组工人日产量资料如表 2-32 所示。

表 2-32　某企业某班组工人日产量

日产量分组(件)	工人数(人)
50～60	6
60～70	12
70～80	18
80～90	10
90～100	7
合计	53

根据上述资料回答下述提问。

(1) 上述变量数列属于哪一种变量数列?

(2) 计算各组组距、组中值、频率。

2. 某企业三个车间生产同一种产品,某月的人均产量与总产量如表 2-33 所示。

表 2-33　某企业三个车间的产量数据

车间	人均产量(件/人)	总产量(件)
A	100	3 600
B	105	4 200
C	110	2 750
合计		10 550

请计算

(1) 该公司该月的平均每个车间的总产量,并说明这属于什么平均数。

(2) 该企业该月的人均产量,并说明这属于什么平均数。

3. 某公司最近对部分员工进行调查,以了解员工居住地与公司总部的距离,结果如表 2-34 所示。请计算距离的均值和标准差。

表 2-34　某公司员工居住地与公司总部距离数据

距离(km)	频数
0～5	4
5～10	15
10～15	27
15～20	18
20～25	6

4. 某变量分布属于轻微偏态分布。若已知算术平均数为 60，众数为 65，问中位数大概是多少？该分布是对称的、正偏的，还是负偏的？

5. 甲班某次统计学考试成绩如表 2-35 所示，结合表中数据，回答以下问题。

表 2-35 甲班某次统计学考试成绩

考试成绩(分)	学生人数(人)
60 以下	2
60～70	8
70～80	22
80～90	15
90 以上	8
合计	55

(1) 考试成绩的算术平均数、中位数和众数各是多少？

(2) 考试成绩的全距、平均差、异众比率、方差和标准差各是多少？

(3) 根据动差法计算考试成绩的偏度系数和峰度系数。

(4) 如果乙班考试成绩的算术平均数为 80 (分)，标准差为 10 (分)，那么，哪个班级的平均成绩更具有代表性？

第三章 统计推断的基础

【本章学习要求】

通过本章的学习，掌握统计推断的基本原理和方法；熟练计算抽样标准误；理解抽样推断三要素的关系，根据给定的条件进行区间估计或样本量的计算。

【本章重点】

- 随机变量及其分布的概念，分布工具的使用方法
- 随机变量的数学期望、方差等数字特征的定义、性质和计算
- 总体、样本、统计量的概念，统计的四大分布和抽样分布定理

【本章难点】

- 运用各种概率公式和事件的独立性解决实际问题的思维方法
- 灵活运用概率分布计算各种事件的概率，正态分布的性质、计算和应用，确定随机变量函数的分布
- 灵活运用数学期望、方差的概念和计算解决实际问题

【章前导读】

"神舟七号"飞船遭遇空间碎片的概率有多大？

2008 年 9 月 25 日 21 时 10 分，搭载着"神舟七号"载人飞船的长征二号 F 型运载火箭在酒泉卫星发射中心成功发射升空，"神舟七号"飞船在完成中国航天员首次太空行走和各项科学实验任务后，于 2008 年 9 月 28 日 17 时 38 分安全返回。

太空中充斥着无数的空间碎片，随时会给飞船带来致命的冲击。据中国科学院空间环境研究预报中心预测，"神舟七号"载人飞船在飞行期间遭遇空间碎片的概率在百万分之一以下。

空间碎片是人类空间活动的产物，包括完成任务的火箭箭体和卫星本体、火箭的喷射物、航天员的抛弃物、空间物体之间碰撞产生的碎块等，是空间环境的主要污染源。空间碎片的飞行速度平均每秒 10 千米，最高时速达每秒 16 千米。在这样的速度下，一个 1 厘米的碎片就可以把拥有各种防护功能的飞船击穿一个洞。航天员的舱外航天服则更经不起碰撞。

据中国科学院空间环境研究预报中心预测专家说，世界各国联合起来对 10～30 厘米的大块碎片进行监测，是能够发现它的轨迹的。但对于较小的碎片，人类的观测设备没有办法观测到，因此还没有办法较为准确地掌握它的运行轨迹，只能通过它碰撞、破碎的演化规律尽可能多地了解它的运行。目前可被地面观测设备观测并测定其轨道的空间物体超过 9000 个，其中只有 6%仍在工作的航天器，其余均为空间碎片。在"神舟七号"载人飞船飞行期间，预计将有 10 个左右的危险时段可能会遭遇空间碎片的碰撞。只要避开这些危险时段，碰撞的概率就在百万分之一以下。即使是在那几个危险的时段，飞船或航天员

与空间碎片碰撞的概率也在万分之一以下。

中国科学院空间环境研究预报中心专家称，这种小概率事件意味着我们几乎可以保障飞船不会与空间碎片相撞。

📡【关键词】

统计 抽样方法 概率抽样 概率分布

第一节 抽 样 方 法

抽样是一种方法，它能够使我们基于样本的统计信息来获取总体信息，而无须调查所有样本。在实际应用中，根据抽取样本的方式不同，抽样方法分为概率抽样和非概率抽样两类。非概率抽样是凭人的主观判断或根据便利性原则来抽取样本，此时总体中每个个体被抽取的可能性难以用概率来表示和计算，其中包括方便抽样、判断抽样、定额抽样、滚雪球抽样和流动总体抽样等几种。

一、概率抽样的分类

概率抽样是按照随机原则抽取样本，即总体中的每个个体都有已知的、非零的概率被抽取到样本中来，其中包括简单随机抽样、分层抽样、系统抽样和整群抽样等。

(一)简单随机抽样

简单随机抽样(simple random sampling)是指从 N 个元素的总体中，抽取 n 个元素组成一个样本，使得总体中的每一个元素都有相同的概率被抽中。采用简单随机抽样时，抽取一个个体记录下数据后，再把这个个体放回原来的总体中参加下一次抽选，叫作重复抽样；抽中的个体不再放回，再从剩下的个体中抽取第二个元素，直到抽取 n 个个体，叫作不重复抽样。值得注意的是，不论是重复抽样还是不重复抽样，都要保证每个单位在抽选中都有相等的被抽中概率。

这种方法的优点是操作简单，它适用于总体单位数不是太多的均匀总体。所谓均匀总体，是指具有某种特征的单位均匀地分布于总体的各部分，即总体各部分是同分布。采用简单随机抽样，在进行抽样调查之前应该先确定总体范围，并对总体进行编号，然后用抽签的方式或根据随机数字表来抽取必要的单位数。简单随机抽样是最符合随机原则的抽样方法。

设 x_i 为样本中第 i 个个体的变量值，当样本容量为 n 时，总体均值 $\overline{X}$ 的估计值为

$$\hat{\overline{X}} = \overline{X} = \sum_{i=1}^{n} \frac{x_i}{n} \tag{3-1}$$

与该估计量相对应的抽样标准误为

$$\text{SE}(\overline{x}) = \sqrt{\frac{s^2}{n}} \text{ (重复抽样时)} \tag{3-2}$$

或

$$SE(\overline{x}) = \sqrt{\frac{(1-f)S^2}{n}} \text{ (不重复抽样时)} \tag{3-3}$$

其中，$f = n/N$ 称为抽样比；$1-f$ 称为有限总体校正系数。当 $f < 5\%$ 时，$\sqrt{1-f} \approx 1$，重复抽样与不重复抽样的抽样标准误相差甚微。

由于总体方差 S^2 通常未知，要以样本方差 s^2 来估计，因此，$SE(\overline{x})$ 就变成了 $se(\overline{x})$。

例 3-1 从某高校的 25 500 名学生中随机不重复抽取 200 名学生进行月生活费支出调查，经计算样本均值为 $\overline{x} = 1246$ (元)，样本方差 $s^2 = 195\,560$ (元)，要求以 95%的概率保证估计该校全体学生的人均月生活费支出额。

解：由题意可知，$N = 25500$，$n = 200$，$f = 0.78\% < 5\%$；由 $1-\alpha = 95\%$ 可知，$Z_{\alpha/2} = 1.96$。

根据 $SE(\overline{x}) = \sqrt{\frac{s^2}{n}}$ (因为 $f < 5\%$，可用重复抽样公式)，并以 s^2 代替 S^2，可估计抽样标准误为

$$SE(\overline{x}) = \sqrt{\frac{s^2}{n}} = \sqrt{\frac{195\,560}{200}} = 31.27 \text{ (元)}$$

抽样极限误差为 $\Delta = Z_{\alpha/2} SE(\overline{x}) = 1.96 \times 31.27 = 61.29$ (元)。

全校学生人均月生活费支出额的点估计为 $\hat{\overline{X}} = \overline{x} = 1246$ (元)，95%概率保证的区间估计为 $(1246 - 61.29, 1246 + 61.29) = (1184.71, 1307.29)$ (元)。

(二)分层抽样

分层抽样(stratified sampling)也称分类抽样，它是在抽样之前先将总体的元素划分为若干层，然后从各个层中独立、随机地抽取一定数量的元素组成一个样本。分层抽样是将统计分组法和简单随机抽样法结合起来的一种抽样方法。通过分组，可以把总体中标志值比较接近的单位归为一组，使各组内标志值的差距缩小，各样本单位分布均匀，并保证每组有同样被抽中的机会，进而增强样本的代表性。

分层抽样的优点是可以使样本分布在各个层内，从而使样本在总体中的分布比较均匀。实践和数理统计都已证明，分层抽样比简单随机抽样能获得更好的调查结果。例如，对居民的家计调查，可以按国民经济部门分组来抽取样本单位；对农作物的单位面积产量调查，可以按不同的自然地理条件分组来抽取样本单位；对某种产品质量进行调查，可以按企业规模分组来抽取样本单位等，这样都能保证样本有较充分的代表性。

假设总体的 N 个个体划分为 H 层，N_i 为第 i 层个体数，$W_i = \frac{N_i}{N}$ 为第 i 层的层权，n_i 为第 i 层抽取的个体数，$f_i = \frac{n_i}{N_i}$ 为第 i 层的抽样比，x_{ij} 为第 i 层第 j 个个体的变量值，那么第 i 层的层均值 $\overline{X}_i$ 的估计量为

$$\hat{\bar{X}}_i = \bar{x}_i = \frac{\sum\limits_{i=1}^{H} x_{ij}}{n_i} \qquad (3\text{-}4)$$

总体均值 $\bar{X}$ 的无偏估计量为

$$\hat{\bar{X}} = \bar{x}_{st} = \sum_{i=1}^{H} W_i \bar{x}_i \qquad (3\text{-}5)$$

与该估计量相对应的抽样标准误为

$$\mathrm{SE}(\bar{x}_{st}) = \sqrt{\sum_{i=1}^{H} \frac{W_i^2 S_i^2}{n_i}} \text{ (重复抽样时)} \qquad (3\text{-}6)$$

或

$$\mathrm{SE}(\bar{x}_{st}) = \sqrt{\sum_{i=1}^{H} \frac{1-f_i}{n_i} W_i^2 S_i^2} \text{ (不重复抽样时)} \qquad (3\text{-}7)$$

其中，$S_i^2 = \dfrac{\sum\limits_{j=1}^{N_i}(x_{ij} - \bar{X}_i)^2}{N_i}$ 为第 i 层的方差，它未知时要用层内样本方差

$s_i^2 = \dfrac{\sum\limits_{j=1}^{n_i}(x_{ij} - \bar{x}_i)^2}{n_i}$ 来估计。

例 3-2 某地区有 500 家规模以上的工业企业，按以往增加值多少可分为大、中、小三层。从中按分层抽样方式不重复抽取 50 家进行第一季度销售额的调查。各层的层权、各层抽取的企业数、各层样本均值和样本方差等数据如表 3-1 所示，要求以 95.45% 的概率保证程度估计该地区规模以上工业企业第一季度的平均销售额。

表 3-1 该地区规模以上工业企业分层情况及样本数据

企业分层	各层企业数(家) N_i	层权 W_i	各层抽取数 (家) n_i	各层销售额的样本均值 (万元) $\bar{x}_i$	各层销售额的样本方差 (万元) S_i^2
大型企业	50	0.1	5	17000	280000
中型企业	150	0.3	15	8000	698500
小型企业	300	0.6	30	1200	1085000
合计	500	1.0	50	—	—

解： 由题意可知，$N = 500$，$H = 3$，$f_1 = f_2 = f_3 = 0.1$，由 $1 - \alpha = 95.45\%$，可得 $Z_{\alpha/2} = 2$。

根据表中数据容易计算，该地区规模以上工业企业第一季度平均销售额的点估计为

$$\hat{\bar{X}} = \bar{x}_{st} = \sum W_i x_i = 0.1 \times 17000 + 0.3 \times 8000 + 0.6 \times 1200 = 4820 \text{ (万元)}。$$

根据公式 $\mathrm{SE}(\bar{x}_{st}) = \sqrt{\sum\limits_{i=1}^{H} \frac{1-f_i}{n_i} W_i^2 S_i^2}$，并以各层的样本方差代替层方差，可估计抽样标准误为

$$\mathrm{SE}(\overline{x}_{st}) = \sqrt{\sum_{i=1}^{H} \frac{1-f_i}{n_i} W_i^2 S_i^2}$$

$$= \sqrt{0.9 \times \left(\frac{0.1^2 \times 280000}{5}\right) + \frac{0.3^2 \times 698500}{15} + \frac{0.6^2 \times 1085000}{30}} = 126.47 \text{(万元)}.$$

抽样极限误差为 $\Delta = Z_{\alpha/2} se(\overline{x}) = 2 \times 126.47 = 252.94$(万元)。

由此可得，95.45% 概率保证的该地区规模以上工业企业第一季度平均销售额的区间估计为 $(4820-252.94, 4820+252.94) = (4567.06, 5072.94)$(万元)。

(三)系统抽样

系统抽样(systematic sampling)也称等距抽样，它是先将总体各元素按某种顺序排列，并按某种规则确定一个随机起点，然后每隔一定的间隔抽取一个元素，直至抽取 n 个元素组成一个样本。系统抽样需要事先对总体结构有一定的了解，利用已有的信息来确定各单位在数列中的位置，在此基础上进行间隔抽样，这样可以保证所取得的样本单位在总体中均匀分布，增强代表性。例如，要从全校学生中抽取一个样本，可以找到全校学生的花名册，按花名册中的学生排序，用随机数找到一个随机起点，然后依次抽取就可得到一个样本。

由于排队所依据的标志不同，有两种等距抽样方法。一是无关标志排队法，是指排列的标志和单位标志值的大小无关或不起主要的影响作用。例如，调查职工收入水平时，按职工姓氏笔画排队进行抽样，显然职工收入水平与姓氏笔画之间没有必然的联系。二是有关标志排队法。所谓有关标志，是指作为排列顺序的标志和单位标志值的大小有密切的关系。例如，职工家计调查，按职工平均工资排队抽取调查户等。按有关标志排队实质上是运用分层抽样的一些方法，有利于增强样本的代表性。

系统抽样具有以下优点。①简单易行。当样本容量很大时，简单随机抽样要逐个使用数字表抽选是相当麻烦的，而系统抽样有了总体元素的排序，只要确定出抽样起点和间隔，样本元素就可随之确定，而且可以利用现有的排列顺序，如抽选居民时可利用居委会的户口簿等，便于操作。因此，系统抽样常用来代替简单随机抽样。②系统抽样的样本在总体中的分布比较均匀，由此抽样，误差通常要小于简单随机抽样。如果掌握了总体的相关信息，将总体各元素按有关标志排列，就可以提高估计的精度。

用等距抽样的方式抽取单位组成样本，就可直接用简单法计算样本平均数。但等距抽样的平均误差的情况比较复杂，它和标志排列的顺序有关。一般可按无关标志排队的等距抽样，由于排队所用标志与研究目的无关，而且是随机起点，其性质近似简单随机抽样，可按不重复条件下简单随机抽样的抽样平均误差公式来近似计算，即

$$u_{\overline{x}} = \sqrt{\frac{\sigma^2}{n}\left(1-\frac{n}{N}\right)} \tag{3-8}$$

或

$$u_p = \sqrt{\frac{p(1-p)}{n}\left(1-\frac{n}{N}\right)} \tag{3-9}$$

按有关标志排队的等距抽样，其性质又近似类型抽样，只是分类更细，相当于每一类

中抽取一个单位，因此其抽样误差可借助抽样平均误差的公式计算。同时因为是按有关标志排队，说明已经初步掌握了总体各单位标志值的资料，故可直接用总体方差计算，而不必用样本方差代替，即

$$u_{\bar{x}} = \sqrt{\overline{\frac{\sigma_1^2}{n}} \left(1 - \frac{n}{N}\right)} \tag{3-10}$$

或

$$u_p = \sqrt{\frac{p(1-p)}{n} \left(1 - \frac{n}{N}\right)} \tag{3-11}$$

(四)整群抽样

整群抽样(cluster sampling)是先将总体划分成若干群，然后以群作为抽样单元从中抽取部分群组成一个样本，再对抽中的每个群中包含的所有元素进行观察。例如，对城市居民的家计调查，不是直接抽取居民户，而是以居委会为基本单位，抽取若干居委会，然后对抽中的居委会的全部居民户进行调查。整群抽样的特点是群可以自然形成也可以人为选择，可以大小相同也可以大小有别，要尽量把总体差异转化为群内差异等。整群抽样适合于群间差异小、群内差异大的总体，一般属于不重复抽样。

整群抽样的优点在于组织工作简单，收集资料方便容易，调查费用较少。例如，对某工业产品的质量检验，不便于在流水作业线上一件一件地抽选检查，则可以每隔若干小时抽取一批产品进行检验，这样就方便多了。但是，正因为以群为单位进行抽选，抽选单位比较集中，严重影响了在总体中各单位分布的均匀性，与其他抽样方式相比，抽样误差比较大，如果要得到与简单随机抽样相同的精确度，整群抽样就要调查相对较多的样本单位。在缺乏总体抽样框的情况下，一般宜采用整群抽样方法。

整群抽样时，群的划分要满足两个条件：一是群与群之间没有单位重叠；二是总体中每一个单位都必须属于某一群，即要使总体单位无遗漏。一般来说，群的划分多是自然形成的，当然也有人为划分的。

设总体的 N 个个体形成 R 个群，每群有 M 个个体。从 R 群中随机抽取 r 群(一般采用不重复抽样方法)，共 $rM = n$ 个个体构成样本。若以 x_{ij} 表示第 i 群第 j 个个体的变量值，那么群均值 $\bar{x}_i$ 为

$$\bar{X}_i = \frac{\sum_{j=1}^{M} x_{ij}}{M} \tag{3-12}$$

总体均值 $\bar{x}$ 的估计量为

$$\hat{\bar{X}} = \bar{x}_{cs} = \frac{\sum_{i=1}^{r} \bar{X}_i}{r} \tag{3-13}$$

与该估计量相对应的抽样标准误为

$$\text{SE}(\overline{x}_{CS}) = \sqrt{\frac{1-f}{r}S_B^2}$$

$$R = 50, \quad r = 10, f = 0.2$$

$$Z_{\alpha/2} = 1.96$$

$$\widehat{\overline{X}} = \overline{x}_{cs} = \frac{\sum \overline{X}_i}{r} = 0.722$$

$$s_b^2 = \frac{\sum\limits_{i=1}^{r}(\overline{X}_i - \overline{x}_{cs})^2}{r} = \frac{0.1906}{10} = 0.0191$$

其中，$f = \dfrac{r}{R}$ 为抽样比，$S_B^2 = \dfrac{\sum\limits_{i=1}^{R}(\overline{X}_i - \overline{X})^2}{B}$ 为总体群间方差。S_B^2 未知时要以样本群间

方差 $s_b^2 = \dfrac{\sum\limits_{i=1}^{r}(\overline{X}_i - \overline{x}_{cs})^2}{r}$ 来估计。

例 3-3 某高校 4000 名新生进行军训，编成 50 个军训连，每连 80 名同学。用不重复抽样方法抽取 10 个连进行眼睛视力调查，计算得出各样本连的平均视力如表 3-2 所示。要求以 95%的概率保证估计全体新生的平均视力。

表 3-2　各样本连的平均视力

样本编号 i	1	2	3	4	5	6	7	8	9	10
平均视力 $\overline{X}_i$	0.5	0.6	0.65	0.65	0.70	0.70	0.72	0.80	0.90	1.00

解：由题意可知，$R = 50$，$r = 10$，$f = 0.2$；由 $1-\alpha = 95\%$ 可得 $Z_{\alpha/2} = 1.96$。

故，全体新生平均视力的点估计为：

$$\widehat{\overline{X}} = \overline{x}_{cs} = \frac{\sum \overline{X}_i}{r} = 0.722$$

样本群间方差为

$$s_b^2 = \frac{\sum\limits_{i=1}^{r}(\overline{X}_i - \overline{x}_{cs})^2}{r} = \frac{0.1906}{10} = 0.0191$$

根据公式 $\text{SE}(\overline{x}_{cs}) = \sqrt{\dfrac{1-f}{r}S_B^2}$，并由样本群间方差代替总体群间方差，可估计抽样标

准误为

$$se(\overline{x}_{cs}) = \sqrt{\frac{1-f}{r}s_b^2} = \sqrt{\frac{(1-0.2)\times 0.0191}{10}} = 0.0391$$

抽样极限误差为 $Z_{\alpha/2}se(\overline{x}_{cs}) = 1.96 \times 0.0391 = 0.0766$。

所以，在 95%的概率保证下，全体新生的平均视力在 $(0.722 - 0.0766, 0.722 + 0.0766)$ $= (0.6454, 0.7986)$ 范围内。

(五)多阶段抽样

多阶段抽样(multistage sampling)也称多级抽样,是指将抽样过程分为多个阶段,每个阶段使用的抽样方法往往不同,即将各种抽样方法结合使用。多阶段抽样的实施过程为先从总体中抽取范围较大的单元,称为一级抽样单元,再从每个抽得的一级单元中抽取范围更小的二级单元,依此类推,最后抽取其中范围更小的单元作为调查单位。比如,我国城市住户调查采用的就是多阶段抽样方式,先从全国各城市中抽取若干城市,再在城市中抽取街道,然后在各街道中抽选居民家庭。又如,我国农产品产量调查采用的就是多阶段抽样调查方式,第一阶段从省抽县,第二阶段从中选县抽乡,第三阶段从中选乡抽村,再从中选村抽地块,最后从抽中的地块中抽具体的样本单位,并以样本单位测得的实际资料来推算平均亩产和总产。

在实际工作中,当总体的规模特别大,或者总体分布的范围特别广且又几乎不可能从总体中直接抽取总体单位时,研究者一般采取多阶段抽样的方法来抽取样本。其优点有:第一,便于组织抽样,它可以按现有的行政区划或地理区域分各阶段的抽样单元,从而简化抽样框的编制;第二,可以获得各阶段单元的调查资料,并根据初级资料逐级抽样推断,得到各级调查资料;第三,多阶段抽样的方式比较灵活,各阶段抽样的组织方式应以前述四种为依据进行选择。一般在初级阶段抽样时多用分层抽样和系统抽样,在次级阶段抽样时多用简单随机抽样和系统抽样。此外,还可以根据各阶段的不同特点,采用不同的抽样比。

设总体的 N 个个体形成 R 个群,每群有 M 个个体。从 R 群中随机不重复抽取 r 群,抽中的群再从 M 个个体中随机不重复抽取 m 个个体。若以 x_{ij} 表示第 i 群第 j 个个体的变量值,那么群均值 $\overline{X}_i$ 的估计量为

$$\overline{X}_i = \overline{x}_i = \frac{\sum_{j=1}^{m} x_{ij}}{m} \tag{3-14}$$

总体均值 $\overline{X}$ 的估计量为

$$\widehat{\overline{X}} = \overline{x}_{ts} = \frac{\sum_{i=1}^{r} \overline{x}_i}{r} \tag{3-15}$$

与该估计量相对应的抽样标准误为

$$\mathrm{SE}(\overline{x}_{ts}) = \sqrt{\frac{(1-f_2)S_B^2}{r} + \frac{(1-f_2)S_2^2}{rm}} \tag{3-16}$$

其中,$f_1 = \dfrac{r}{R}$ 为第一阶段抽样比,$f_2 = \dfrac{m}{M}$ 为第二阶段抽样比;S_B^2 的含义与整群抽样相同。$S_2^2 = \dfrac{\sum_{i=1}^{R}\sum_{j=1}^{M}(x_{ij} - \overline{X}_i)^2}{RM}$ 为总体各群方差的平均数,未知时要以样本群的样本方差的平均数 $s_2^2 = \dfrac{\sum_{i=1}^{r}\sum_{j=1}^{m}(x_{ij} - \overline{x}_i)^2}{rm}$ 来估计。

兼顾无偏性,当以 s_2^2 来估计 S_2^2 时,抽样标准误的估计公式要变为

$$se(\bar{x}_{ts}) = \sqrt{\frac{(1-f_1)s_b^2}{r} + \frac{f_1(1-f_2)s_2^2}{rm}} \qquad (3\text{-}17)$$

例 3-4 某高校有 50 个新生班，每班 45 人。现随机抽取 5 个班，每班随机抽取 9 人进行英语高考成绩的调查，结果如表 3-3 所示。要求以 95%的概率保证估计该校全体新生平均英语高考成绩。

表 3-3　45 位同学的英语高考成绩

单位：分

班　级	同　学								
	1	2	3	4	5	6	7	8	9
1	80	90	82	72	83	93	75	82	87
2	81	88	92	89	71	79	83	83	97
3	87	83	69	79	82	82	95	95	90
4	76	86	78	93	95	95	88	88	80
5	92	83	83	83	88	88	86	86	85

解：由题意可知，$R = 50$，$r = 5$，$M = 45$，$m = 9$，$f_1 = 0.1$，$f_2 = 0.2$，由 $1-\alpha = 95\%$，可得 $Z_{\alpha/2} = 1.96$。

由表 3-3 数据计算得 $\bar{x}_1 = 82.67$，$\bar{x}_2 = 84.78$，$\bar{x}_3 = 83.78$，$\bar{x}_4 = 83.44$，$\bar{x}_5 = 87$，由此可得，该校全体新生平均英语高考成绩的点估计为

$$\widehat{\bar{X}} = \bar{x}_{ts} = \frac{\sum \bar{x}_i}{5} = 84.33 \,(\text{分})$$

样本群间方差为

$$s_b^2 = \frac{\sum_{i=1}^{r}(\overline{X}_i - \bar{x}_{cs})^2}{r} = \frac{11.1815}{5} = 2.2363$$

各样本群样本方差的平均数为

$$s_2^2 = \frac{\sum_{i=1}^{r}\sum_{j=1}^{m}(x_{ij} - \bar{x}_i)^2}{r(m-1)} = \frac{1915.28}{5 \times 9} = 42.56$$

根据公式 $se(\bar{x}_{ts}) = \sqrt{\dfrac{(1-f_1)s_b^2}{r} + \dfrac{f_1(1-f_2)s_2^2}{rm}}$，可估计抽样标准误为

$$\begin{aligned}
se(\bar{x}_{ts}) &= \sqrt{\frac{(1-f_1)s_b^2}{r} + \frac{f_1(1-f_2)s_2^2}{rm}} \\
&= \sqrt{\frac{(1-0.1) \times 2.2363}{5} + \frac{0.1 \times (1-0.2) \times 42.56}{5 \times 9}} \\
&= 0.69 \,(\text{分})
\end{aligned}$$

抽样极限误差为 $\Delta = Z_{\alpha/2} se(\bar{x}_{ts}) = 1.96 \times 0.69 = 1.35 \,(\text{分})$

由此可得，95% 概率保证的全校新生平均英语高考成绩的估计区间为 $(84.33 - 1.35, 84.33 + 1.35) = (82.98, 85.68)\,(\text{分})$。

二、概率抽样的性质和特点

总体来看，概率抽样具有以下几个特点。①在样本抽取的基础上遵循随机原则。总体中的个体是否被抽中不受主观因素的影响，而是由可计算的概率来确定。②在调查的功能上能以部分推断总体。依据样本与总体之间的内在联系和抽样分布规律，抽样调查能以样本的观测结果去推断总体的数量特征。③在推断理论上以大数定律和中心极限定理为依据。大数定律阐明：随着样本容量的增加，样本平均数将趋近总体平均数；中心极限定理表明：只要样本容量足够大，样本统计量的分布(如样本平均数的分布)就会趋于服从正态分布。因此，只要样本容量足够大，抽样推断就可以以正态分布为依据，以样本估计总体就可以有充分的把握和足够的精度，这也正是大量观察法的要求。④在推断的效果上，抽样误差可以计算并加以控制。以随机样本去估计总体，必然存在着偶然性误差即抽样误差，但依据大数定律、中心极限定理和抽样分布规律，可用某一指标来衡量抽样误差的一般水平，即抽样标准误。抽样标准误是可以计算的，并能够通过有效的办法将其控制在要求的范围内。

三、非概率抽样的分类

非概率抽样是指调查者根据自己是否方便或主观判断抽取样本的方法。它不是严格按随机抽样原则来抽取样本，所以没有大数定律的存在基础，也就无法确定抽样误差，无法正确地说明样本的统计值在多大程度上适合于总体。虽然根据样本调查的结果也可在一定程度上说明总体的性质、特征，但不能从数量上推断总体。非概率抽样主要包括方便抽样、判断抽样、定额抽样、滚雪球抽样和流动总体抽样等。

(一)方便抽样

方便抽样也称便利抽样，是指调查者利用现成的名册、号码簿和地图等资料而方便地选取一些个体作为样本，或者利用偶遇的方式选取观测单位进行调查。例如，在人流量大的街头或路口，随意采访一些偶遇的行人来了解民意或进行商品需求调查等，就属于方便抽样。这种抽样方式简单易行，但抽样结果的偏差较大，可信度不高。

(二)判断抽样

判断抽样也称立意抽样，是由调查者凭自己对调查对象的了解和经验作出判断，有意识地从总体中选取若干具有代表性的个体作为样本。这种抽样方法可以充分利用调查者的主观经验判断已掌握的有关信息，避免产生极端的偏误，但其主观随意性较大，对调查结果缺乏评估的客观标准，估计的误差也难以计算和控制。选用判断抽样的方法通常要求调查人员必须对总体的基本特征相当清楚，以便选择具有代表性的样本。

(三)定额抽样

定额抽样也称配额抽样，即对调查对象总体按一定标志分类后，每类分别按一定比例以主观判断抽取若干具有代表性的个体作为样本。配额抽样与分层抽样很接近，其最大的不同是分层抽样的各层样本是随机抽取的，而配额抽样的各层样本是非随机抽取的。配额抽样是先确定每层的样本量再在每层中以判断抽样的方法抽取个体，适用于调查者对总体相关特征比较了解且样本数较多的情况。定额抽样易于实施，费用不高，可以满足总体比例的要求，但容易忽略偏差。

(四)滚雪球抽样

滚雪球抽样是一种针对稀疏总体进行的抽样调查，即抽选样本时先找到几个符合条件的调查单位，然后通过这些调查单位找到更多符合条件的调查单位，以此类推，样本如同滚雪球般由小变大，直至达到要求的样本为止。滚雪球抽样多用于总体单位信息不足的调查，适用于寻找一些在总体中十分稀少的对象，可以大大减少调查费用，但样本容易产生偏差。

(五)流动总体抽样

流动总体抽样是采用"捕获—放回—再捕获"的方式来估计总体。例如，要估计某湖泊的鱼资源量，应先从中随机捕获一部分鱼，分别称重并做记号后放回湖里，过一段时间待鱼群充分流动混合后，再捕获一定数量的鱼，观测其中曾被做记号的鱼的数量与重量并计算比重，据此就可以推断该湖泊的鱼资源量。

四、非概率抽样的性质和特点

非概率抽样操作简单、成本低、省时间，在统计上也比概率抽样简单。但由于无法排除抽样者的主观性，无法控制和客观地测量样本的代表性，因此，样本不具有推论总体的性质。但作为一种补充，非概率抽样也具有重要的应用价值，多用于探索性研究和预备性研究，以及总体边界不清难以实施概率抽样的研究。在实际应用中，非概率抽样往往可与概率抽样结合使用。

第二节　概　率　分　布

你去买彩票时，希望自己中大奖，但能否中奖是不确定的。你去投资股票时，预期得到较高的收益，但你不可能确切地知道收益率。在现实生活中，这类事情有很多，能否成功具有不确定性。比如，一笔新投资盈利的可能性有多大？一项工程按期完工的可能性有多大？等等，这种不确定性可以用概率来度量。本节主要介绍几种常用的概率分布模型以及样本统计量的概率分布。

一、随机变量及其概括性度量

有时需要研究一项试验结果的某些取值。比如，抽查 50 种产品，观察其中的次品数 X；国庆长假一个旅游景点的游客人数 X；等等。这里 X 取哪些值以及 X 取某些值的概率又是多少，都是不可知的。但是，如果知道了一个随机变量的概率分布模型，就很容易预测一系列事件发生的概率。

(一)随机变量的定义

在很多领域，研究工作主要依赖某个样本数据，而这些样本数据通常是由某个变量的一个或多个观测值组成的。比如，调查 100 个消费者，考察他们对饮料的偏好，并记录下喜欢某一特定品牌饮料的人数 X；调查一座写字楼，记录下每平方米的出租价格 X；等等。由于记录某次试验结果时事先并不知道 X 取哪个值，因此称 X 为随机变量。因此，随机变量是用数值来描述特定试验一切可能出现的结果，它的取值事先不能确定，具有随机性。

抛一枚硬币，其结果就是一个随机变量 X，因此在抛掷之前并不知道出现的是正面还是反面，若用数值 1 表示正面朝上，0 表示反面朝上，则 X 可能取 0，也可能取 1。

有些随机变量只能取有限个值，称为离散型随机变量(discrete random variable)。有些则可以取一个或多个区间中的任何值，称为连续型随机变量(continuous random variable)。若将随机变量的取值设想为数轴上的点，每次试验结果对应一个点。如果一个随机变量仅限于取数轴上有限个孤立的点，则它就是离散型的；如果一个随机变量是在数轴上的一个或多个区间内取任意值，那么它就是连续型的。比如，在由 100 个消费者组成的样本中，喜欢某一特定品牌饮料的人数 X 只能取 0，1，2，…，100 这些数值之一，这里的 X 只能取有限的数值，所以称 X 为离散型随机变量。相反，每平方米写字楼的出租价格 X，在理论上可以取大于 0 到无穷多个数值中的任何一个，则称 X 为连续型随机变量。

(二)随机变量的概括性度量

与前边介绍的平均数和方差类似，对于随机变量也可以用类似的统计量来描述。描述随机变量集中程度的统计量称为期望值(expected value)，而描述其离散程度的统计量则称为方差。它们是对随机变量的一种概括性度量。

离散型随机变量 X 的期望值是 X 所有可能取值 $X_i(i=1,2,\cdots)$ 与其相应的概率 $P_i(i=1,2,\cdots)$ 乘积之和，用 μ 或 $E(X)$ 表示，即

$$\mu = E(X) = \sum_i X_i P_i \tag{3-18}$$

离散型随机变量 X 的方差等于 $(x_i - \mu)^2$ 与其相应的概率 p_i 乘积之和，用 σ^2 或 $D(X)$ 表示，即

$$\sigma^2 = D(X) = \sum_i (x_i - \mu)^2 p_i \tag{3-19}$$

随机变量 X 的标准差等于其方差的平方根，用 σ 或 $\sqrt{D(X)}$ 表示。

例 3-5 一家计算机配件供应商声称，它所提供的配件 100 个中拥有次品的个数 X 及相应的概率如表 3-4 所示。求该供应商配件次品数的期望值和标准差。

表 3-4　每 100 个配件中的次品数及概率分布

次品数($X=x_i$)	0	1	2	3
概率(P_i)	0.75	0.12	0.08	0.05

解：根据表中数据可得

$$\mu = E(X) = \sum_i X_i P_i = 0 \times 0.75 + 1 \times 0.12 + 2 \times 0.08 + 3 \times 0.05 = 0.43$$

$$\sigma^2 = D(X) = \sum_i (x_i - u)^2 p_i$$

$$= (0 - 0.43)^2 \times 0.75 + (1 - 0.43)^2 \times 0.12 + (2 - 0.43)^2 \times 0.08 + (3 - 0.43)^2 \times 0.05$$

$$= 0.7051$$

则，对应的标准差 $\sigma = 0.8397$。

对于概率密度函数为 $f(x)$ 的连续型随机变量，期望值为

$$\mu = E(X) = \int_{-\infty}^{+\infty} x f(x) \mathrm{d}x \tag{3-20}$$

方差为

$$\sigma^2 = D(X) = \int_{-\infty}^{+\infty} (x - u)^2 f(x) \mathrm{d}x \tag{3-21}$$

二、离散型随机分布

离散型随机变量 X 只取有限个可能的值 $x_1, x_2, \cdots$，而且是以确定的概率取这些值，即 n，则称之为离散型随机变量 X 的概率分布或分布律，将它们用表格的形式表示出来，就是离散型随机变量的概率分布(probability distribution)。离散型概率分布具有性质：(1)$p_i \geqslant 0$，(2)$\sum_i p_i = 1 (i = 1, 2, \cdots)$。离散型随机变量 X 的概率分布如表 3-5 所示。

表 3-5　离散型随机变量 X 的概率分布

X_i	X_1	X_2	X_3	...	X_n
P_i	P_1	P_2	P_3	...	P_n

假设知道一个离散型随机变量的概率分布，并能用一定的公式表达出来，就能根据这一分布计算出随机变量任意一个取值的概率。常用的离散型概率分布有二项分布、泊松分布和超几何分布等。

(一)二项分布

二项分布建立在伯努利(Bernoulli)试验的基础上，即重复 n 次独立的伯努利试验。在每次试验中只能有两种可能的结果，而且两种结果发生与否互相对立，相互独立，与其他各次试验结果无关，事件发生的概率在每一次独立试验中如果都保持不变，则这一系列试验总称为 n 重伯努利试验。

n 重伯努利试验必须满足下列条件。

(1) 一次试验只有两个可能结果，即"成功"和"失败"。这里的成功是指感兴趣的某种特征。例如，产品分为"合格品"与"不合格品"，如果对"合格品"感兴趣，则"成功"就表示"合格品"。

(2) 一次试验"成功"的概率为 p，"失败"的概率为 $q = 1 - p$，而且概率 p 对每次试验都是相同的。

(3) 试验是相互独立的，且可以重复进行 n 次。

二项分布可用于可靠性试验。在 n 次试验中，"成功"的次数对应一个离散型随机变量 X。这样，在 n 次伯努利试验中，出现"成功"的次数的概率分布就是二项分布 (binomial distribution)，记为 $X \sim B(n, p)$。n 次试验中成功次数为 x 的概率可表示为

$$P(X = x) = C_n^x p^x q^{n-x}, \quad x = 0, 1, 2, \cdots, n$$

二项分布的期望值和方差分别为

$$\mu = E(X) = np \tag{3-22}$$

$$\sigma^2 = D(X) = np(1-p) \tag{3-23}$$

当 $P = 0.5$ 时，二项分布是对称的；当 $P \neq 0.5$ 时，二项分布是不对称的。

特别是，当 $n = 1$ 时，二项分布化为

$$P(X = x) = p^x q^{1-x}, \quad x = 0, 1 \tag{3-24}$$

这便是 0-1 分布。

例 3-6 已知 100 件产品中有 5 件次品，现从中任取一件，有放回地取 3 次，求在所取的 3 件中恰有两件次品的概率。

解：因为这是有放回地取 3 次，因此这 3 次试验的条件是完全相同的，由此可知，它是伯努利试验。

据题意可知，每次试验取到次品的概率为

$$P = \frac{5}{100} = 0.05$$

设 X 为所取的 3 件产品中的次品数，则 $X \sim B(3, 0.05)$，因此

$$P(X = 2) = C_3^2 (0.05)^2 (0.95) = 0.007125$$

如果将上述问题中的"有放回"改为"无放回"，那么，各次试验条件就不同了，故不能用二项分布的概率公式来计算，而只能用古典概率模型计算求解，即

$$P(X = 2) = \frac{C_5^3 C_{95}^1}{C_{100}^3} = 0.0059$$

这种情况实际上是概率分布中一个很重要的分布，称为超几何分布，在后面会予以介绍。

(二)泊松分布

泊松分布(poisson distribution)是一种在统计学里常见的离散型概率分布，由法国数学家泊松(D.Poisson)于 1837 年首次提出。泊松分布可用于描述一定时间段或一定空间区域或其他特定单位内某一事件出现的次数。比如，某一服务设施在一定时间内使用的人数；一定时间内，某航空公司接到的订票电话数；一定时间内，到车站等候公共汽车的人数；一定路段内，路面车辆出现损坏的次数；一匹布上发现的瑕疵点个数；一定页数的书刊上出现的错别字个数；等等。

这类只取非负整数的随机变量 X 服从的概率分布称为泊松分布，记为 $X = P(\lambda)$。对于 $X = x$ 时有

$$P(X = x) = \frac{\lambda^x e^{-x}}{x!}, x = 0, 1, 2, \cdots; \lambda > 0 \tag{3-25}$$

式中，λ 是一定区间单位内随机变量 X 的均值；e=2.71828。

例 3-7 假定某企业职工在周一请事假的人数 X 近似于服从泊松分布，且设周一请事假的平均人数为 2.5。要求计算

(1) X 的均值与标准差。

(2) 在给定的某周一正好请事假是 5 人的概率。

解：(1)根据公式，X 的均值和方差均为 2.5，即 $E(X) = 2.5$。

标准差 $\sqrt{D(X)} = \sqrt{2.5} = 1.581$

(2) X 的概率分布为

$$P(X) = \frac{\lambda^x e^{-x}}{x!}$$

式中，$\lambda = 2.5$，$x = 5$，$e^{-2.5} = 0.082085$，所以

$$P(5) = \frac{(2.5)^5 e^{-2.5}}{5!} = 0.067$$

在 n 重伯努利试验中，当成功的概率很小(即 $p \to 0$)，试验次数很大时，二项分布可近似等于泊松分布，即

$$C_n^x p^x q^{n-x} \approx \frac{\lambda^x e^{-x}}{x!} \tag{3-26}$$

在实际应用中，当 $p \leqslant 0.25$，$n > 20$，$np \leqslant 5$ 时，用泊松分布近似二项分布效果良好。

(三)超几何分布

二项分布要求各试验之间是相互独立的，且每次试验成功的概率相同。因此，二项分布适合于重复抽样。但是在实际抽样中，很少采用重复抽样。若采用不重复抽样，则各试验之间就不相互独立，而且总体元素的数目 N 很大而样本量 n 相对于 N 来说较大时，二项分布就不再适用，此时，样本中"成功"的次数则服从超几何分布(hypergeometric distri-bution)，记作 $X \sim H(n, N, M)$。对于 $X = x$ 时有

$$P(X = x) = \frac{C_M^x C_{N-M}^{n-x}}{C_N^n} \quad x = 0, 1, 2, \cdots, k \tag{3-27}$$

式(3-27)中，$k = \min(M, n)$，n 为试验次数；N 为总体中元素个数；M 为总体中代表成功的元素的个数。

为理解超几何分布各个参数的含义，可将其考虑成一个从有限总体中进行不放回抽样的问题。一般可设有 N 件产品，其中有 $M(M \leqslant N)$ 件次品，从中任取 $n(n \leqslant N)$ 件产品，用 X 表示取出产品中次品的件数，则 $P(X = k) = \frac{C_M^k C_{N-M}^{n-k}}{C_N^n}$，其中，$k$ 为非负整数。如果一个随机变量的分布列由上式确定，则称 X 服从参数为 N, M, n 的超几何分布。当 N 无限增大时，超几何分布趋向于二项分布。实际上，如果产品的抽取是可放回的，随机变量 X 则服从二项分布，因为此时每次试验抽中次品(代表成功)的概率都是 $p = \frac{M}{N}$。

例 3-8 已知甲盒内有大小相同的 1 个红球和 3 个黑球，乙盒内有大小相同的 2 个红球和 4 个黑球。现从甲、乙两个盒内各任取 2 个球。

(1) 求取出的 4 个球均为黑球的概率。

(2) 求取出的 4 个球中恰有 1 个红球的概率。

(3) 设 ξ 为取出 4 个球中红球的个数，求 ξ 的分布列和数学期望。

解：(1)设"从甲盒内取出的 2 个球均为黑球"为事件 A，"从乙盒内取出的 2 个球均为黑球"为事件B，由于事件 A、B 相互独立，且 $P(A)=\dfrac{C_3^2}{C_4^2}=\dfrac{1}{2}$，　$P(B)=\dfrac{C_4^2}{C_6^2}=\dfrac{2}{5}$

故，取出的 4 个球均为黑球的概率为

$$P(AB)=P(A)P(B)=\frac{1}{2}\times\frac{2}{5}=\frac{1}{5}$$

(2) 设"从甲盒内取出的 2 个球均为黑球；从乙盒内取出的 2 个球中，1 个是红球，1 个是黑球"为事件 C，"从甲盒内取出的 2 个球中，1 个是红球，1 个是黑球；从乙盒内取出的 2 个球均为黑球"为事件 D，由于事件 C、D 互斥，且 $P(C)=\dfrac{C_3^2}{C_4^2}\times$

$\dfrac{C_2^1 C_4^1}{C_6^2}=\dfrac{4}{15}$，$P(D)=\dfrac{C_3^1}{C_4^2}\times\dfrac{C_4^2}{C_6^2}=\dfrac{1}{5}$

故取出的 4 个球中恰有 1 个红球的概率为

$$P(C+D)=P(C)+P(D)=\frac{4}{15}+\frac{1}{5}=\frac{7}{15}$$

(3) ξ 可能的取值为 0,1,2,3。由(1)，(2)可得

$$P(\xi=0)=\frac{1}{5},P(\xi=1)=\frac{7}{15}$$

$$P(\xi=3)=\frac{C_3^1}{C_4^2}\times\frac{1}{C_6^2}=\frac{1}{30}$$

$$P(\xi=2)=1-P(\xi=0)-P(\xi=1)-P(\xi=3)=\frac{3}{10}$$

故，ξ 的分布如表 3-6 所示。

表 3-6　ξ 的分布

ξ	0	1	2	3
P	0.2	0.47	0.3	0.03

ξ 的数学期望 $E(\xi)=0\times\dfrac{2}{3}+1\times\dfrac{7}{15}+2\times\dfrac{3}{10}+3\times\dfrac{1}{30}=\dfrac{7}{6}$。

三、连续型概率分布

除了离散型随机变量外，还有一种重要的随机变量——连续型随机变量，由于这种随机变量的所有可能取值可以取到[a,b]的一切值，取值无法像离散型随机变量那样一一排列，因而也就不能用离散型随机变量的分布律来描述它的概率分布，刻画这种随机变量的概率分布可以用分布函数，或者更常用的方法是概率密度。

设 X 是随机变量，$F(x)$ 是它的分布函数，如果存在函数 $f(x)$，使对任意的 x 有

$$F(x) = \int_{-\infty}^{x} f(t)\mathrm{d}t \tag{3-28}$$

则称 X 为连续型随机变量，相应地，$F(x)$ 为连续型分布函数，同时称 $f(x)$ 是 $F(x)$ 的概率密度函数。常见的连续型概率分布有正态分布、均匀分布和指数分布等。其中，正态分布在统计中具有十分重要的地位，广泛应用于统计推断。

有些随机变量是统计学家为了分析的需要而构造出来的。比如，把样本均值标准化后形成一个新的随机变量 t，样本方差除以总体方差得到一个随机变量 χ^2，两个样本方差比形成一个随机变量 F，等等。这些随机变量用 t、χ^2 和 F 来命名是因为它们分别服从统计中的 t 分布、χ^2 分布和 F 分布。这些分布都是由正态分布推导而来的，它们在推断统计中具有独特的地位和作用。

(一)正态分布

正态分布(normal distribution)最初是由高斯作为描述误差相对频数分布的模型提出来的，是一个在数学和物理领域都很重要的概率分布，在统计学的很多方面有着重大的影响力。现实生活中，有很多现象都可以由正态分布描述，其他一些分布(如二项分布)可以利用正态分布作近似计算，而且由正态分布也可以导出其他一些重要的统计分布，如 t 分布、χ^2 分布、F 分布等。

如果随机变量 X 的概率密度函数为

$$f(x) = \frac{1}{\sqrt{2\pi\sigma^2}} e^{-\frac{1}{2\sigma^2}(x-\mu)^2}, -\infty < x < +\infty \tag{3-29}$$

则称 X 为正态随机变量，或称 X 服从参数为 μ, σ^2 的正态分布，记作 $X \sim N(\mu, \sigma^2)$。式中，μ 是正态随机变量 X 的均值，它可为任意实数，σ^2 是 X 的方差，且 $\sigma > 0$，$\pi = 3.1415926$，e $= 2.71828$。

不同的 μ 值和不同的 σ 值对应于不同的正态分布，其概率密度函数所对应的曲线如图 3-1 所示。

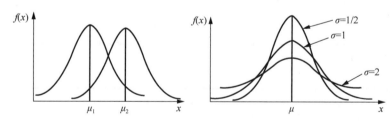

图 3-1　不同 μ 和 σ 对正态曲线的影响

从图 3-1 中可以看出，正态曲线具有下述几种性质。

(1) 正态曲线的图形是关于 $x = \mu$ 对称的钟形曲线，且峰值在 $x = \mu$ 处。

(2) 正态分布的两个参数 μ 和 σ 一旦确定，正态分布的具体形式也就可以确定。其中，均值 μ 可以是实数轴上的任意数值，它决定了正态曲线的具体位置，标准差 σ 相同而均值不同的正态曲线在坐标轴上体现为水平位移。标准差 σ 为大于零的实数，它决定了正态曲线的"陡峭"或"扁平"程度。σ 越大，正态曲线越扁平；σ 越小，正态曲线越陡峭。

(3) 当 X 的取值向横轴左、右两个方向无限延伸时，正态曲线的左、右两个尾端也会无限接近横轴，但理论上永远不会与之相交。

(4) 正态随机变量在特定区间取值的概率由正态曲线下的面积给出，而且其曲线下的总面积等于 1。

(5) 由于正态分布是一个分布族，那么对于任一个服从正态分布的随机变量，通过 $Z = \dfrac{(x-\mu)}{\sigma}$ 进行标准化后的新随机变量都将服从均值为 0、标准差为 1 的标准正态分布 (standard normal distribution)，记为 $Z \sim N(0,1)$。标准正态分布的概率密度函数用 $\varphi(x)$ 表示为

$$\varphi(x) = \frac{1}{\sqrt{2\pi}} e^{-\frac{1}{2}x^2}, \quad -\infty < x < +\infty \tag{3-30}$$

在解决实际问题时，随机变量通常服从一般正态分布，即 $X \sim N(\mu, \sigma^2)$。它表示 X 是具有平均值 μ 和方差 σ^2 的正态随机变量；也有可能服从标准正态分布，即 $X \sim N(0,1)$，表示 X 是标准正态随机变量。由于标准正态分布可以从标准正态函数表查得，因此对于一般正态分布问题，需要转化为标准正态分布进行计算。

一般正态分布与标准正态分布之间的关系如下所述。

如果随机变量服从参数为 μ, σ^2 的正态分布，即 $X \sim N(\mu, \sigma^2)$，则随机变量 $\dfrac{(X-\mu)}{\sigma}$ 服从参数为 $(0,1)$ 的标准正态分布，即

$$\frac{(x-\mu)}{\sigma} \sim N(0,1) \tag{3-31}$$

那么，对于任意的 $x_1 < x_2$，有

$$P\{x_1 < X < x_2\} = \frac{1}{\sqrt{2\pi\sigma^2}} \int_{x_1}^{x_2} e^{-\frac{1}{2\sigma^2}(x-\mu)^2} dx = p\left\{\frac{x_1-\mu}{\sigma} < \frac{x-\mu}{\sigma} < \frac{x_2-\mu}{\sigma}\right\}$$

$$= \frac{1}{\sqrt{2\pi}} \int_{\frac{x_1-\mu}{\sigma}}^{\frac{x_2-\mu}{\sigma}} e^{-\frac{x^2}{2}} dx = \Phi\left(\frac{x_2-\mu}{\sigma}\right) - \Phi\left(\frac{x_1-\mu}{\sigma}\right)$$

标准正态函数表通常只列出 $x \geq 0$ 的 $\Phi(x)$ 值，当 $x < 0$ 时，可根据 $\Phi(-x) = 1 - \Phi(x)$ 的性质，求得 $\Phi(-x)$ 的值。

例 3-9 设 $X \sim N(5, 3^2)$，计算下列概率。

(1) $P(X \leqslant 10)$。

(2) $P(2 < X < 10)$。

解：根据公式 $Z = \dfrac{(x-\mu)}{\sigma} \sim N(0,1)$，由 $X \sim N(5, 3^2)$ 可知

$$\frac{(x-5)}{3} \sim N(0,1)$$

(1) $P\left(\dfrac{X-5}{3} \leqslant \dfrac{10-5}{3}\right) = P\left(\dfrac{X-5}{3} \leqslant 1.67\right)$

$$= \int_{-\infty}^{1.67} \varphi(t) dt = \Phi(1.67) = 0.9525$$

(2) $\quad P(2 < X < 10) = P\left(\dfrac{2-5}{3} < \dfrac{X-5}{3} < \dfrac{10-5}{3}\right) = P\left(-1 < \dfrac{X-5}{3} < 1.67\right)$

$$= \varPhi(1.67) - \varPhi(-1) = 0.7938$$

经验法则总结了正态分布在一些常用区间上的概率，如图 3-2 所示。

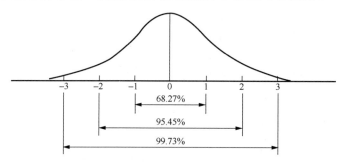

图 3-2　常用区间的正态概率值

正态随机变量落入其均值左右各 1 个标准差内的概率为 68.27%，落入其均值左右各 2 个标准差内的概率为 95.45%；落入其均值左右各 3 个标准差内的概率为 99.73%。

(二)t 分布

t 分布(t-distribution)首先是由威廉·戈塞提出的。由于他经常使用笔名"student"发表文章，用 t 表示样本均值经标准化后的随机变量，因此被称为 t 分布，也称为学生 t 分布。

设随机变量，$X \sim N(0,1)$ 随机变量 $Y \sim \chi^2(n)$，且 X 与 Y 相互独立，则称随机变量 $T = \dfrac{X}{\sqrt{Y/n}}$ 服从自由度为 n 的 t 分布，记为 $T \sim t(n)$。

当 $n \geqslant 2$ 时，t 分布的数学期望为

$$E(T) = 0 \tag{3-32}$$

当 $n \geqslant 3$ 时，t 分布的方差为

$$D(T) = \dfrac{n}{n-2} \tag{3-33}$$

t 分布是类似于正态分布的一种对称分布，它通常要比正态分布平坦和分散。一个特定的 t 分布依赖称为自由度的参数，与标准正态分布曲线相比，自由度 v 越小，t 分布曲线越平坦，曲线中间越低，曲线双侧尾部翘得越高；随着自由度的增大，t 分布就会逐渐趋于正态分布。当自由度 $v = \infty$ 时，t 分布曲线为标准正态分布曲线。不同自由度的 t 分布如图 3-3 所示。

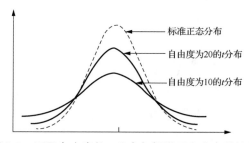

图 3-3　不同自由度的 t 分布与标准正态分布的比较

自由度为 1 的分布称为柯西分布，随着自由度 n 的增加，t 分布的密度函数越来越接近标准正态分布的密度函数。在实际应用中，一般当 $n \geqslant 30$ 时，t 分布与标准正态分布非常接近。t 分布的诞生对统计学中小样本理论及其应用发挥了重要的促进作用。特别是当戈塞最初提出 t 分布时并不被人重视和接受。后来费希尔在他的农业试验中也遇到小样本问题，这才发现 t 分布是有实用价值的。1923 年，费希尔对 t 分布给出严格且简单的证明，1925 年编制出 t 分布表之后，戈塞的小样本方法才被统计界广泛认可。

下面看一个与 t 分布有关的抽样分布。

设 $X_1, X_2, \cdots, X_n$ 是来自正态分布 $N(\mu, \sigma^2)$ 的一个样本，$\bar{X} = \frac{1}{n}\sum_{i=1}^{n} X_i$，$S^2 = \frac{1}{n-1}\sum_{i=1}^{n}(X_i - \bar{X})^2$，则 $\frac{\sqrt{n}(\bar{X} - \mu)}{S} \sim t(n-1)$ 称为服从自由度为 $(n-1)$ 的 t 分布。

设 X 和 Y 是两个相互独立的总体，$X \sim N(\mu_1, \sigma^2)$，$Y \sim N(\mu_2, \sigma^2)$，$X_1, X_2, \cdots, X_n$ 是来自 X 的一个样本，$Y_1, Y_2, \cdots, Y_m$ 是来自 Y 的一个样本，记

$$\bar{X} = \frac{1}{n}\sum_{i=1}^{n} X_i$$

$$\bar{Y} = \frac{1}{m}\sum_{i=1}^{m} Y_i$$

$$S_x^2 = \frac{1}{n-1}\sum_{i=i}^{n}(X_i - \bar{X})^2$$

$$S_y^2 = \frac{1}{m-1}\sum_{i=i}^{m}(Y_i - \bar{Y})^2$$

$$S_{xy}^2 = \frac{(n-1)S_x^2 + (m-1)S_y^2}{n+m-2}$$

则
$$\frac{(\bar{X} - \bar{Y}) - (\mu_2 - \mu_2)}{S_{xy}}\sqrt{\frac{mn}{m+n}} \sim t(n+m-2) \tag{3-34}$$

例 3-10 设 $X_1, X_2, \cdots, X_5$ 相互独立，且都服从标准正态分布。

(1) 若 $c(X_1^2 + X_2^2)$ 服从 $\chi^2(n)$ 分布，则 c、n 的值各是多少？

(2) 若 $d\dfrac{x_1 + x_2}{\sqrt{x_3^2 + x_4^2 + x_3^2}}$ 服从 $t(n)$ 分布，则 d、n 的值各是多少？

解：(1) 由 χ^2 分布的定义，可得 $c=1$，$n=2$。

(2) 由已知有 $x_1 + x_2 \sim N(0,2)$，标准化得 $\frac{x_1 + x_2}{\sqrt{2}} \sim N(0,1)$

由 χ^2 分布的定义有 $X_3^2 + X_4^2 + X_5^2 \sim \chi^2(3)$，且 $\frac{x_1 + x_2}{\sqrt{2}}$ 与 $X_3^2 + X_4^2 + X_5^2$ 相互独立。因此，由 t 分布的定义可得

$$\frac{(X_1 + X_1)/\sqrt{2}}{\sqrt{X_3^2 + X_4^2 + X_3^2/3}} \sim t(3)$$

得 $d = \sqrt{\frac{3}{2}}$，$n=3$

(三) χ^2 分布

若 n 个相互独立的随机变量 y_1，$y_2,\cdots$，y_n，均服从标准正态分布，则这 n 个独立正态变量的平方和的分布称为具有 n 个自由度的 χ^2 分布(chi-square distribution)，记为 $\chi^2(n)$。

"自由度"是统计学常用的一个概念，它不仅可以解释为独立变量的个数，还可以理解为二次型的秩。例如，$Y = X^2$ 是自由度为 1 的 χ^2 分布，$\mathrm{rank}(Y) = 1; Z = \sum_{i=1}^{n} X_i^2$ 是自由度为 n 的 χ^2 分布，$\mathrm{rank}(Z) = n$。

设总体服从一般正态分布，则 $Z = \dfrac{(X - \mu)}{\sigma} \sim N(0,1)$。令 $Y = Z^2$，则 Y 服从自由度为 1 的 χ^2 分布，即 $Y \sim \chi^2(1)$。不失一般性，对于 n 个独立正态变量 Y_1，Y_2，$\cdots$，Y_n，随机变量 $Y = \sum_{i=1}^{n} Y_i^2$ 的分布为具有 n 个自由度的 χ^2 分布，记为 $Y \sim \chi^2(n)$。

χ^2 分布具有以下几种性质和特点。

(1) χ^2 分布的变量值始终为正值。

(2) $\chi^2(n)$ 分布的形状取决于其自由度 n 的大小，通常为不对称的右偏分布。但随着自由度的增大会逐渐趋于对称，如图 3-4 所示。

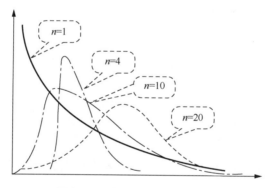

图 3-4 不同自由度的 χ^2 分布

(3) χ^2 分布的期望值为 $E(\chi^2) = n$，$D(\chi^2) = 2n$，其中 n 为自由度。

(4) χ^2 分布具有可加性。若 U 和 V 为两个独立的 χ^2 分布随机变量，$U \sim \chi^2(n_1)$，$V \sim \chi^2(n_2)$，则 $U + V$ 这一随机变量服从自由度为 $n_1 + n_2$ 的 χ^2 分布。

由图 3-4 可以看出，当自由度增加到足够大时，χ^2 分布的概率密度曲线趋于对称。当 n 趋近 $+\infty$ 时，χ^2 分布的极限分布是正态分布。

$\chi^2(n)$ 的 p 分位数 $\chi_p^2(n)$ 可由卡方分布表查得。当自由度 n 很大时，$\sqrt{2\chi^2(n)}$ 近似服从 $N(\sqrt{2n-1},1)$。实际上，当自由度 $n > 45$ 时，有

$$\chi_p^2(n) \approx \frac{1}{2}(\mu_p + \sqrt{2n-1})^2$$

式中，μ_p 即 Z_p，为正态 p 分位数，可由正态分布表查得。

例 3-11 设 X_1, X_2, X_3, X_4 为来自正态总体 $N(0,2)$ 的简单随机样本，记 $X = a(X_1 - 2X_2)^2 + b(3X_3 - 4X_4)^2$，则当 a、b 为何值时，$X \sim \chi^2$，并求其自由度。

解：由已知有 $(X_1 - 2X_2) \sim N(0,20)$，$(3X_3 - 4X_4) \sim N(0,100)$，

标准化得 $\dfrac{X_1 - 2X_2}{\sqrt{20}} \sim N(0,1)$，$\dfrac{3X_3 - 4X_4}{\sqrt{100}} \sim N(0,1)$

可知 $\dfrac{X_1 - 2X_2}{\sqrt{20}}$ 与 $\dfrac{3X_3 - 4X_4}{\sqrt{100}}$ 相互独立。因此，由 χ^2 分布的定义有

$$\left(\frac{X_1 - 2X_2}{\sqrt{20}}\right)^2 + \left(\frac{3X_3 - 4X_4}{\sqrt{100}}\right)^2 \sim \chi^2(2)$$

得 $a = \dfrac{1}{20}$，$b = \dfrac{1}{100}$。

(四)F 分布

F 分布(F-distribution)是两个 χ^2 分布的比。设 $U \sim \chi^2(n_1)$，$V \sim \chi^2(n_2)$，且 U 和 V 相互独立，则 $F = \dfrac{U/n_1}{V/n_2}$ 服从自由度为 n_1 和 n_2 的 F 分布，记为 $F \sim F(n_1, n_2)$。

$F \sim F(n_1, n_2)$ 的数学期望为

$$E(F) = \frac{m}{m-2}, \quad (m > 2) \tag{3-35}$$

$F \sim F(n_1, n_2)$ 的方差为

$$D(F) = \frac{m^2(2n + 2m - 4)}{n(m-2)^2(m-4)}, \quad (m > 4) \tag{3-36}$$

此外，F 分布有一个重要的性质为

$$F_{1-\alpha}(n_1, n_2) = \frac{1}{F_\alpha(n_1, n_2)} \tag{3-37}$$

F 分布可用于两个正态总体方差的比较检验、方差分析和线性回归模型的检验等。

F 分布的图形与 χ^2 分布类似，其形状取决于两个自由度，如图 3-5 所示。

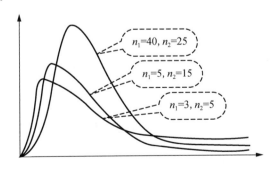

$n_1=40, n_2=25$
$n_1=5, n_2=15$
$n_1=3, n_2=5$

图 3-5 不同自由度的 F 分布

例 3-12 设随机变量 $X \sim N(0,\sigma)$ ，X_1，X_2,…, X_{10} 是取自总体 X 的简单随机样本，已知统计量 $F = a \dfrac{X_1^2 + X_2^2 + X_2^2 + X_4^2}{X_5^2 + X_6^2 + X_7^2 + x_8^2 + x_9^2 + X_{10}^2}$ 服从分布 $F(4,b)$ ，则 a，b 的值为多少？

解： 由已知 $X \sim N(0,\sigma)$ ，有 $\dfrac{X}{\sigma} \sim N(0,1)$ ，从而 $\dfrac{X_1}{\sigma}, \dfrac{X_2}{\sigma}, \cdots, \dfrac{X_{10}}{\sigma}$ 均服从 $N(0,1)$ 分布，且相互独立。由 χ^2 分布的定义有

$$U = \left(\frac{X_1}{\sigma}\right)^2 + \left(\frac{X_2}{\sigma}\right)^2 + \cdots + \left(\frac{X_4}{\sigma}\right)^2 \sim \chi^2(4)$$

$$V = \left(\frac{X_5}{\sigma}\right)^2 + \left(\frac{X_6}{\sigma}\right)^2 + \cdots + \left(\frac{X_{10}}{\sigma}\right)^2 \sim \chi^2(6)$$

且 U 与 V 相互独立，因此

由 F 分布的定义得，$\dfrac{U/4}{V/6} \sim F(4,6)$ ，即

$$\frac{(X_1^2 + X_2^2 + X_3^2 + X_4^2)/4}{(X_5^2 + X_6^2 + X_7^2 + X_8^2 + X_9^2 + X_{10}^2)/6} \sim F(4,6)$$

比较即得 $a = \dfrac{3}{2}$ ，$b = 6$ 。

复习思考题

一、思考题

1. 频率与概率有什么关系？
2. 根据自己的经验举几个服从泊松分布的随机变量的实例。
3. 根据自己的经验举几个服从正态分布的随机变量的实例。
4. 独立性和互斥性有什么关系？
5. 什么是统计量的标准误差？它有什么作用？

二、练习题

1. 一项试验中所有可能结果的集合称为(　　)。
   A. 事件　　　　　　　　　　　B. 简单事件
   C. 样本空间　　　　　　　　　D. 基本事件

2. 某种零件加工必须依次经过三道工序，从以往大量的生产记录可知，第一、二、三道工序的次品率分别为 0.2、0.1、0.1，并且每道工序是否产生次品与其他工序无关。则这种零件的次品率为(　　)。
   A. 0.002　　　　B. 0.064　　　　C. 0.072　　　　D. 0.352

3. 某项飞碟射击比赛规定一个碟靶有两次命中机会(即允许在第一次脱靶后进行第二次射击)。某射击选手第一发命中的可能性是 80%，第二发命中的可能性为 50%，则该选手命中碟靶的概率为(　　)。

A. 0.5　　　　　　B.0.6　　　　　　C. 0.8　　　　　　D. 0.9

4. 已知某地区男子寿命超过 55 岁的概率为 84%，超过 70 岁的概率为 63%。则任一刚过 55 岁生日的男子将会活到 70 岁以上的概率为(　　)。

A. 0.53　　　　　　B. 0.63　　　　　　C. 0.75　　　　　　D.0.85

5. 某人在每天上班途中要经过 3 个设有红绿灯的十字路口。设每个路口遇到红灯的事件是相互独立的，且红灯持续 24 秒而绿灯持续 36 秒。则他途中遇到红灯次数的方差为(　　)。

A. 0.29　　　　　　B. 0.43　　　　　　C. 0.72　　　　　　D. 0.85

6. 某商场某销售区域有 6 种商品。假如每小时内每种商品需要 12 分钟时间的咨询服务，而且每种商品是否需要咨询服务是相互独立的。若该销售区域仅配有 2 名服务员，则因服务员不足而不能提供咨询服务的概率是(　　)。

A. 0.0989　　　　　B.0.1241　　　　　C.0.1518　　　　　D. 0.1896

7. 假定某公司职员每周的加班津贴服从均值为 50 元、标准差为 10 元的正态分布，那么全公司每周加班津贴超过 80 元的职工比例为(　　)。

A. 0.0012　　　　　B. 0.3174　　　　　C. 0.6826　　　　　D. 0.9987

8. 某厂生产的某种节能灯管的使用寿命服从正态分布，对某批产品测试的结果，平均使用寿命为 1050 小时，标准差为 200 小时。则使用寿命为 850～1450 小时的灯管所占比例为(　　)。

A. 52.78%　　　　　B. 64.82%　　　　　C. 75.64%　　　　　D. 81.85%

9. 设 Z 服从标准正态分布，则 $P(0 \leqslant Z \leqslant 1.5)$ 为(　　)。

A. 0.1844　　　　　B. 0.4147　　　　　C. 0.4319　　　　　D. 0.4332

10. 二项分布的方差为(　　)。

A. $n(1-n)p$　　　　　B. $np(1-p)$　　　　　C. np　　　　　D. $n(1-p)$

11. 一个电梯的最大承重重量为 1000 公斤，假设该电梯一次进入 15 个人，如果每个人的体重(公斤)服从 $N(60,15^2)$，则超重的概率为(　　)。

A. 0.0142　　　　　B. 0.0427　　　　　C. 0.0528　　　　　D. 0.0785

12. 消费者协会经过调查发现，某品牌空调器有重大缺陷的产品数出现的概率分布如表 3-7 所示。

表 3-7　有重大缺陷的产品数出现的概率分布

X	0	1	2	3	4	5	6	7	8	9	10
P	0.041	0.130	0.209	0.223	0.178	0.114	0.061	0.028	0.011	0.004	0.001

根据表 3-7 所示的数据分别计算下列各题。

(1) 有 2～5 个(包括 2 个和 5 个在内)空调器出现重大缺陷的概率。

(2) 只有不到 2 个空调器出现重大缺陷的概率。

(3) 有超过 5 个空调器出现重大缺陷的概率。

13. 设 X 是参数为 $n=4$ 和 $p=5$ 的二项随机变量。求以下概率。

(1) $p(X=2)$。

(2) $p(X \leqslant 2)$。

14. 求标准正态分布的概率。

(1)　$p(0 \leqslant Z \leqslant 1.2)$。

(2)　$p(-0.48 \leqslant Z \leqslant 0)$。

(3)　$p(Z > 1.33)$。

15. 从均值为 200、标准差为 50 的总体中，抽取 $n=100$ 的简单随机样本，用样本均值 $\bar{x}$ 估计总体均值。

(1)　$\bar{x}$ 的期望值是多少？

(2)　$\bar{x}$ 的标准差是多少？

(3)　$\bar{x}$ 的概率分布是什么？

16. 假设一个总体共有 8 个数值：54，55，59，63，64，68，69，70。从该总体中按重复抽样方式抽取 $n=2$ 的随机样本。

(1)　计算总体的均值和方差。

(2)　一共有多少个可能的样本？

第四章 抽 样 分 布

【本章学习要求】

通过本章的学习，掌握有关统计量的概念和类型；掌握抽样调查的概念、作用及具体步骤；了解抽样分布的概念和特点；掌握并区分总体分布、样本分布、抽样分布及其特征；掌握常用的抽样分布定理。

【本章重点】

● 统计量、抽样调查及抽样分布的概念

● 区分总体分布、样本分布及抽样分布

● 中心极限定理的思想及应用

● 单个样本统计量及两个样本统计量的抽样分布定理应用

【本章难点】

● 运用抽样推断的相关方法解决实际问题

● 灵活运用抽样分布定理计算解决实际问题

● 灵活运用抽样误差公式计算事件的抽样误差

【章前导读】

为进一步调查三聚氰胺事件，2008 年国家有关部门对 100 多家奶制品厂的牛奶制品进行抽样检查，其中石家庄三鹿、山西雅士利、内蒙古伊利、蒙牛集团、青岛圣元、上海熊猫、山西古城、江西光明乳业英雄牌、宝鸡惠民、多加多乳业、湖南南山等 22 个厂家 69 批次产品被检出含有三聚氰胺，并被要求立即下架。

每个厂家的抽样样本数不一样。例如，石家庄三鹿集团的样本数为 20 批次，而有些品牌只抽 2 个批次，甚至还有只抽 1 个批次的，抽样的标准如何界定？抽样的样本容量又如何确定？调查报告显示三鹿集团乳制品三聚氰胺的含量远高于蒙牛集团和内蒙古伊利集团等品牌，我们是否可以据此认定市场占有率较高的蒙牛、伊利等产品相对安全呢？另外，在抽样的乳制品中基本都发现了三聚氰胺的残留，数量从 0.09mg/kg 至 2530mg/kg 不等，如果把一些特殊数据剔除，如把三鹿集团的数据剔除后，是否可以得出乳制品中普遍残留的三聚氰胺是奶粉生产加工过程中不可避免的副产品呢？

根据医学专家的解释，三聚氰胺是一种低毒性的化工产品，国内部分地区因为食用三聚氰胺含量高的奶粉而出现的"大头娃娃"事件不是因为单纯的三聚氰胺中毒，而是由于奶制品中的三聚氰胺含量太高，导致实际的蛋白质含量过低，从而出现婴儿严重营养不良等问题，营养不良才是最终的病因。

又有专家提出，在乳制品的生产过程中三聚氰胺的产生不可避免，那么，究竟多少含量的范围是合理的，为什么有些乳制品的三聚氰胺含量可以控制到 0.09mg/kg，而很多知名企业的乳制品每千克奶粉的三聚氰胺含量却高达几十毫克，甚至上百毫克，专家的这种说法是否成立?

要对以上案例进行分析，首先需要探讨和研究与统计学相关的几个基本问题。在很多情况下，由于普查的难度大、成本高，如我国 2010 年人口普查的人均成本达到 6 元，粗略估计这项耗时接近一年的人口普查耗费了超过 65 亿元人民币，这是一个惊人的花费。而抽样调查成本低，同时又具有一定的精确度，因此得到了广泛的应用。

【关键词】

抽样调查　　抽样样本　　抽样分布

第一节　统计量及抽样分布

通过抽样或查年鉴得到的原始数据，大多是杂乱无章的数据，且很难从中直接看出有价值的东西。因此，一般需要对获取的原始数据加以整理，以便把有价值的信息提取出来，并用简明的方式进行表述。画原始数据的散点图、饼图、直方图等方法是直观表达数据的常见方式。统计学最主要的提取信息的方式就是对原始数据进行一定的运算，得出某些具有代表性的数字，以反映数据某些方面的特征，这种数字称为统计量。用统计学语言表述，就是统计量是样本的函数，它不依赖任何未知参数。推断统计学的重要作用就是通过从总体中抽取样本构建适当的统计量，由样本性质去推断关于总体的性质。

一、统计量

(一)统计量的概念

在实际应用中，当我们从某总体中抽取一个样本$(X_1, X_2, \cdots, X_n)$后，并不能直接用它去对总体的有关性质和特征进行推断，这是因为样本虽然是从总体中获取的代表，含有总体性质的信息，但仍较分散。统治者为了使统计推断成为可能，首先必须把分散在样本中有价值的信息集中起来，根据不同的研究目的，构建不同的样本函数，这种函数在统计学中称为统计量。

设 $X_1, X_2, \cdots, X_n$ 是从总体 X 中抽取的容量为 n 的一个样本，如果由此样本构造一个函数 $T(X_1, X_2, \cdots, X_n)$，不依赖于任何未知参数，则称函数 $T(X_1, X_2, \cdots, X_n)$ 是一个统计量。

通常，又称 $T(X_1, X_2, \cdots, X_n)$ 为样本统计量。当获得样本的一组具体观测值 $x_1, x_2, \cdots, x_n$ 时，代入 T，计算出 $T(x_1, x_2, \cdots, x_n)$ 的数值，就可获得一个具体的统计量值。

例如，设 $X_1, X_2, \cdots, X_n$，是从某总体 X 中抽取的一个样本，则

$$\overline{X} = \frac{1}{n}\sum_{i=1}^{n} X_i \tag{4-1}$$

$S^2 = \dfrac{1}{n-1}\sum_{i=1}^{n}(X_i - \overline{X})^2$ 都是统计量，而 $\sum_{i=1}^{n}[X_i - E(X)]^2$，$[X_i - E(X)]/D(X)$ 都不是统计量。这是因为其中的 $E(X)$ 和 $D(X)$ 都是依赖总体分布的未知参数。

统计量是样本的一个函数。由样本构造具体的统计量，实际上是对样本所含的总体信息按某种要求进行加工处理，把分散在样本中的信息集中到统计量的取值上，不同的统计推断问题要求构建不同的统计量。统计量在统计学中具有极其重要的地位，它是统计推断的基础。

(二)常用统计量

在一般的概率论教材中，常把数学期望及方差等概念用"矩"的概念来描述。

当 n 充分大时，有定理可以保证经验分布函数 $F_n(x)$ 很靠近总体分布函数 $F(X)$。因此，经验分布函数 $F_n(x)$ 的各阶矩就反映了总体各阶矩的信息。通常把经验分布函数的各阶矩称为样本各阶矩。常用的样本各阶矩及其函数都是实际应用中的具体计量。

(1) $\overline{X} = \dfrac{1}{n}\sum_{i=1}^{n} X_i$ 是样本的均值，它反映了总体 X 数学期望的信息。样本均值是最常用的统计量。

(2) $S^2 = \dfrac{1}{n-1}\sum_{i=1}^{n}(X_i - \overline{X})^2$ 是样本方差，它反映的是总体 X 方差的信息。样本方差 S^2 及样本标准差 S 也是最常用的统计量。

(3) $V = S / \overline{X}$ 是样本变异系数，它反映的是总体变异系数 C 的信息。其中变异系数定义为 $C = \sqrt{D(X)} / E(X)$，它反映出随机变量在以它的均值为单位时取值的离散程度。此统计量消除了均值不同对不同总体离散程度的影响，常用来刻画均值不同时不同总体的离散程度。在投资项目的风险分析中，不同群体或行业的收入差距描述中有着广泛的应用。

(4) $m_k = \dfrac{1}{n}\sum_{i=1}^{n} X_i^{k}$，称 m_k 为样本 k 阶矩。它反映出总体 k 阶矩的信息。显然，$m_1 = \overline{X}$ 就是样本均值。

(5) $v_k = \dfrac{1}{n-1}\sum_{i=1}^{n}(X_i - \overline{X})^k$，称 v_k 为样本 k 阶中心段。它反映出总体 k 阶中心矩的信息。显然，v_2 就是样本方差。

(6) $a_3 = \sqrt{n-1}\sum_{i=1}^{n}(X_i - \overline{X})^3 / \left[\sum_{i=1}^{n}(X_i - \overline{X})^2\right]^{3/2}$，称 a_3 为样本偏度。它反映出总体偏度的信息。偏度反映了随机变量密度函数曲线在众数(密度函数在这一点达到最大值)两边的对称偏斜性。如果 $X \sim N(\mu,\ \sigma^2)$，则偏度 $a_3 = 0$。

(7) $a_4 = \sqrt{n-1}\sum_{i=1}^{n}(X_i - \overline{X})^3 / \left[\sum_{i=1}^{n}(X_i - \overline{X})^2\right]^{3/2}$，称 a_4 为样本峰度。它反映出总体峰度的信息。峰度反映了密度函数曲线在众数附近的"峰"的尖峭程度。正态随机变量 $X \sim N(\mu,\ \sigma^2)$ 的峰度 $a_4 = 0$。

偏度和峰度的概念在质量控制和可靠性研究中有着极其广泛的应用。

(三)次序统计量

随着统计学的发展，次序统计量成为参数估计和假设检验的一类重要统计量。

设 X_1，X_2，$\cdots$，X_n 是从总体 X 中抽取的一个样本，$X_{(i)}$ 称为第 i 个次序统计量，它是

样本(X_1，X_2，$\cdots$，X_n)满足如下条件的函数：每当样本得到一组观测值 x_1，x_2，$\cdots$，x_n 时，其由小到大的排序 $x_{(1)} \leqslant x_{(2)} \leqslant \cdots \leqslant x_{(n)}$ 中，第 i 个值 $x_{(i)}$ 就成为次序统计量 $X_{(i)}$ 的观测值，而 $X_{(1)}$，$X_{(2)}$，$\cdots$，$X_{(n)}$ 称为次序统计量。其中，$X_{(1)}$ 和 $X_{(n)}$ 分别为最小和最大次序统计量。

$R_{(n)} = X_{(n)} - X_{(1)}$ 称为样本极差。极差反映样本中最大值与最小值的差距，但损失了样本的中间信息，所以当样本量 n 增加时，$R_{(n)}$ 就不甚可靠。$R_{(n)}$ 的作用与样本方差一样，反映样本观测值的离散程度。尽管用 $R_{(n)}$ 反映观测值离散程度较粗略，但计算简单，所以在企业质量管理中应用较多。

(四)充分统计量

前文我们曾由样本(X_1，X_2，$\cdots$，X_n)构建一个统计量 $T(X_1$，X_2，$\cdots$，$X_n)$，可以看出，样本统计量 T 的构建过程就是对样本 X_1，X_2，$\cdots$，X_n 根据要求进行加工处理的过程，这种加工处理就是把原来杂乱无章的样本观测值用少数几个经过加工的统计量的值来代替。在实际统计推断中，是用统计量的值进行推断，而不是由样本观测值进行推断。这就意味着，经过加工，有了统计量的值即可。既然统计量如此重要，我们就希望在构建统计量的过程中尽可能保留样本中有关总体的信息。在统计学中，假如一个统计量能把含在样本中有关总体的信息毫无损失地提取出来，那对保证后边的统计推断质量具有重要意义。统计量加工过程中一点信息都不损失的统计量称为充分统计量。

例 4-1　某电子元件厂欲了解其产品的不合格率 p，质检员抽检了 100 个电子元件，检查结果是除前 3 个是不合格品(记为 $X_1=1$，$X_2=1$，$X_3=1$)外，其他都是合格品[记为 $X_i=0(i=4$，5，$\cdots$，100)]。当企业领导问及抽检结果时，质检员给出如下两种回答。

(1)　抽检的 100 个元件中有 3 个不合格(记为 $\sum\limits_{i=1}^{100} X_i =3$)。

(2)　抽检的 100 个元件中前 3 个不合格(记为 $X_1=1$，$X_2=1$，$X_3=1$)。

这两种回答就反映了质检员对样本的两种不同处理方式。这两种回答所用的统计量分别为

$$T_1 = \sum_{i=1}^{100} X_i \tag{4-2}$$

$$T_2 = X_1 + X_2 + X_3 \tag{4-3}$$

显然，统计量 T_2 不包含样本中有关 p 的全部信息，因而不能令人满意。而统计量 T_1 综合了样本中有关 p 的全部信息，样本信息没有任何损失。

统计量的充分性是统计学中的基本概念之一。关于统计量 $T=T(X_1$，X_2，$\cdots$，$X_n)$ 必须满足什么条件才具有上述意义的充分性的讨论不在本书的研究范畴。这里要特别说明的是，判别充分统计量的方法称为因子分解定理，这个定理是奈曼和哈尔姆斯在 20 世纪 40 年代提出并严格证明的。

在产品检验中，二项分布有着重要的应用，统计量 $T_1 = \sum\limits_{i=1}^{100} X_i$ 是不合格品率 p 的充分统计量。

当 $X=(X_1，X_2，\cdots，X_n)$ 是来自正态分布 $N(\mu，\sigma^2)$ 的一个样本时，若 μ 已知，则 $\sum_{i=1}^{n}(X_i-\mu)$ 是 σ^2 的充分统计量；若 σ^2 已知，则 $\overline{X}=\dfrac{1}{n}\sum_{i=1}^{n}X_i$ 是 μ 的充分统计量。

二、抽样调查

在进行统计分析的过程中，很多现象是无法进行全面调查的，如对某些具有消耗性、破坏性物品的调查，对病毒传播速度的检验，贵重元器件使用寿命的检验等。同时，对样本容量过大的总体也很难进行全面调查，如物种的种群、环境的污染状况等。因此，为了节省人力、财力及时间等，可以通过抽样统计的方法，在不影响可靠性和精度的前提下进行总体情况的判断。

通过抽样的方法来对样本总体进行相应的替代，在不影响可靠性和精度的前提下，使样本在一定程度上能够很好地表征总体的相应状态，这就需要对样本的选取过程进行一定的约束，最大限度地避免在抽样过程中引入误差。在抽样方式中，应用最为广泛，同时也最简单的是简单随机抽样方法，这种抽样方式只要满足两个基本条件即可：①总体中的任何一个个体进入样本的机会是相同的；②每个样本相互独立，即样本中的任何一个个体的取值并不影响其他样本的取值。满足这两个基本条件的样本选取方式即为简单随机抽样，所选取的样本为简单随机样本。

(一)抽样调查的基本概念和作用

1. 抽样调查的基本概念

1）抽样调查

抽样调查有广义和狭义之分。从广义来讲，抽样调查就是非全面调查，是指从研究的总体中遵循一定的抽样原则抽取部分单位作为样本，进行观察研究，以达到认识总体特性的一种统计调查方法；从狭义来讲，抽样调查是指概率抽样。

2）总体与样本

总体是指所要研究的调查对象的全体，是所要说明其数量特征的研究对象，它是由具有某种相同性质的所有单位组成的集合。构成总体的个别单位就是总体单位，也称个体。样本是从总体中随机抽取的部分单位的整体，它是总体的一个子集。总体单位的总数称为总体容量，一般用 N 表示；样本中所包含的单位数称为样本容量，一般用 n 表示。

3）概率抽样和非概率抽样

根据抽取样本的方式不同，抽样调查可分为概率抽样和非概率抽样。概率抽样是指采用随机原则，从总体中抽取样本单位。它的基本特征是每个总体单位都有可能成为样本，对每个可能的样本，其被抽中的概率都可以计算出来。抽样时，如果每个个体被抽中的概率是相等的，称为等概率抽样；如果每个个体被抽中的概率是不相等的，称为不等概率抽样。

非概率抽样是指从总体中抽取样本时，不总是采用随机原则，而是可以任意有意识地选择样本。在市场调查和民意测验中，经常用方便抽样、判断抽样、配额抽样和滚雪球抽样等非概率抽样方式。

根据调查者的知识、经验和能力，非概率样本也可能对总体特性作出比较好的估计，但非概率抽样不可能对估计的精度作出较为准确的评价。在这一点上，概率抽样则能够保障样本的代表性，避免人为因素对选取样本所带来的干扰，还可以对由抽样的随机性所引起的误差进行估计，并由此获得估计的精度。调查者也可以利用样本数据对总体的有关参数进行估计，本节主要介绍概率抽样。

4）抽样框

在抽样之前，总体必须划分成多个抽样单位，这些单位必须互不重叠而且能合成总体，即总体中的每个个体独立而且只属于一个单位。在大多数情况下，抽样单位是很明显的，如调查某一车床生产产品合格率时，抽样单位就是每一个车床生产出来的产品；但在有些情况下，抽样单位则需要选择，如调查某一地区农村家庭收入状况时，单位可以是一个家庭，也可以是一个村庄抑或是一个乡镇等。全部抽样单位合在一起构成了抽样框。在体操作中，都是从抽样框中抽选样本的。抽样框是抽样的基础资料，它在很大程度上决定着抽样数据的计算结果，能否取得完整的抽样框，也关系到抽样调查的成败，因此必须重视抽样框的编制。

5）单随机抽样的方式

在具体操作中，较常用、较基本的随机抽样方式有纯随机抽样、类型抽样、分层抽样、等距抽样、整群抽样和多阶段抽样等。

2. 抽样调查的特点和作用

1）抽样调查的特点

(1) 抽样调查是一种非全面调查方式。抽样调查的目的并不是了解部分单位的情况，而是作为认识总体的一种手段，利用样本的信息，推断总体的有关信息。相对于全面调查，抽样调查的费用较低，获得资料速度快。

(2) 按随机原则抽取样本单位。所谓随机原则，是指在选择样本单位时，哪个单位被抽中，哪个单位不被抽中，完全是偶然的，不是以调查人员的主观意志去选择，因此在抽样的时候保证每个单位有同等的机会被抽中，使抽中的样本和总体有相似或相同的分布。只有遵循随机原则，才能用数理统计提供的方法，对总体的数量分布特征作出判断，因此，它是抽样调查的前提。

(3) 用样本指标值估计总体指标值。重点调查和典型调查也是非全面调查，但调查结果一般不用来估计总体指标数值。抽样调查则是根据所获得的数据资料对全部总体的数量特征进行推断，这是抽样调查的基本特征和目的。

(4) 抽样调查中的抽样误差，可以事先计算并加以控制。抽样调查是以样本的统计量来估计总体的数量特征，虽然也存在一定的误差，但在随机抽样的条件下，其误差可以事先计算出来，并加以控制，从而使抽样调查结果具有一定的可信度。

2）抽样调查的作用

抽样调查与全面调查相比，具有节省人、财、物和时间等优点，既可以用于那些不可能进行全面调查的总体数量特征的推断，也可以用于检验全面质量调查，补充全面质量调查的不足；既可以用于工业生产过程的控制，也可以用于对某种新政策、新工艺或新方法效果的检验。其主要作用体现在以下几个方面。

(1) 无限总体的调查。无限总体包括的总体单位数无限多或不可数，因此无法对该类总体进行全面调查，只能进行抽样调查。例如，对空气质量、大气污染、水文等情况的调查。在具体操作中，虽然有些调查对象包含的单位有限，但难以一一列出总体单位，通常也可把它们当作无限总体，不进行全面调查而采用抽样调查的方法来处理。

(2) 破坏性试验。对于炮弹的杀伤力、汽车轮胎或灯泡的使用寿命等的检验都是破坏性的，不能采用全面调查方法，实际调查时往往又需要了解总体的情况，这时只能采用抽样调查的方法。

(3) 大规模的调查。有些现象从理论上讲可以进行全面调查，但实际操作起来却十分困难，甚至是不可能的，如某些社会经济现象、居民收入情况、民意测验情况等的总体情况，大都需要通过抽样调查来实现。

(4) 全面调查资料的评价和验证。由于全面调查范围广、工作量大，需要的人力和物力也很多，并且在观察、记录和汇总资料等过程中受主观因素的影响，因此会出现比较大的非抽样误差，而随机抽样的调查范围较窄，造成的各类非抽样误差较小，因此为了尽可能消除此类影响和增强全面调查资料的准确性，可用抽样调查资料对全面调查资料的准确性加以验证和评价。

(5) 时效性强。在统计工作中，对有些资料的时效性要求较高，要在较短的时间内完成调查任务基本上是不可能的。此时采用全面调查，可能会延长调查时间，无法满足工作需要。例如，要对我国的人口进行全面普查，需要花费大量的人力和物力，更需要大量的时间，由于我国的人口数量一直不断变化，因此持续半年或一年以上的调查所得到的统计结果是很不准确的。而抽样调查的单位数较少，所用的时间较短，因此一些迫切需要的资料或对时间敏感的总体抽样就可以用抽样调查的方法来获取结果。

(二)抽样调查的步骤

一次完整的抽样调查工作主要包括下述步骤。
(1) 明确调查的意图和目的，并确定所需要的目标量。
(2) 正确确定总体的范围及抽样单元。
(3) 选择调查指标。
(4) 编制抽样框。
(5) 确定精度要求和样本容量。
(6) 抽选样本。
(7) 向样本单位收集资料。
(8) 综合和分析调查数据。

三、抽样分布

样本是遵循一定的抽样规则从总体中抽取的一部分单位的集合。统计学的一个主要任务是研究总体和样本之间的关系，这种关系可以从两个方向进行研究。第一个方向是从总体到样本，其目的是要研究从总体中抽出的所有可能样本统计量的分布及其与原总体的关系。这是本书所要讨论的抽样分布(sampling distribution)。第二个方向是从样本到总体，即从总体中随机抽取样本，并用样本对总体进行推论。这是以后要讨论的统计推断问题。抽样分布是统计推断的基础。

1. 抽样的概念

从总体中抽取一个样本作为总体的代表，这一过程称为抽样。即从总体中随机抽取其中一部分样本进行观察，由此而获得有关总体的信息。对样本进行调查，再根据抽样分布的原理利用样本资料对总体数量特征进行科学的评估与推断，这就是抽样估计。

一个完整的抽样调查过程的基本程序包括设计抽样方案、编制抽样框和设计调查表、试抽样调查、正式抽样调查、数据处理、推断分析、总结评估 7 个步骤。

2. 抽样的特点

一般而言，抽样具有下述三个典型特征。

(1) 随机性。

(2) 部分推断总体。

(3) 抽样推断的误差可以事先计算并加以控制。

第二节　抽样分布的基本问题

抽样分布是以样本估计总体的纽带。为此，我们首先要明确总体分布、样本分布和抽样分布三者的概念及其关系。

一、总体分布及其特征

总体分布就是总体关于某个变量的频率分布，即总体中所有个体关于某个变量(标志)的取值所形成的分布。假设 X 为总体随机变量，那么总体分布就是指 X 的分布。

反映总体分布特征的指标叫总体参数，一般用 θ 来表示。在抽样实践中，常用的总体参数有两个：一是总体均值(包括是非变量的均值)；二是总体方差或标准差(包括是非变量的方差或标准差)。

假设有限总体的容量为 N，第 i 个个体的变量值为 $X_i(i=1, 2, 3, \cdots, N)$，均值为 $\overline{X}$，方差为 S^2，那么就有

$$\overline{X} = \frac{\sum_{i=1}^{N} X_i}{N} \tag{4-4}$$

$$S^2 = \frac{\sum_{i=1}^{N} (X_i - \overline{X})^2}{N} \tag{4-5}$$

对于是非变量，如果两类变量值个数分别为 N_1 和 $N_0(N_1 + N_0 = N)$，N_1 个变量值为 1，N_0 个变量值为 0，并且令 $P = \dfrac{N_1}{N}$，$Q = \dfrac{N_0}{N}$，那么如果以 $\overline{X}_p$ 表示总体均值，以 S_p^2 表示总

体方差，就有

$$\overline{X}_P = P \tag{4-6}$$

$$S_p^2 = PQ \tag{4-7}$$

显然，$P + Q = 1$。这时，$\overline{X}_p$ 也称为总体比例或总体成数。

从理论上看，总体参数 θ 的值是唯一确定的，但在非全面观测的情况下是未知的，所以需要通过样本来估计。

二、样本分布及其特征

样本分布就是样本关于某个变量的频率分布，即样本中所有个体关于某个变量(标志)的取值所形成的分布。假设 x 为总体随机变量 X 在样本中的体现，那么样本分布就是指 x 的分布，或者说是关于几个观测值的分布。由于样本来自总体，包含一部分关于总体的信息，所以样本分布是一种经验分布。当样本容量 n 很大，或者当 n 逐渐增大时，样本分布会接近总体分布。如果样本容量很小，或者抽样方式不合理，那么样本分布就有可能与总体分布相差很大。所以，如何抽样、样本容量应该多大，是抽样非常重要的问题。

反映样本分特征的指标叫样本统计量，通常用 T 来表示。与总体参数相对应，常见的样本统计量也有两个：样本均值和样本方差，即

$$\overline{x} = \frac{\sum\limits_{i=1}^{n} x}{n} \tag{4-8}$$

$$s^2 = \frac{\sum\limits_{i=1}^{n}(x_i - \overline{x})^2}{n} \tag{4-9}$$

同样对于是非变量，如果两类变量值个数分别为 n_1 和 n_0 ($n_1 + n_0 = n$)，n_1 个变量值为 1，n_0 个变量值为 0，并且令 $p = \dfrac{n_1}{n}$，$q = \dfrac{n_0}{n}$，那么，如果以 $\overline{X}_p$ 表示样本均值，以 S_p^2 表示样本方差，就有

$$\overline{X}_p = p$$

$$S_p^2 = pq \tag{4-10}$$

同样地，$p + q = 1$，$\overline{X}_p$ 也可称为样本比例或样本成数。

样本分布是可以通过几个观测值来描述的，可以形成分布数列、绘制分布图并且计算均值与方差等，因此，样本统计量 T 的值(即样本统计值)是可知的。但由于抽样具有随机性，样本统计值随样本不同而不同不是唯一确定的。对于任何一次抽样，所抽取的样本都只是所有可能样本中的一个而已，而哪一个样本被抽中是未知的、随机的，因此样本统计量 T 是随机变量。正因为如此，以 T 或以 T 为依据构建的其他量来反映 θ 只是一种估计，会存在误差。抽样估计，就是要以可知但非唯一的样本统计值去估计唯一却未知的总体参数的值。

三、抽样分布及其特征

(一)抽样分布的概念及影响因素

由于每一次抽样都是从所有可能的样本中获取一个估计值,因此自然就会产生这样的问题:不同估计值之间的差异有多大? 不同估计值出现的概率有多大? 这就要通过抽样分布来说明了。

抽样分布就是样本统计量的概率分布,它由样本统计量的所有可能取值和与之对应的概率组成。如果说样本分布是关于样本观测值的分布,那么抽样分布则是关于样本统计值的分布,而样本统计值是由样本观测值计算而来的。具体地说,抽样分布就是从容量为 N 的总体中抽取容量为 n 的样本时,所有可能的样本统计值所形成的分布。假设从容量为 N 的有限总体中最多可以抽取 m 个容量为 n 的不同样本,那么把所有 m 个样本统计值形成频率分布,就是抽样分布。可以说,抽样分布是研究样本分布与总体分布关系的桥梁。

那么,实际的抽样分布是如何形成的? 它取决于下述五个因素。

(1) 总体分布。在其他因素不变时,总体分布不同抽样分布也不一样。一般总体分布越集中(总体方差越小)抽样分布也越集中,总体分布越分散(总体方差越大)抽样分布也越分散。

(2) 样本容量。样本容量是决定抽样分布最直接、最有效的因素。在其他因素不变时,样本容量越大抽样分布越集中,样本容量越小抽样分布越分散。

(3) 抽样方法。重复抽样与不重复抽样、考虑样本单位抽取顺序与不考虑样本单位抽取顺序、等概率抽样与不等概率抽样的抽样分布都是不一样的。例如,就考虑样本单位抽取顺序与不考虑样本单位抽取顺序而言,样本 ABC、ACB、BAC、BCA、CAB、CBA,在考虑顺序时被认为是 6 个不同的样本,在不考虑顺序时被认为是同一个样本。这样,在简单随机抽样时,从总体 N 个个体中抽取容量为 n 的样本,其样本个数 m 有以下四种情形:①考虑顺序的重复抽样, $m = N^n$;②不考虑顺序的重复抽样, $m = C_{N+n-1}^n$;③考虑顺序的不重复抽样, $m = P_N^n$;④不考虑顺序的不重复抽样, $m = C_N^n$ 。样本个数不同,抽样分布自然也就有别。一般情况下,抽样方法只指上述①和④两种情况,抽样实践中④最为常用。

(4) 抽样组织形式。对于同一总体、相同的样本容量和抽样方法采用不同的抽样组织形式会有不同的样本结构和样本个数,因而有不同的抽样分布。正因为如此,在抽样实践中,如何选择最合适的抽样组织形式是一个既重要又灵活的问题。

(5) 估计量构建。以样本估计总体必须借助一定的估计量,通常可用 $\hat{\theta}$ 表示。从估计量的构建是否借助调查变量以外的辅助变量来看,它有直接估计量与间接估计量之分。直接估计量仅利用样本提供的关于调查变量本身的信息,此时估计量就是样本统计量 T 。而间接估计量除了利用样本提供的关于调查变量本身的信息外,还利用与调查变量相关的辅助变量信息(总体的和样本的),如比率估计量和回归估计量等,此时估计量就是样本统计量 T 的改造形式,抽样分布就变成了估计量分布。其他因素不变时,估计量构造不同,抽样分布也不同。

例 4-2 设一个总体(比如掷骰子)含有 6 个元素(个体),即总体单位数 $N = 6$ 。 每次投

掷的点数可能出现的事件集合为 $|x_1 = 1,\ x_2 = 2,\ x_3 = 3,\ x_4 = 4,\ x_5 = 5,\ x_6 = 6|$，每个事件出现的概率均为 1/6，这是一种典型的均匀分布。总体的均值、方差如式(4-11)和式(4-12)所示，分布如图 4-1 所示。

$$\mu = \frac{\sum\limits_{i=1}^{N} x_i}{N} = 3.5 \tag{4-11}$$

$$\sigma^2 = \frac{\sum\limits_{i=1}^{N} (x_i - \mu)^2}{N} = 2.9 \tag{4-12}$$

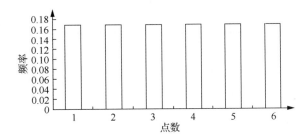

图 4-1　投掷筛子事件总体的均值分布

现从总体中抽取 $n=2$ 的简单随机样本，在重复抽样条件下，共进行了 36 次试验，所有样本的观察结果如表 4-1 所示。

表 4-1　样本容量为 2 的 36 次重复抽样观察值

第一观察值	第二观察值					
	1	2	3	4	5	6
1	(1, 1)	(1, 2)	(1, 3)	(1, 4)	(1, 5)	(1, 6)
2	(2, 1)	(2, 2)	(2, 3)	(2, 4)	(2, 5)	(2, 6)
3	(3, 1)	(3, 2)	(3, 3)	(3, 4)	(3, 5)	(3, 6)
4	(4, 1)	(4, 2)	(4, 3)	(4, 4)	(4, 5)	(4, 6)
5	(5, 1)	(5, 2)	(5, 3)	(5, 4)	(5, 5)	(5, 6)
6	(6, 1)	(6, 2)	(6, 3)	(6, 4)	(6, 5)	(6, 6)

根据表 4-1 数据计算出各样本的均值，如表 4-2 所示。并给出样本均值的抽样分布如图 4-2 所示。

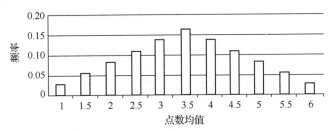

图 4-2　投掷骰子事件样本的均值分布

表 4-2 样本平均值一览

第一观察值	第二观察值					
	1	2	3	4	5	6
1	1.0	1.5	2.0	2.5	3.0	3.5
2	1.5	2.0	2.5	3.0	3.5	4.0
3	2.0	2.5	3.0	3.5	4.0	4.5
4	2.5	3.0	3.5	4.0	4.5	5.0
5	3.0	3.5	4.0	4.5	5.0	5.5
6	3.5	4.0	4.5	5.0	5.5	6.0

从该案例可以看出，样本均值 $\bar{x}$ 的抽样分布与总体分布，以及样本容量 n 之间存在某种关系。在实际应用中，我们不仅需要知道样本均值 $\bar{x}$ 的分布，还需要知道样本均值 $\bar{x}$ 的数学期望、方差等信息。

(二)抽样分布形式

最基本的抽样分布是样本均值的抽样分布和样本比例的抽样分布。假设 m 个样本统计值形成 k 个组的单项式数列，则样本均值和样本比例的抽样分布形式如表 4-3 和表 4-4 所示。

表 4-3 样本均值抽样分布形式

$\bar{x}_i$	$\bar{x}_1$	$\bar{x}_2$	$\bar{x}_3$	...	$\bar{x}_k$
π_i	π_1	π_2	π_3	...	π_k

表 4-4 样本比例抽样分布形式

P_i	P_1	P_2	P_3	...	P_k
π_i	π_1	π_2	π_3	...	π_k

表中的 π_i 为某一样本统计值出现的频率即概率，$\sum_{i=1}^{k} \pi_i = 1$，$k \leqslant m$。

例 4-3 假设某个总体由 3、5、7、9、11 五个数字组成，现要从中随机抽取容量为 3 的样本，那么，在考虑样本单位抽取顺序时，重复抽样和不重复抽样样本均值的抽样分布有何不同？

可以计算，总体均值为 $\bar{X} = 7$，总体方差为 $S^2 = 8$。重复抽样的样本个数为 $m = 5^3 = 125$，在不重复抽样下的样本个数为 $m = P_5^3 = 60$。经过计算整理，它们的样本均值的概率分布如表 4-5 和表 4-6 所示。

表 4-5 重复抽样的样本均值抽样分布

$\bar{x}_i$	3	3.67	4.33	5	5.67	6.33	7	7.67	8.33	9	9.67	10.33	11
π_i	$\frac{1}{125}$	$\frac{3}{125}$	$\frac{6}{125}$	$\frac{10}{125}$	$\frac{15}{125}$	$\frac{18}{125}$	$\frac{19}{125}$	$\frac{18}{125}$	$\frac{15}{125}$	$\frac{10}{125}$	$\frac{6}{125}$	$\frac{3}{125}$	$\frac{1}{125}$

表4-6　不重复抽样的样本均值抽样分布

$\overline{x}_i$	3	3.67	4.33	5	5.67	6.33	7	7.67	8.33	9	9.67	10.33	11
π_i	0	0	0	$\dfrac{6}{60}$	$\dfrac{6}{60}$	$\dfrac{12}{60}$	$\dfrac{12}{60}$	$\dfrac{12}{60}$	$\dfrac{6}{60}$	$\dfrac{6}{60}$	0	0	0

(三)抽样分布特征

如同总体分布与样本分布，抽样分布特征就是样本统计量的数学期望和方差。当估计量就是样本统计量时，其数学期望与方差分别表示为 $E(\hat{\theta}) = \sum \hat{\theta}_i \pi_i$ 和 $V(\hat{\theta}) = \sum [\hat{\theta}_i - E(\hat{\theta})]^2 \pi_i$。

在简单随机抽样条件下，样本均值的数学期望为总体均值，即 $E(\overline{X}) = \sum \overline{x}_i \pi_i = \overline{X}$，样本均值的方差为 $V(\overline{X}) = \sum (\overline{x}_i - \overline{X})^2 \pi_i$。在上述案例中，不论是重复抽样还是不重复抽样，样本均值的数学期望都等于 7，但重复抽样与不重复抽样的方差有不同的结果，重复抽样条件下的方差为 $V(\overline{X}) = \dfrac{8}{3}$，不重复抽样条件下的方差为 $V(\overline{X}) = \dfrac{4}{3}$。同理，在简单随机抽样条件下，样本成数的数学期望为总体成数即 $E(p) = \sum p_i \pi_i = P$，样本成数的方差为 $V(p) = \sum (p_i - P)^2 \pi_i$。

同理，抽样分布方差的大小代表抽样分布离散程度的强弱。通常情况下，样本统计量的数学期望等于总体参数这个性质都能得到满足，因而抽样分布的特征主要通过抽样分布的方差来体现。很显然，样本统计量分布的方差越小，抽样分布越集中，所抽取样本的统计值也就越可能接近总体参数，平均来讲，抽样估计的误差就越小。因此，如何在遵循随机原则和节省费用的前提下，设计出抽样分布方差最小的抽样方案始终是我们追求的目标。当然，样本统计量无偏并不等于抽样分布无偏，抽样分布的偏差性需要用偏度系数来测度。例如，样本均值分布的偏差要通过 $\sum_{i=1}^{m} [\overline{x}_i - E(\overline{x})]^3 / [\sqrt{V(\overline{x})}]^3$ 来反映。

需要说明的是，我们每次抽样所得到的样本统计值只是 m 个可能值中的一个，不可能按上述形式列出样本均值或样本成数的实际抽样分布，因此，也不可能按前述的公式来计算抽样分布的数学期望和方差。但是，通过对样本统计量抽样分布的理解，可以帮助我们掌握样本统计量分布的规律和样本统计量与总体参数之间的内在联系，从而使我们由样本去估计总体有据可循。

第三节　常用的抽样分布定理

一、样本均值的抽样分布与中心极限定理

由前述案例可知，样本均值 $\overline{X}$ 的数学期望和方差与总体的数学期望和方差存在明确的数量关联，因此这些统计特征尤为重要。同时，考虑到随机抽样有重复和不重复两种形式，对于不重复抽样，还需要进行一定的修正。

假设总体 X 共有 N 个单位，其均值为 μ，方差为 σ^2。从总体中抽取容量为 n 且足够

大的样本 X_1，X_2，X_3，$\cdots$，X_n，样本均值 $\overline{X}$ 的数学期望记为 $E(\overline{X})$，样本均值 $\overline{X}$ 的方差记为 $\sigma^{\frac{2}{x}}$，则无论是重复抽样还是不重复抽样，$\overline{X}$ 的数学期望始终等于总体的均值，即

$$E(\overline{X}) = \mu \tag{4-13}$$

注意，样本均值的方差与抽样方法有关。

(一)重复抽样

在重复抽样条件下，样本均值的方差为总体方差的 $1/n$，即

$$\sigma^{\frac{2}{x}} = \sigma^2 / n \tag{4-14}$$

也就是 $\overline{X} \sim N\left(\mu, \ \dfrac{\sigma^2}{n}\right)$，等价的有 $Z = \dfrac{\overline{X} - \mu}{\sigma / \sqrt{n}} \sim N(0,1)$

(二)不重复抽样

在不重复抽样的情形下，样本均值的方差需要用修正系数 $\left(\dfrac{N-n}{N-1}\right)$ 来修正重复抽样时的样本均值方差，即

$$\sigma^{\frac{2}{x}} = \frac{\sigma^2}{n}\left(\frac{N-n}{N-1}\right) \tag{4-15}$$

此时，$\overline{X} \sim N\left(\mu, \dfrac{\sigma^2}{n}\left(\dfrac{N-n}{N-1}\right)\right)$

这些结论可以通过前述的"掷骰子"案例来检验，计算前面 36 个样本均值得

$$\mu_{\overline{x}} = \frac{\sum_{i=1}^{n} \overline{x}_i}{M} = \frac{1.0 + 1.5 + \cdots + 6.0}{36} = 3.5 = \mu$$

样本均值分布的方差为

$$\sigma^{\frac{2}{x}} = \frac{\sum_{i=1}^{n}(\overline{x}_i - \mu_{\overline{x}})^2}{M} = \frac{(1.0 - 3.5)^2 + \cdots + (6.0 - 3.5)^2}{36} = 1.45 = \frac{\sigma^2}{n}$$

其中，M 为样本数目。

有两种情况可以忽略重复和不重复抽样的差别，即对于近似无限总体，以及总体 N 很大，而样本容量 n 很小的时候，修正系数都趋近 1，都可以按照重复抽样来处理。

样本均值 $\overline{X}$ 的抽样分布与总体和样本大小都有关系，并且可得出下述基本结论。

如果原有总体是正态分布，那么无论样本容量大小怎样，样本均值 $\overline{X}$ 的抽样分布都服从正态分布。如果原有总体是非正态分布，则在样本容量足够大的时候($n \geqslant 30$)，无论总体服从何种分布，样本均值 $\overline{X}$ 都将趋近于正态分布，而且其分布的数学期望等于总体的数学期望 μ、方差为总体方差的 $1/n$。这就是著名的中心极限定理。

(三)中心极限定理

假设从均值为 μ、方差为 σ^2 的一个任意总体中抽取容量为 n 的样本,当 n 充分大($n \geqslant 30$)时,样本均值的抽样分布近似服从均值为 μ、方差为 σ^2/n 的正态分布。该定理可以用图 4-3 来表示。

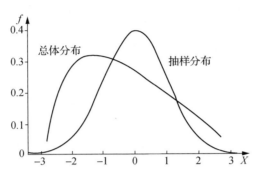

图 4-3　中心极限定理

为了更好地说明总体分布和样本均值 $\overline{X}$ 分布的关系,图 4-4 列出了几种不同的总体分布在样本容量逐渐增大的情况下样本均值 $\overline{X}$ 的抽样分布情况。

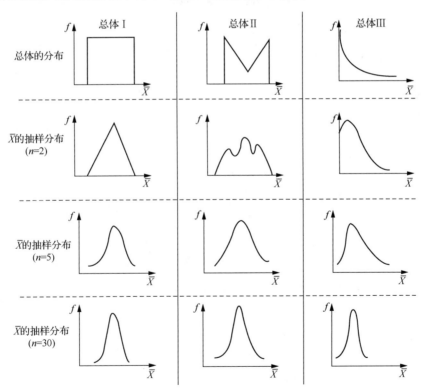

图 4-4　样本均值 $\overline{X}$ 抽样分布趋近正态分布过程

从图 4-4 可以看出,无论总体是何种分布,当样本容量达到 30 的时候,样本均值的抽样分布都趋近于正态分布;而当样本容量较小且总体为非正态分布的时候, 样本均值的抽样分布则不是正态分布，这时候就不能按照正态分布进行推断和估计。

中心极限定理要求 n 必须充分大，可是多大才叫充分大呢？这与总体的分布形状有关。总体偏离正态越远，则要求 n 越大。然而在实际应用中，总体的分布未知。此时，我们常要求 $n \geqslant 30$。顺便指出，大样本、小样本之间并不是以样本量大小来区分的。在样本量固定的条件下所进行的统计推断、问题分析，不管样本量有多大，都称为小样本问题；而在样本量 n 趋近 ∞ 的条件下进行的统计推断、问题分析则称为大样本问题。一般统计学中的 $n \geqslant 30$ 为大样本、$n < 30$ 为小样本只是一种经验。

样本均值抽样分布与总体分布的关系可以用图 4-5 来描述。

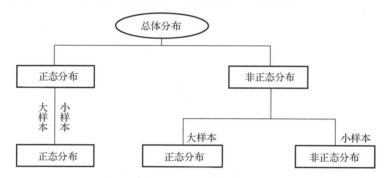

图 4-5 样本均值分布与总体分布的关系

在统计学中，由于正态分布具有十分重要的地位，因此常把证明其极限分布为正态分布的定理统称为中心极限定理。最早的中心极限定理是 18 世纪初由法国数学家德莫佛所证明的，即二项分布以正态分布为其极限分布的定理。现在叙述的中心极限定理是 19 世纪 20 年代林德伯格和勒维证明的在任意分布的总体中抽取样本，其样本均值的极限分布为正态分布的定理。

例 4-4 1. 设从一个均值 $\mu = 10$、标准差 $\sigma = 0.6$ 的总体中随机选取容量为 $n = 36$ 的样本。假定该总体不是很偏，要求：

(1) 计算样本均值 $\overline{X}$ 小于 9.9 的近似概率。

(2) 计算样本均值 $\overline{X}$ 超过 9.9 的近似概率。

(3) 计算样本均值 $\overline{X}$ 在总体均值 $\mu = 10$ 附近 0.1 范围内的近似概率。

解：根据中心极限定理，不论总体的分布是什么形状，在假定总体分布不是很偏的情形下，当从总体中随机选取 $n = 36$ 的样本时，样本均值 $\overline{X}$ 近似服从均值 $\mu_{\overline{x}} = \mu = 10$、标准差

$\sigma_{\overline{x}} = \dfrac{\sigma}{\sqrt{n}} = \dfrac{0.6}{\sqrt{36}} = 0.1$ 的正态分布，即 $\overline{X} \sim N(10,\ 0.1^2)$

(1) $P(\overline{X} < 9.9) = P\left(\dfrac{\overline{X} - 10}{0.1} < \dfrac{9.9 - 10}{0.1} \right)$

$\qquad\qquad = P\left(Z < \dfrac{-0.1}{0.1} \right) = P(Z < -1)$

$\qquad\qquad = 1 - P(Z < 1) = 1 - \varPhi(1)$

$\qquad\qquad = 1 - 0.8413$

$\qquad\qquad = 0.1587$

(2)　$P(\overline{X}>9.9)=1-P(\overline{X}\leqslant 9.9)$
$$=1-0.1587$$
$$=0.8413$$

(3)　$P(9.9<\overline{X}<10.1)=P\left(\dfrac{9.9-10}{0.1}<\dfrac{\overline{X}-10}{0.1}<\dfrac{10.1-10}{0.1}\right)$
$$=P\left(Z<\dfrac{10.1-10}{0.1}\right)-P\left(Z<\dfrac{9.9-10}{0.1}\right)$$
$$=P(Z<1)-P(Z<-1)$$
$$=2P(Z<1)-1=2\varPhi(1)-1$$
$$=2\times 0.8413-1$$
$$=0.6826$$

2. 某汽车电瓶商声称其生产的电瓶具有均值为 60(个月)、标准差为 6(个月)的寿命分布。现假设质检部门决定检验该厂的承诺是否可信，为此随机抽取了 50 个该厂生产的电瓶进行寿命试验。

(1) 假定厂商声称是可信的，试描述 50 个电瓶的平均寿命的抽样分布。

(2) 假定厂商声称是可信的，则 50 个样品组成的样本的平均寿命不超过 57 个月的概率是多少？

解：(1) 尽管我们对电瓶寿命分布的形状不甚了解，但根据中心极限定理可以推出 50 个电瓶的平均寿命近似服从正态分布，其均值 $\mu_{\overline{X}}=\mu=60$，方差 $\sigma_{\overline{X}}^2=\dfrac{\sigma_{\overline{X}}^2}{n}=\dfrac{6^2}{50}=0.72$，$\sigma_{\overline{X}}=\sqrt{\sigma_{\overline{X}}^2}=\sqrt{0.72}=0.85$，即

$$\overline{X}\sim N(60,0.85^2)$$

(2) 如果厂方声称是可信的，则观察到 50 个电瓶的平均寿命不超过 57 个月的概率是

$$P(\overline{X}\leqslant 57)=P\left(\dfrac{\overline{X}-60}{0.85}\leqslant \dfrac{57-60}{0.85}\right)=P\left(Z\leqslant \dfrac{57-60}{0.85}\right)$$
$$=P(Z\leqslant -3.529)=1-P(Z\leqslant 3.529)$$
$$=1-\varPhi(3.529)$$
$$=1-0.9998$$
$$=0.0002$$

即如果厂方的说法可信，则 50 个电瓶的平均寿命不超过 57 个月的概率为 0.0002。这是一个不可能事件。根据小概率事件原理，观察到 50 个电瓶的平均寿命小于或等于 57 个月的事件是不可能的；相反，如果真的观察到 50 个电瓶的平均寿命低于 57 个月，则有理由怀疑厂方说法的可信性，即可认为厂方的说法是不正确的。

3. 每到临近重大节日，为了满足巨大的市场需要，副食品加工厂都会扩大食品的生产规模。而此时工厂的质量管理人员对工厂生产的副食品进行质量检验。检验的指标中主要是某个硝酸盐的 NO 指标(<45 mg/kg)是否超标，一个生产商声明自己的食品中 NO 的含量为 43 mg/kg，标准差为 5mg。质量监督机构决定抽取 40 个样本来检测含量进行核实。假设如下：

(1) 假设这个生产商所言是真实的，请描述 40 个样本平均 NO 含量的抽样分布。

(2) 假设这个生产商的包装说明是真实的，则质监部门抽取 40 个样本硝酸盐含量大于或等于 45mg 的概率是多少？

解：

(1) 尽管没有总体的分布信息，但是根据中心极限定理推断：对于这 40 个样本来说，平均 NO 含量的抽样分布是近似正态分布的。因此，这批样本的均值与总体的均值是相同的。根据生产商的声明，平均含量为 43 mg/kg，标准差为 5mg，假设此声明是真实的，那么，这 40 个样本平均含量的抽样分布如图 4-6 所示。

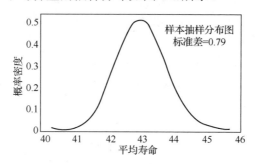

图 4-6　平均含量的抽样分布

(2) 假设生产商之前的声明是真实的，则对于 40 个样本的抽样来说，硝酸盐含量大于或等于 45 mg/kg 的概率 $P\{\overline{X} \geqslant 45\}$ 计算如下

因为 $\overline{X} \sim N\left(\mu < \dfrac{\sigma^2}{n}\right)$，令 $Z = \dfrac{\overline{X} - \mu}{\sigma/\sqrt{n}} \sim N(0,1)$，则

$$\frac{\overline{X} - \mu}{\sigma/\sqrt{n}} = \frac{45 - 43}{5/\sqrt{40}} = 2.53$$

查表可知，$P\{Z \geqslant 2.53\} = 1 - 0.9943 = 0.0057$，即根据生产商的声明，硝酸盐含量高于 45mg 的概率为 0.0057。

根据这个结果，该食品在此次抽样中出现硝酸盐含量超标的可能性为极小概率事件。如果此次 40 个样本抽查的结果出现超标，则有理由认为该厂生产的食品不合格。

最后，对样本均值的抽样分布强调以下两点。

(1) 样本均值抽样分布的标准差会随着样本容量的增大而减小。因此，样本容量越大，则样本统计量对总体参数的推断就越准确。

(2) 中心极限定理提供了一个非常有用的样本抽样均值的近似分布，即不论总体分布状况如何，只要样本量足够大($n \geqslant 30$)，就可以利用正态分布进行科学、准确的推断。

此外，中心极限定理还对许多获取的独立无关数据的总量或均值的近似正态分布这一事实提供了一个解释。在管理实践中获取的许多数值，实际上就是大量现象的平均数或者总和数。例如，某公司一年的产品销售总额，就是多个产品销售额的总和。与此类似，某个软件项目完成的时间就是各个功能模块完成时间的总和。

二、样本比例的抽样分布定理

前面讨论的抽样分布问题，都是关于计量值的变量，然而实际应用中还遇到一些计数变量的情形。例如，在消费调查及民意测验中常要对具有某一特征的产品或事物的喜好人数进行研究。那时，我们常假定总体中对具有某一特征产品的喜好比例为 π，在此条件下去研究当从总体中随机抽取 n 个个体进行调查时，喜好某一产品的人数 X 的概率。在实际应用中，我们所关心的正是总体中喜好某一产品人数的比例 π。如果在样本大小为 n 的样本中具有某一特征的个体数为 X，则样本比例用 $\hat{p}$ 表示为

$$\hat{p} = \frac{X}{n} \tag{4-16}$$

以后就可用样本比例 $\hat{p}$ 来估计总体比例 π。

由二项分布的原理和渐近分布的理论可知，当 n 充分大时，$\hat{p}$ 的分布可用正态分布去逼近。此时，$\hat{p}$ 服从均值为 π、方差为 $\dfrac{\pi(1-\pi)}{n}$ 的正态分布，即

$$\hat{p} \sim N\left\{\pi, \ \frac{\pi(1-\pi)}{n}\right\} \tag{4-17}$$

一般情况下，如果 X 是随机变量，C 为常数，则 CX 与 X 有相同的分布形状。设 $E(X)=\mu$，$D(X)=\sigma^2$，则 $E(CX)=C_\mu$，$D(CX)=C^2 f_T$。

例 4-5 1. 设 $X \sim N(16, 2^2)$，试描述 $10X$ 的抽样分布。

解：$X \sim N(16, 2^2)$，根据上述性质 $10X$ 也服从正态分布，由于

$$E(10X)=10E(X)=160$$
$$D(10X)=100D(X)=100 \times 2^2 = 400$$

所以

$$10X \sim N(160, 400)$$

2. 假定某统计人员在其填写的报表中有 2% 至少会有一处错误，如果我们检查一个由 600 份报表组成的随机样本，其中至少有一处错误的报表所占的比例在 0.025~0.070 的概率是多少？

解：设 600 份报表中至少有一处错误的报表所占的比例为 $\hat{p}$，由题意可知

$$\mu\hat{p} = \pi = 0.02$$

$$\sigma\hat{p} = \sqrt{\frac{\pi(1-\pi)}{n}} = \sqrt{\frac{0.02 \times 0.98}{600}} = 0.0057$$

因为

$$\mu\hat{p} - 2\sigma\hat{p} = 0.02 - 0.0114 = 0.0086$$
$$\mu\hat{p} + 2\sigma\hat{p} = 0.02 + 0.0114 = 0.0314$$

均在 0~1，故根据中心极限定理，有

$$\hat{p} \sim N\left(\pi, \frac{\pi(1-\pi)}{n}\right)$$

即 $\hat{p} \sim N(0.02, 0.0057^2)$

从而所求概率为

$$P(0.025 \leqslant \hat{p} \leqslant 0.070) = P\left(\frac{0.025 - \pi}{\sqrt{\dfrac{\pi(1-\pi)}{n}}} \leqslant \frac{\hat{p} - \pi}{\sqrt{\dfrac{\pi(1-\pi)}{n}}} \leqslant \frac{0.070 - \pi}{\sqrt{\dfrac{\pi(1-\pi)}{n}}} \right)$$

$$= P(0.877 \leqslant Z \leqslant 8.77)$$

$$= \varPhi(8.77) - \varPhi(0.877) = 0.1902$$

即该统计人员所填写的报表中至少有一处错误的报表所占的比例在 $0.025 \sim 0.070$ 的概率为 19.02%。

三、样本方差的抽样分布定理

研究样本方差的目的是估计和推断总体的方差。用样本方差 S^2 去估计总体方差 σ^2，就需要知道样本方差 S^2 的抽样分布。在重复抽样条件下，选取样本容量为 n 的样本时，由样本方差的所有可能取值形成的相对频数分布就是样本方差的抽样分布。样本方差的分布比较复杂，它与总体的分布有关，这里只介绍当总体分布为正态分布时，样本方差的分布。设 X_1，X_2，X_3，$\cdots$，X_n 为正态分布的样本，则可以推导出比值 $(n\text{-}1)S^2 / \sigma^2$ 服从自由度为 $n\text{-}1$ 的 χ^2 分布，即

$$\chi^2 = \frac{(n-1)S^2}{\sigma^2} \sim \chi^2(n-1) \tag{4-18}$$

例 4-6 设总体 $X \sim N(\mu, 3^2)$，其中 μ 为未知参数。从总体 X 中抽取样本容量为 16 的样本，求样本方差小于 16.5 的概率。

解：由定理可知 $\dfrac{(n-1)S^2}{\sigma^2} \sim \chi^2(n-1)$

即 $\dfrac{(16-1)S^2}{9} = \dfrac{5}{3}S^2 \sim \chi^2(15)$

又 $P\{S^2 < 16.5\} = P\left\{\dfrac{5}{3}S^2 < \dfrac{5}{3} \times 16.5\right\} = P\{\chi^2(15) < 27.5\}$

$$= 1 - P\{\chi^2(15) \geqslant 27.5\}$$

查表可得

$$\approx 1 - 0.025 = 0.975$$

四、两个样本统计量的抽样分布

在实践活动中，有时候我们所研究的是两个总体，即总体 1 和总体 2，所关心的总体参数主要是两个总体均值之差的 $\mu_1 - \mu_2$、两个总体比例之差 $\pi_1 - \pi_2$、两个总体的方差比 σ_1^2 / σ_2^2。而用于推断这些参数的统计量分别为两个样本均值之差 $\overline{X}_1 - \overline{X}_2$，两个样本比例之差 $p_1 - p_2$、两个样本方差之比 S_1^2 / S_2^2 等。

(一)两个样本均值之差的抽样分布

从两个总体中独立抽取容量分别为 n_1 和 n_2 的样本，如果重复抽样，则由两个样本均

值之差的所有可能取值形成的相对频数分布，称为两个样本均值之差的抽样分布。

当两个总体都为正态分布时，即 $X_1 \sim N(\mu_1, \sigma_1^2)$，$X_2 \sim N(\mu_2, \sigma_2^2)$，两个样本均值之差 $\overline{X}_1 - \overline{X}_2$ 的抽样分布也服从正态分布，其分布的均值为两个总体均值之差，方差为各自样本方差之和，即

$$E(\overline{X}_1 - \overline{X}_2) = E(\overline{X}_1) - E(\overline{X}_2) = \mu_1 - \mu_2$$

$$D(\overline{X}_1 - \overline{X}_2) = D(\overline{X}_1) + D(\overline{X}_2) = \frac{\sigma_1^2}{n_1} + \frac{\sigma_2^2}{n_2}$$

则有

$$(\overline{X}_1 - \overline{X}_2) \sim N\left(\mu_1 - \mu_2, \frac{\sigma_1^2}{n_1} + \frac{\sigma_2^2}{n_2}\right)$$

当两个总体为非正态分布时，并且 n_1 和 n_2 足够大，即 $n_1 \geqslant 30$，$n_2 \geqslant 30$，两个样本均值之差的抽样分布仍然可以用正态分布来近似。

例 4-7 甲、乙两所著名高校在某年录取新生时，甲校的平均分为 655，且服从正态分布，标准差为 20(分)；乙校的平均分为 625，也是正态分布，标准差为 25(分)。现从甲、乙两所高校各随机抽取 8 名新生计算其平均分数，出现甲校比乙校平均分低的可能性有多大？

解：因为两个总体均为正态分布，所以 8 名新生的平均成绩 $\overline{X}_1$、$\overline{X}_2$ 也分别为正态分布，$\overline{X}_1 - \overline{X}_2$ 也为正态分布，且

$$\overline{X}_1 - \overline{X}_2 \sim N\left(\mu_1 - \mu_2, \frac{\sigma_1^2}{n_1} + \frac{\sigma_2^2}{n_2}\right) \tag{4-19}$$

甲校新生平均成绩低于乙校新生平均成绩，即 $\overline{X}_1 - \overline{X}_2 \leqslant 0$，故

$$P(\overline{X}_1 - \overline{X}_2 \leqslant 0) = P\left(\frac{\overline{X}_1 - \overline{X}_2 - (\mu_1 - \mu_2)}{\sqrt{\frac{\sigma_1^2}{n_1} + \frac{\sigma_2^2}{n_2}}} \leqslant \frac{0 - (655 - 625)}{\sqrt{\frac{20^2}{8} + \frac{25^2}{8}}}\right)$$

$$= P(Z \leqslant -2.65) = 0.004$$

由此可见，出现甲校新生平均成绩低于乙校新生成绩的可能性很小。

(二)两个样本比例之差的抽样分布

设两个样本都服从二项分布的总体，从中分别抽取容量为 n_1 和 n_2 的独立样本，则两个样本比例差的抽样分布为

$$\hat{p}_1 - \hat{p}_2 = \frac{X_1}{n_1} - \frac{X_2}{n_2} \tag{4-20}$$

当两个样本都是大样本时，则两个样本比例之差的抽样分布可用正态分布来近似，其均值和方差分别为

$$E(\hat{p}_1 - \hat{p}_2) = \pi_1 - \pi_2$$

$$D(\hat{p}_1 - \hat{p}_2) = \frac{\pi_1(1 - \pi_1)}{n_1} + \frac{\pi_2(1 - \pi_2)}{n_2}$$

即

$$\hat{p}_1 - \hat{p}_2 \sim N\left(\pi_1 - \pi_2, \frac{\pi_1(1-\pi_1)}{n_1} + \frac{\pi_2(1-\pi_2)}{n_2}\right) \quad (4\text{-}21)$$

例 4-8 一项抽样调查表明甲城市的消费者中 15%的人喝过商标为"圣洁"牌的矿泉水，而乙城市的消费者中只有 8%的人喝过该品牌矿泉水。如果这些数据是真实的，那么，当我们分别从甲城市抽取 120 人、乙城市抽取 140 人组成两个独立随机样本时，样本比例差 $\hat{p}_1 - \hat{p}_2$ 不低于 0.08 的概率有多大？

解：根据题意 $\pi_1 = 0.15$，$\pi_2 = 0.08$，$n_1 = 120$，$n_2 = 140$，$(\hat{p}_1 - \hat{p}_2)$ 的抽样分布近似为正态分布，即

$$(\hat{p}_1 - \hat{p}_2) \sim N\left(\pi_1 - \pi_2, \frac{\pi_1(1-\pi_1)}{n_1} + \frac{\pi_2(1-\pi_2)}{n_2}\right)$$

即　　　$(\hat{p}_1 - \hat{p}_2) \sim N(0.07，0.00159)$

从而所求概率为

$$P(\hat{p}_1 - \hat{p}_2 \geqslant 0.08) = P\left(\frac{(\hat{p}_1 - \hat{p}_2) - 0.07}{\sqrt{0.00159}} \geqslant \frac{0.08 - 0.07}{\sqrt{0.00159}}\right)$$

$$= P(Z \geqslant 0.251)$$

$$= 0.4009$$

(三)两个样本方差比的抽样分布

从两个总体中独立抽取容量分别为 n_1 和 n_2 的样本，样本方差分别为 S_1^2 和 S_2^2。如果重复抽样，则由两个样本方差比的所有可能取值形成的相对频数分布，称为两个样本方差比的抽样分布。我们只介绍两个总体分布均为正态分布时，分别来自这两个总体的两个样本方差比的分布。

设 X_1，X_2，X_3，$\cdots$，X_{n1} 是正态总体 $N(\mu_1, \sigma_1^2)$的一个样本，Y_1，Y_2，Y_3，$\cdots$，Y_{n2} 是正态总体 $N(\mu_2, \sigma_2^2)$的一个样本，且 $X_i(i=1, 2, \cdots, n_1)$ 与 $Y_i(i=1, 2, \cdots, n_2)$相互独立，则

$$\frac{S_x^2 / S_y^2}{\sigma_1^2 / \sigma_2^2} = \frac{S_x^2 / \sigma_1^2}{S_y^2 / \sigma_2^2} \sim F(n_1 - 1, n_2 - 1) \quad (4\text{-}22)$$

式(4-22)中，$S_x^2 = \dfrac{1}{n_1 - 1} \sum\limits_{i=1}^{n_1} (X_i - \overline{X})^2$

$$\overline{X} = \frac{1}{n_1} \sum_{i=1}^{n_1} X_i$$

$$S_y^2 = \frac{1}{n_2 - 1} \sum_{i=1}^{n_2} (Y_i - \overline{Y})^2$$

$$\overline{Y} = \frac{1}{n_2} \sum_{i=1}^{n_2} Y_i$$

$F(n_1-1, n_2-1)$是第一自由度(分子自由度)为 n_1-1，第二自由度(分母自由度)为 n_2-1 的 F 分布。

例 4-9 分别独立地从正态总体 $N(\mu, 4)$，$N(\mu, 2)$ 中各抽取一个样本，样本容量分别为 10 和 9，样本方差分别为 S_1^2 和 S_2^2，求 S_1^2 / S_2^2 落在区间 $(0.366, 6.780)$ 内的概率。

解： 由定理可知，$F = \dfrac{S_1^2 / 4}{S_2^2 / 2} = \dfrac{S_1^2}{2S_2^2} \sim F(9,8)$

又有 $P\left\{0.366 < \dfrac{S_1^2}{S_2^2} < 6.780\right\} = P\left\{0.183 < \dfrac{S_1^2}{2S_2^2} < 3.390\right\}$

$$= P\{0.183 < F(9,8) < 3.390\}$$
$$= P\{F(9,8) > 0.183\} - P\{F(9,8) > 3.390\}$$

那么，$P\{F(9,8) > 3.390\} = ?$

通过查表可得 $F_{0.05}(9,8) = 3.390$，故 $P\{F(9,8) > 3.390\} \approx 0.05$

那么，$P\{F(9,8) > 0.183\} = ?$

通过查表可得 $F_{0.99}(9,8) = \dfrac{1}{F_{0.01}(8,9)} = \dfrac{1}{5.47} \approx 0.183$，故 $P\{F(9,8) > 0.183\} \approx 0.99$

所以 $P\left\{0.366 < \dfrac{S_1^2}{S_2^2} < 6.780\right\} = P\{F(9,8) > 0.183\} - P\{F(9,8) > 3.390\}$

$$\approx 0.99 - 0.05 = 0.94$$

第四节　抽样误差

一、抽样中的误差构成

抽样误差是抽样中难以避免的问题，它是抽样中的误差构成之一。关于抽样中的误差构成，目前国内外的文献尚没有一个统一的分类。一般可将抽样中的总误差简单地分为两类(暂不考虑估计量偏差时)，一类是抽样误差，另一类是非抽样误差，它们之间的关系如图 4-7 所示。

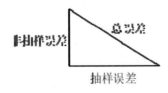

图 4-7　抽样中的误差构成

抽样误差是一种偶然性误差，由抽样的非全面性和随机性引起，即抽样估计值因样本不同所造成的误差。偶然性误差的特点是随着样本容量的增大而变小。我们本节所讨论的误差主要就是抽样误差。

非抽样误差是一种由随机抽样的偶然性因素以外的原因所引起的误差，例如，由于抽样框不够准确(与目标总体不一致)、有些观测单位的数据无法取得、已取得的一些数据不真实等原因引起的样本观察数据非同质或残缺、或不真实而产生的误差，其中一个重要部分就是所有统计调查都可能产生的调查性误差。当非抽样误差超过一定程度时，抽样估计结果会与实际严重不符，从而失去意义。因此，通过各种方式减小和控制非抽样误差具有非常重要的意义。

综合上述分类，用数学公式可以把抽样调查中的总误差表示为

$$(总误差)^2 = (抽样误差)^2 + (非抽样误差)^2$$

二、抽样误差的表现形式

抽样误差的表现形式有抽样实际误差、抽样极限误差和抽样平均误差三种。

(一)抽样实际误差

抽样实际误差是指样本估计值与总体参数值之间的离差，表示为 $\hat{\theta} - \theta$。当估计值比总体参数值大时，实际误差为正；当估计值比总体参数值小时，实际误差为负。若估计量无偏，则所有可能估计值的实际误差的总和为 0。当然，从估计精度的角度来看，我们并不关心误差的正与负，而是关心误差绝对值的大小。需要说明的是，每一次抽样的实际误差是不可知的，因为 θ 是未知的。同时，抽样实际误差是随机变量，它因样本不同而不同。

(二)抽样极限误差

抽样极限误差是指抽样估计所允许的最大误差范围，即在一次抽样估计中，估计量所允许取的最高值或最低值与总体参数值的绝对离差，通常用 Δ 来表示，即 $|\hat{\theta} - \theta| \leq \Delta$。$\Delta$ 与 θ 之比被称为抽样估计相对允许误差，一般表示为 γ，1 减去抽样估计相对误差则为抽样估计精度。

由于每一次抽样都有一定的精度要求，因此，抽样极限误差实际上就是对估计量可允许最高值或最低值取值范围的限定。如果抽样极限误差过大，即所允许的估计值过高或过低，那么抽样估计的结果就可能毫无意义。例如，某些社会经济指标平均每年能递增 5% 就算不错了，如果增长速度估计的极限误差比 5% 还大，那么，这样的估计就没有什么意义了。

那么，该如何确定抽样极限误差 Δ？它取决于两个因素：一是抽样平均误差，即抽样分布的标准差。如果说抽样平均误差是一把衡量抽样误差大小的尺子，则抽样极限误差就是以该尺子来衡量的一个长度。在其他条件既定时，抽样平均误差越大(小)，抽样极限误差也就越大(小)。二是抽样估计概率保证程度，也称为置信水平，通常表示为 $1-\alpha$，其中 α 就是显著性水平。以样本估计总体，除了有精度要求外，还有可靠度要求，即以多大的概率来保证估计有效。根据抽样分布曲线可知，抽样分布曲线与估计量坐标轴之间的极限面积为 1，或者说抽样分布曲线涵盖所有可能估计值的概率为 100%。在抽样分布标准差既定时，所要求的概率保证程度越高(低)，被曲线覆盖的可能估计值就越多(少)，可能的最高估计值或最低估计值就离抽样分布中心位置越远(近)，抽样极限误差也就越大(小)。

(三)抽样平均误差

抽样平均误差是反映抽样误差一般水平的指标，运用抽样平均误差，可以描述抽样分布中样本统计量的波动程度。理论与实践均已证明，用抽样指标来估计全部指标是否可行，关键问题在于如何计算与控制抽样误差。抽样误差大小直接影响着抽样效果好坏，如果误差超过了允许的限度，抽样也就失去了价值。

1) 抽样平均误差的定义

由于样本是按随机原则抽取的，因此在同一总体中，按相同的抽样数目，可以抽取许多个相同或不同的样本，而每次抽出的样本都可以计算出相应的抽样频数、抽样比例和抽样误差，即从理论上说可以计算出很多个抽样误差，有的可能是正误差，有的可能是负误差；有的可能大些，有的可能小些。为了用样本指标去推算总体指标，就需要计算抽样误差的平均数，这就是抽样平均误差，用以反映抽样误差的一般水平。

抽样平均误差是指样本统计量与总体参数之间的平均离差，可用来描述样本统计量推断总体参数的精确程度。其定义公式为

$$\sqrt{\frac{\sum(\overline{x}-\mu)^2}{m}} = \sqrt{\frac{\sum(\overline{x}-\mu_{\overline{x}})^2}{m}} = \sqrt{\sigma_{\overline{x}}^2} = \sigma_{\overline{x}}$$

$$\sqrt{\frac{\sum(p-P)^2}{m}} = \sqrt{\sigma_p^2} = \sigma_p \tag{4-23}$$

其中，m 是样本的可能数目。

从定义式可以知道，抽样平均误差实际上就是抽样分布的标准差，它是一个随机变量。它表示用样本统计量推断总体参数的准确程度，即抽样平均误差越小，则表示抽样分布越集中，所取样本的代表性越好，其代表总体的可靠程度也越高；反之，则相反。

2) 抽样平均误差的计算

抽样平均误差的上述定义公式中仍包含总体参数，它是未知的，用上述定义公式是无法计算的，通过数学变换可以推出如下公式(其中要点是用总体方差替换)。

(1) 重复抽样。

$$\sigma_{\overline{x}} = \frac{\sigma}{\sqrt{n}} \qquad\qquad \sigma_p = \sqrt{\frac{P(1-P)}{n}}$$

(2)不重复抽样

$$\sigma_{\overline{x}} = \frac{\sigma}{\sqrt{n}} \cdot \sqrt{\frac{N-n}{N-1}} \qquad\qquad \sigma_p = \sqrt{\frac{P(1-P)}{n}} \cdot \sqrt{\frac{N-n}{N-1}}$$

式中，$\sqrt{\dfrac{N-n}{N-1}}$ 为修正系数，它总是<1。值得注意的是

① 当 $N \geqslant 1$ 时，它近似于 $\sqrt{1-\dfrac{n}{N}}$；

② 不重复抽样的误差小于重复抽样的误差；

③ 当 $n \leqslant N$ 时，它近似于 1。

例 4-10 计算：①根据抽样调查方案，从某地区 10000 户居民中抽取 100 户进行调查，得知 100 户居民的月均收入为 2500 元，标准差为 300 元，试求居民月平均收入的抽

样平均误差。②对某企业电子产品的合格率进行检测，从 5000 个成品中随机抽取 200 个样品，测得合格品为 196 件，试求产品合格率的抽样平均误差。

解：①　当重复抽样时

$$\sigma_{\bar{x}} = \frac{\sigma}{\sqrt{n}} \approx \frac{s}{\sqrt{n}} = \frac{300}{\sqrt{100}} = 30(元)$$

当不重复抽样时

$$\sigma_{\bar{x}} = \frac{\sigma}{\sqrt{n}} \cdot \sqrt{\frac{N-n}{N-1}} \approx \sqrt{\frac{s^2}{n}\left(1-\frac{n}{N}\right)} = \sqrt{\frac{300^2}{100}\left(1-\frac{100}{10000}\right)} = 29.85(元)$$

②　当重复抽样时

$$\sigma_p = \sqrt{\frac{P(1-P)}{n}} \approx \sqrt{\frac{p(1-p)}{n}} = \sqrt{\frac{0.98 \times 0.02}{200}} = 1\%$$

当不重复抽样时

$$\sigma_p = \sqrt{\frac{P(1-P)}{n}} \cdot \sqrt{\frac{N-n}{N-1}} \approx \sqrt{\frac{p(1-p)}{n}\left(1-\frac{n}{N}\right)} = \sqrt{\frac{0.98 \times 0.02}{200}\left(1-\frac{200}{5000}\right)} = 0.98\%$$

复习思考题

一、简答题

1. 简述抽样的概念与特征。
2. 总体分布、样本分布和抽样分布三者的概念及其关系是什么？
3. 解释中心极限定理的含义。
4. 抽样误差的表现形式有哪些？它们分别有哪些特征？

二、单项选择题

1. 以(　　)为基础理论的统计调查方法是抽样调查法。
　　A. 高等代数　　　B. 微分几何　　　C. 概率论　　　D. 博弈论
2. 抽样推断必须遵循的首要原则是(　　)。
　　A. 大量性原则　　B. 随机原则　　　C. 可比性原则　　D. 总体性原则
3. 样本指标的标准差就是(　　)。
　　A. 抽样极限误差　　　　　　　　　B. 抽样平均误差
　　C. 最大误差　　　　　　　　　　　D. 实际误差
4. 重复抽样的抽样平均误差要(　　)不重复抽样的抽样平均误差。
　　A. 大于　　　　　B. 小于　　　　　C. 等于　　　　D. 前三项均正确
5. 与抽样极限误差无关的是(　　)。
　　A. 置信度(或概率度)　　　　　　　B. 总体差异程度
　　C. 样本容量　　　　　　　　　　　D. 总体指标

三、多项选择题

1. 抽样推断的主要特点有( )。

    A. 以部分单位的数量特征去推断总体的数量特征

    B. 抽样时必须遵循随机原则

    C. 抽样推断是具有一定概率保证的估计和推断

    D. 可以进行解剖麻雀式的分析

    E. 抽样推断的误差可以计算并加以控制

2. 从 2000 户居民中随机抽取 100 户调查其收入情况,则( )。

    A. 样本单位数为 100 户   B. 样本容量为 100 户

    C. 样本可能数目为 100 个   D. 总体单位数为 2000 户

3. 抽样平均误差( )。

    A. 即样本指标的标准差

    B. 可以用标准差的定义公式计算

    C. 是对实际误差计算的平均数

    D. 是理论上计算的抽样推断的平均误差

    E. 只能用推导出的公式进行计算

4. 影响抽样平均误差的因素有( )。

    A. 置信度   B. 总体变量的变动程度

    C. 样本容量 n D. 抽样方法

    E. 抽样组织形式

5. 抽样极限误差( )抽样平均误差。

    A. 必定大于   B. 可以大于   C. 可以小于

    D. 必定等于   E. 可以等于

四、计算题

1. 某高校大学一年级英语四级考试的平均成绩 μ 为 512 分,标准差 σ 为 240 分,若从考生中随机抽取 150 人,求:①样本平均成绩的数学期望与标准差;②分析样本平均成绩的抽样分布。

2. 某高中体检,男、女近视的比例分别为 35% 和 47%,现分别从男生、女生中随机抽取 150 人和 200 人,问:①两个样本中近视比例差异的抽样分布如何?②样本比例差异的标准差是多少?

3. 某工厂生产的包装食品重量均值为 502.5 克/袋,标准差为 5 克/袋,如果从 500 袋食品中随机抽取 40 袋,试问这一样本的平均重量在 500 克以上的概率有多大?

4. 某工厂生产一批罐头共 60 000 瓶,随机抽样检查其中的 300 瓶时,发现有 6 瓶不合格,求此次抽查合格率的抽样平均误差。

5. 甲、乙两个工厂生产某种型号的西装,甲厂平均日产量为 160 件,服从正态分布,标准差为 21 件;乙厂平均日产量为 130 件,也服从正态分布,标准差为 26 件。现从甲、乙两厂各随机抽取 6 天计算平均日产量,问:出现甲厂比乙厂的平均日产量低的概率有多大?

第五章 参数估计

【本章学习要求】

通过本章的学习，了解参数估计的原理，以及置信区间、置信水平的概念及联系，明确评价估计量的标准；掌握点估计量的求法，重点掌握单一总体均值、单一总体比例的区间估计，两个总体均值之差(包括独立样本和配对样本)、两个总体比例之差的区间估计；了解简单随机抽样下样本容量的确定。

【本章重点】

- 点估计的含义
- 置信区间的概念
- 置信水平的概念
- 区间估计的计算

【本章难点】

- 点估计量的计算
- 独立样本和配对样本的理解与计算
- 样本容量的确定

案例点击

大学生的月生活费支出是学生及家长都比较关心的，为了更好地了解和掌握某高校大学生的每月总支出情况及每月购书支出情况，在全校 91893 名学生中，用不重复简单随机抽样形式抽取一个容量为 30 的样本。现对 30 名学生进行问卷调查，每名被抽中的大学生上个月的总支出金额和购书支出金额如表 5-1 所示。

表 5-1　30 名大学生某月的总支出金额和购书指出金额的样本数据

样本序号	总支出金额(元)	购书支出金额(元)	样本序号	总支出金额(元)	购书支出金额(元)	样本序号	总支出金额(元)	购书支出金额(元)
1	498	42	11	680	34	21	1050	128
2	712	57	12	460	45	22	380	29
3	180	15	13	880	46	23	652	84
4	100	83	14	950	85	24	670	65
5	512	48	15	527	32	25	420	45
6	278	20	16	290	19	26	650	58
7	621	62	17	640	50	27	901	95
8	740	75	18	370	25	28	450	41
9	560	45	19	548	39	29	890	63
10	785	95	20	850	36	30	930	120

　　根据前文的学习，可以求得上述 30 名被抽中的大学生某月的平均总支出金额和平均购书金额，即样本的平均总支出金额和样本平均购书金额，以了解样本的月支出情况。但是，在此要了解和掌握的是该高校所有大学生这一总体的每月总支出情况及每月购书支出情况。很显然，前面学到的知识不能解决此问题。因此，需要寻求新的解决方法。

　　本章节将介绍解决上述问题的方法，同时，本章的知识还可以用来解决以下几个问题。

　　1. 全体学生月平均总支出的 95% 的置信区间怎样估计？

　　2. 全体学生月平均购书支出的 90% 的置信区间怎样估计？

　　3. 全体学生月平均总支出在 600 元以上的比率的 95% 的置信区间怎样估计？

　　4. 以上估计的基本理论依据是什么？

【关键词】

　　置信区间　置信水平　点估计　区间估计　样本容量

第一节　基 本 原 理

　　参数估计是在样本统计量概率分布的基础上，根据样本信息推断所关心的总体参数。参数估计一般涉及样本选取、点估计、区间估计几个因素。它的基本步骤：①采用一定的抽样方式抽取适当的样本作为估计总体统计特征的样本，选择针对样本的最优估计方法，计算估计值，以此作为总体参数的点估计；②根据所要求的置信水平，查正态分布表、t 分布表或其他分布表获得对应的概率度，然后再计算置信区间对总体参数做区间推断。本章将首先讨论参数估计的基本原理，其次介绍一个总体参数和两个总体参数估计的方法，最后介绍参数估计中样本量的确定问题。

　　参数估计的方法有点估计和区间估计两种。

一、点估计

　　点估计又称定值估计，就是以实际样本观测数据为依据，选择合适的统计量，用实际样本计算出的具体统计值估计总体的未知参数。用样本均值 $\bar{x}$ 估计总体均值 μ，用样本比例 p 估计总体比例 π，用样本方差 s^2 估计总体方差 σ^2 等。点估计是统计推断的基础，它能给出一个明确的值，一般通过点估计量作为总体的未知参数估计这一过程可以达到通过样本推断总体特征，或者由部分推断总体特征的目的。

　　由于样本是随机抽取的，根据一个具体的样本得到的估计值很可能不同于总体参数。点估计的缺点是没法给出估计的可靠性，也没法说出点估计值与总体参数真实值接近的程度，因为一个点估计量的可靠性是由其抽样分布的标准误差来决定的。因此我们不能完全依赖一个点估计值，而应围绕点估计值构造出总体参数的一个区间。

二、区间估计

区间估计是在点估计的基础上给出总体参数估计的一个估计区间，该区间通常是由样本统计量加减估计误差得到的。与点估计不同，进行区间估计时，根据样本统计量的抽样分布，统计量与总体参数的接近程度可以给出一个概率度量。

在区间估计中，由样本估计量构建的总体参数在一定置信水平下的估计区间称为置信区间(confidence interval)，其中区间的最小值称为置信下限，最大值称为置信上限。由于统计学家在某种程度上确信这个区间会包含真正的总体参数，因此给它取名为"置信区间"。

假定抽取 100 个样本构建 100 个置信区间，这 100 个置信区间中 95%的区间包含总体参数的真值，5%没包含，则 95%这个值被称为置信水平，如果将构建置信区间的步骤重复多次，置信区间中包含总体参数真值的次数所占的比例称为置信水平，也称为置信度或置信系数。统计上，常用的置信水平有 90%、95%、99%。区间估计的示意图如图 5-1 所示。

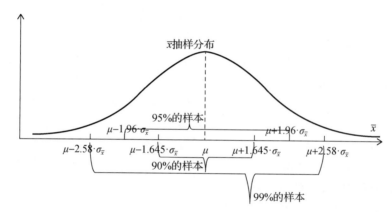

图 5-1　区间估计

设总体 X 的分布函数 $F(x;\theta)$ 含有一个未知参数 θ，对于给定的 $\alpha(0<\alpha<1)$，若由样本 $(X_1,X_2,\cdots,X_n)$ 确定的两个统计量 $\theta_1(X_1,X_2,\cdots,X_n)$ 和 $\theta_2(X_1,X_2,\cdots,X_n)$ 满足

$$p|\theta_1<\theta<\theta_2|=1-\alpha$$

则称 (θ_1,θ_2) 为 θ 的置信度为 $1-\alpha$ 的置信区间，$1-\alpha$ 称为置信度或置信水平，θ_1 称为双侧置信区间的置信下限，θ_2 称为置信上限。有关置信区间的概念如图 5-2 所示。

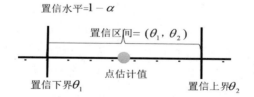

图 5-2　置信区间的概念

需要注意的是，当 X 是连续型随机变量时，对于给定的 α，按要求 $p\{\theta_1 < \theta < \theta_2\} = 1 - \alpha$ 求出置信区间；当 X 是离散型随机变量时，对于给定的 α，常常找不到区间 (θ_1, θ_2) 使 $p\{\theta_1 < \theta < \theta_2\}$ 恰为 $1 - \alpha$，此时 $p\{\theta_1 < \theta < \theta_2\}$ 至少为 $1 - \alpha$ 且尽可能接近 $1 - \alpha$。

需要注意的是，95%的置信区间不是指任意一次抽取的 100 个样本恰好就有 95 个区间包含总体均值，而是指反复抽取的多个样本中包含总体均值。由于实际估计时只抽取一个样本，由该样本所构造的区间是一个常数区间，我们无法知道这个区间是否包含总体参数的真值，因为它既可能是包含总体均值的 95 个区间中的一个，也可能是未包含总体均值的五个区间中的一个。因此，一个特定的区间总是"绝对包含"或"绝对不包含"参数的真值，不存在"以多大的概率包含总体参数"的问题。置信水平只是告诉我们在多次估计得到的区间中大概有多少个区间包含参数的真值，而不是针对所抽取的这个样本所构建的区间而言的。

使用一个较大的置信水平会得到一个较宽的置信区间，而使用一个较大的样本则会得到一个较准确(较窄)的区间。直观地说，较宽的区间有更大的可能性包含参数，但实际应用中，过宽的区间往往没有实际意义。比如，天气预报说"在一年内会下一场雨"，虽然这很有把握，但有什么意义呢？另外，要求过于准确(过窄)的区间同样不一定有意义，因为过窄的区间虽然看上去很准确，但把握性会降低，除非无限制增加样本量，而现实中样本量总是有限的。由此可见，区间估计必须给结论留点儿余地。

三、评价估计量的标准

用于估计总体的估计量 $\hat{\theta}$ 可以有很多。既可以用样本均值作为总体均值的估计量，也可以用样本中位数作为总体均值的估计量等。那么，究竟用哪种估计量作为总体参数的估计呢？自然要用估计效果较好的那种。什么样的估计量才算是一种好的估计量呢？这就需要有一定的评价标准。统计学家给出了评价估计量的 3 个标准。

(一)无偏性

无偏性是指估计量抽样分布的期望值等于被估计的总体参数。设总体参数为 θ，所选择的估计量为 $\hat{\theta}$。

若 $E(\hat{\theta}) = \theta$，则称 $\hat{\theta}$ 为 θ 的无偏估计量。

若 $E(\hat{\theta}) \neq \theta$，则称 $\hat{\theta}$ 为 θ 的有偏估计量。

由样本均值的抽样分布可知，$E(\bar{x}) = \mu$，$E(p) = \pi$，$E(s^2) = \sigma^2$，因此，$\bar{x}$, p, s^2 分别是总体均值 μ、总体比例 π、总体方差 σ^2 的无偏估计量。

(二)有效性

有效性是指估计量的方差应尽可能小。一个无偏的估计量并不意味着它就非常接近被估计的总体参数，估计量与参数的接近程度是用估计量的方差(或标准误差)来度量的。对同一总体参数的两个无偏估计量，有更小方差的估计量更有效。假定有两个用于估计总体参数的无偏估计量，分别用 $\hat{\theta}_1$ 和 $\hat{\theta}_2$ 表示，它们的方差分别用 $D(\hat{\theta}_1)$ 和 $D(\hat{\theta}_2)$ 表示，如果 $\hat{\theta}_1$

的方差小于 $\hat{\theta}_2$ 的方差，即 $D(\hat{\theta}_1)<D(\hat{\theta}_2)$ ，就称 $\hat{\theta}_1$ 是比 $\hat{\theta}_2$ 更有效的一个估计量。即在无偏估计的条件下，估计量的方差越小，估计也就越有效。

(三)一致性

一致性是指随着样本量的增大，点估计量的值越来越接近被估计总体的参数，即一个大样本给出的估计量要比一个小样本给出的估计量更接近总体的参数。样本均值的标准误差 $\sigma_x = \sigma/\sqrt{n}$ 与样本量大小有关，样本量越大， $\sigma_{\bar{x}}$ 的值就越小，大样本量给出的估计量更接近于总体均值 μ ，从某种意义上说，样本均值是总体均值的一个一致估计量。

第二节　点估计和区间估计

一、点估计量的求法

设 θ 为总体 X 的分布函数含有的未知参数或总体的某些未知数字特征， $(X_1,X_2,\cdots,X_n)$ 是来自 X 的一个样本， $(x_1,x_2,\cdots,x_n)$ 是相应的一个样本值，点估计问题就是构建一个适当的统计量 $\hat{\theta}(X_1,X_2,\cdots,X_n)$ ，用其观察值 $\hat{\theta}(x_1,x_2,\cdots,x_n)$ 作为未知参数 θ 的近似值，称 $\hat{\theta}(X_1,X_2,\cdots,X_n)$ 为参数 θ 的点估计量， $\hat{\theta}(x_1,x_2,\cdots,x_n)$ 为参数 θ 的点估计值，在不混淆的情况下，统称为点估计。由于估计量是样本的函数，因此对于不同的样本值， θ 的估计值是不同的。

点估计量的常用求解方法有矩估计法、最(极)大似然法、顺序统计量法、最小二乘法(最小平方法)等。由于最小二乘法、矩估计法和最大似然法的应用较多，因此，接下来主要介绍最小二乘法、矩估计法和最大似然法这三种方法。

(一)最小二乘法

最小二乘法是参数估计常用的一种方法。其基本思想是保证由待估参数得到的理论值与实际观测值之间误差的平方和最小。要想使误差平方和 Q 为最小，可通过求 Q 对待估参数的偏导数，并令其等于 0，以求得参数估计值。

例 5-1　从平均数为 u 的总体 X 中抽取样本为 $x_1,x_2,\cdots,x_n$ ，求出估计量 $\hat{u}$ 。

解： 总体平均数 u 的最小二乘估计量就是使 x_i 与估计值 $\hat{u}$ 间的误差平方和最小，其中误差平方和表达式为

$$Q = \sum_{i=1}^{n}(x_i - u)^2$$

Q 对 u 求导，并令导数等于 0，可得

$$\frac{\partial Q}{\partial u} = -2\sum_{i=1}^{n}(x_i - u) = 0$$

推出估计量为

$$\hat{u} = \frac{1}{n}\sum_{i=1}^{n}x_i$$

(二)矩估计法

矩是描写随机变量最简单的数字特征。矩估计的基本思想是由于样本来源于总体，样本矩在一定程度上反映了总体矩的数字特征，由大数定律可知，样本矩依概率收敛于总体矩。因此，只要总体的 k 阶原点矩存在，就可以用样本矩作为相应总体矩的估计量，用样本矩的函数作为总体矩的函数的估计量。具体做法如下所述。

对总体 X 的待估参数 $\theta = (\theta_1, \theta_2, \cdots, \theta_t)$，设 $(X_1, X_2, \cdots, X_n)$ 是来自 X 的一个样本，则样本的 k 阶原点矩为

$$A_k = \frac{1}{n}\sum_{i=1}^{n} X_i^k \, (k = 1, 2, \cdots) \tag{5-1}$$

k 阶中心矩为

$$B_k = \frac{1}{n}\sum_{i=1}^{n} (X_i - \bar{X})^k \, (k = 1, 2, \cdots) \tag{5-2}$$

由于矩估计法不用知道总体的分布类型，估计过程简单明了，因此得到了广泛的应用。但是，矩估计法也有局限性，其 k 阶原点矩必须存在，否则无法估计。此外，由于矩估计法不考虑总体分布类型，因此也就没有充分利用总体分布函数提供的信息，估计结果可能有偏差。

例 5-2 设总体 $X \sim B(n, p)$，n 为正整数，$0 < p < 1$，两者都是未知参数。$(X_1, X_2, \cdots, X_n)$ 是总体 X 的一个样本，试求 n，p 的矩估计量 $\hat{n}$，$\hat{p}$。

解：已知 $X \sim B(n, p)$

$$E(X) = np, D(X) = np(1-p)$$

由

$$\begin{cases} E(X) = \bar{X} \\ D(X) = \frac{1}{n}\sum_{i=1}^{n}(X_i - \bar{X}) = B_2 \end{cases}$$

即

$$\begin{cases} np = \bar{X} \\ np(1-p) = B_2 \end{cases}$$

故，解得矩估计量为

$$\begin{cases} \hat{n} = \left[\dfrac{\overline{X^2}}{\bar{X} - B_2}\right] \\ \hat{p} = 1 - \dfrac{B_2}{\bar{X}} \end{cases}$$

例 5-3 设总体 $X \sim N(u, \sigma^2)$，均值 u 及方差 σ^2 都存在但均未知，$(X_1, X_2, \cdots, X_n)$ 是总体 X 的一个样本，试求 u, σ^2 的矩估计量 $\hat{u}, \hat{\sigma}^2$。

解：

因为

$$\begin{cases} m_1 = E(X) = u \\ m_2 = E(X^2) = D(X) + \left[E(X)\right]^2 = \sigma^2 + u^2 \end{cases}$$

令

$$\begin{cases} m_1 = \overline{X} \\ m_2 = \frac{1}{n}\sum_{i=1}^{n} X_i^2 \end{cases}$$

推出

$$\begin{cases} \hat{u} = \overline{X} \\ \hat{\sigma}^2 = \frac{1}{n}\sum_{i=1}^{n} X_i^2 - \overline{X}^2 \end{cases}$$

(三)最大似然法

最大似然法是 Fisher 提出的一种参数估计方法，是在矩估计法基础上的改进。其基本思想是设总体分布的函数形式已知，但有未知参数 θ，θ 可以取很多值，在 θ 的一切可能取值中选一个使样本观察值出现的概率为最大的 θ 值作为 θ 的估计值，记作 $\hat{\theta}$，称为 θ 的最大似然值，这种求估计量的方法就是最大似然法。具体做法如下所述。

(1) 设 $(X_1, X_2, \cdots, X_n)$ 是来自总体 X 的一个样本，$(x_1, x_2, \cdots, x_n)$ 是相对样本的一个样本值。离散分布函数时，样本 $(X_1, X_2, \cdots, X_n)$ 取到观测值 $(x_1, x_2, \cdots, x_n)$ 的概率为

$$p = P\{X_1 = x_1, X_2 = x_2, \cdots X_n = x_n\} = \prod_{i=1}^{n} p(x_i, \theta)$$

令

$$L(\theta) = L(x_1, x_2, \cdots, x_n) = \prod_{i=1}^{n} p(x_i, \theta)$$

连续分布函数时，

$$p = \prod_{i=1}^{n} f(x_i, \theta)\mathrm{d}x_i$$

令

$$L(\theta) = L(x_1, x_2, \cdots, x_n) = \prod_{i=1}^{n} f(x_i, \theta)$$

其中 $L(\theta)$ 称为样本的似然函数，概率 P 是 θ 的函数，随 θ 取值的变化而变化。

(2) 将求参数 θ 的最大似然估计值问题转化为求似然函数 $L(\theta)$ 的最大值问题，此时概率 P 也是最大的，即

$$L(x_1, x_2, \cdots, x_n; \hat{\theta}) = \max_{\theta \in \Theta} L(x_1, x_2, \cdots, x_n; \theta)$$

(3) 为求 $L(\theta)$ 的最大值，可将其变为

$$\ln L(\theta) = \prod_{i=1}^{n} \ln f(x_i, \theta) \text{ 或 } \ln L(\theta) = \prod_{i=1}^{n} \ln p(x_i, \theta)$$

求导，并且令其导为 0

$$\frac{\partial \ln L(\theta)}{\partial \theta_i} = 0$$

所得出的参数 θ 的最大似然估计值为

$$\hat{\theta}(x_1, x_2, \cdots, x_n)$$

所得出的参数 θ 的最大似然估计量为

$$\hat{\theta}(X_1, X_2, \cdots, X_n)$$

例 5-4　设 $X \sim N(u, \sigma^2)$，u, σ^2 未知，$(X_1, X_2, \cdots, X_n)$ 为 X 的一个样本，$(x_1, x_2, \cdots, x_n)$ 是 $(X_1, X_2, \cdots, X_n)$ 的一个样本值，求 u, σ^2 的最大似然估计值及相应的估计量。

因为

$$X \sim f(x, u, \sigma) = \frac{1}{\sqrt{2\pi}\sigma} e^{-\frac{(x-u)^2}{2\sigma^2}}, x \in R$$

所以似然函数为

$$L(u, \sigma^2) = \prod_{i=1}^{n} \frac{1}{\sqrt{2\pi}\sigma} e^{-\frac{(x-u)^2}{2\sigma^2}} = (2\pi\sigma^2)^{-\frac{n}{2}} e^{-\frac{(x-u)^2}{2\sigma^2}\sum_{i=1}^{n}(x_i-u)^2}$$

取对数为

$$L(u, \sigma^2) = -\frac{n}{2}(\ln 2\pi + \ln \sigma^2) - \frac{1}{2\sigma^2}\sum_{i=1}^{n}(x_i - u)^2$$

分别对 u, σ^2 求导数，并令其等于 0。

$$\begin{cases} \dfrac{\partial(\ln L)}{\partial u} = \dfrac{1}{\sigma^2}\sum_{i=1}^{n}(x_i - u) = 0 \\ \dfrac{\partial(\ln L)}{\partial \sigma^2} = -\dfrac{n}{2\sigma^2} + \dfrac{1}{2\sigma^4}\sum_{i=1}^{n}(x_i - u)^2 = 0 \end{cases}$$

求得

$$\begin{cases} u = \dfrac{1}{n}\sum_{i=1}^{n}x_i = \overline{x} \\ \sigma^2 = \dfrac{1}{n}\sum_{i=1}^{n}(x_i - u)^2 = \dfrac{1}{n}\sum_{i=1}^{n}(x_i - \overline{x})^2 \end{cases}$$

u, σ^2 的最大似然估计值为

$$u = \overline{x}, \quad \sigma^2 = \frac{1}{n}\sum_{i=1}^{n}(x_i - \overline{x})^2$$

u, σ^2 的最大似然估计量为

$$u = \overline{X}, \quad \sigma^2 = \frac{1}{n}\sum_{i=1}^{n}(X_i - \overline{X})^2$$

二、区间估计的计算

研究一个总体所关心的参数主要有总体均值 μ、总体比例 π 和总体方差 σ^2 等。本节将介绍如何用样本统计量来构建一个总体参数的置信区间。

(一)单一总体参数的区间估计

对总体均值进行区间估计时，需要考虑总体是否为正态分布、总体方差是否已知、用

于估计的样本是大样本($n \geqslant 30$)还是小样本($n < 30$)等几种情况。但不管哪种情况，总体均值的置信区间都是由样本均值加减估计误差得到的。那么，怎样计算估计误差呢？估计误差有两步：一是点估计量的标准误差，它取决于样本统计量的抽样分布；二是估计时所需要的置信水平为$1-\alpha$时，统计量分布两侧面积各为$\alpha/2$时的分位数值，它取决于事先所要求的可靠程度。因此，总体均值在$1-\alpha$置信水平下的置信区间可表示为

$$\overline{x} \pm (\text{分位数值} \times \overline{x} \text{的标准误差}) \tag{5-3}$$

1. 单一总体均值的区间估计

在大样本($n \geqslant 30$)的情况下，由中心极限定理可知，样本均值$\overline{x}$近似服从期望值为μ、方差为σ^2/n的正态分布。而样本均值经过标准化后则服从标准正态分布，即

$$z = \frac{\overline{x} - \mu}{\sigma / \sqrt{n}} \sim N(0,1) \tag{5-4}$$

当总体标准差σ已知时，标准化时使用σ；当σ未知时，则用样本标准差s代替。因此，可以由正态分布构建总体均值在$1-\alpha$置信水平下的置信区间。

当总体方差σ^2已知时，总体均值在$1-\alpha$置信水平下的置信区间为

$$\overline{x} \pm z_{\alpha/2} \frac{\sigma}{\sqrt{n}} \tag{5-5}$$

式中，$\overline{x} - z_{\alpha/2} \frac{\sigma}{\sqrt{n}}$称为置信下限，$\overline{x} + z_{\alpha/2} \frac{\sigma}{\sqrt{n}}$称为置信上限；$\alpha$是事先所确定的一个概率值，它是总体均值不包括在置信区间的概率；$1-\alpha$称为置信水平；$z_{\alpha/2}$是标准正态分布两侧面积各为$\alpha/2$时的z值；$z_{\alpha/2} \frac{\sigma}{\sqrt{n}}$是估计误差。

当总体方差σ^2未知时，可以用样本方差s^2代替，这时总体均值u在$1-\alpha$置信水平下的置信区间为

$$\overline{x} \pm z_{\alpha/2} \frac{s}{\sqrt{n}} (\sigma \text{未知}) \tag{5-6}$$

例 5-5 一家保险公司收集到由 36 位投保人组成的随机样本，得到每位投保人的年龄(单位：周数)数据如表 5-2 所示。构建投保人年龄 90%的置信区间。

表 5-2　36 位投保人年龄的样本数据

23	35	39	27	36	44
36	42	46	43	31	33
42	53	45	54	47	24
34	28	39	36	44	40
39	49	38	34	48	50
34	39	45	48	45	32

解：由于总体方差未知，且又为大样本，可用样本方差来代替，用正态分布来构建置信区间。

当α=0.1时

$$z_{\alpha/2} = 1.645$$

根据样本数据计算的样本均值和标准差分别为

$$\bar{x} = 39.5, \quad s = 7.77$$

得出

$$\bar{x} \pm z_{\alpha/2}\frac{s}{\sqrt{n}} = 39.5 \pm 1.645 \times \frac{7.77}{\sqrt{36}} = 39.5 \pm 2.1$$

即置信区间为 $(37.4, 41.6)$ ，投保人平均年龄的 90% 的置信区间为 37.4～41.6 岁。

在小样本($n<30$)的情况下，对总体均值的估计都建立在总体服从正态分布的假定前提下。如果正态总体的 σ 已知，样本均值经过标准化后仍然服从标准正态分布，此时可根据正态分布使用式建立总体均值的置信区间。如果正态总体的 σ 未知，样本均值经过标准化后则服从自由度为 $n-1$ 的 t 分布，即 $t = \dfrac{\bar{x} - \mu}{s/\sqrt{n}} \sim t(n-1)$，这时需要使用 t 分布来构建总体均值的置信区间。在 $1-\alpha$ 置信水平下，总体均值的置信区间为

$$\bar{x} \pm t_{\alpha/2}\frac{s}{\sqrt{n}} \tag{5-7}$$

例 5-6　一家食品生产企业以生产袋装食品为主，按规定每袋的标准重量应为 100 克。为检查每袋重量是否符合要求，企业质检部门从生产的一批食品中随机抽取 25 袋，测得每袋重量数据(单位：克)如表 5-3 所示。假定食品重量服从正态分布，且总体标准差为 10 克。估计该天生产的食品平均重量的置信区间，置信水平为 95%。

表 5-3　25 袋食品重量的样本数据

112.5	101.0	103.0	102.0	100.5
112.6	107.5	95.0	108.8	115.6
100.0	123.5	102.0	101.6	102.2
116.6	95.4	97.8	108.6	105.0
136.8	102.8	101.5	98.4	93.3

解：由于总体服从正态分布，且已知 $\sigma = 10$，虽然是小样本，但样本均值经标准化后服从标准正态分布。

当 $\alpha = 0.05$ 时

$$z_{\alpha/2} = 1.96$$

根据样本数据计算的样本均值为

$$\bar{x} = 105.36$$

得

$$\bar{x} \pm z_{\alpha/2}\frac{\sigma}{\sqrt{n}} = 105.36 \pm 1.96 \times \frac{10}{\sqrt{25}} = 105.36 \pm 3.92$$

即 $(101.44, 109.28)$，该批食品平均重量 95% 的置信区间为 101.44～109.28 克。(该天生产的食品的平均重量是否在 101.44~109.28 克，请读者自己思考。)

例 5-7　已知某种灯泡的使用寿命服从正态分布，现从一批灯泡中随机抽取 16 只，测得其使用寿命数据(单位：小时)如表 5-4 所示。

表 5-4 16 只灯泡使用寿命的样本数据

1510	1450	1510	1480	1520	1460	1500	1470
1480	1480	1530	1520	1460	1490	1510	1470

构建该批灯泡平均使用寿命 95% 的置信区间。

解：由于总体服从正态分布，但 σ 未知，且为小样本，因此需要用 t 分布来建立总体均值的置信区间。

根据样本数据计算可得

$$\bar{x} = 1490, \quad s = 24.77$$

当 $\alpha = 0.05$ 时

$$t_{\alpha/2}(n-1) = t_{0.025}(16-1) = 2.131$$

得平均使用寿命 95% 的置信区间为

$$\bar{x} \pm t_{\alpha/2}(n-1)\frac{s}{\sqrt{n}} = 1490 \pm 2.131 \times \frac{24.77}{\sqrt{16}} = 1490 \pm 13.2$$

即 $(1476.8, 1503.2)$，该种灯泡平均使用寿命 95% 的置信区间为 1476.8~1503.2 小时。

2. 单一总体比例的区间估计

对于总体比例的估计问题，我们只讨论大样本的情况，即满足区间 $p \pm 2\sqrt{p(1-p)/2}$ 中不包含 0 或 1，或者要求 $np \geq 10$ 和 $n(1-p) \geq 10$。

由样本比例 p 的抽样分布可知，当样本量足够大时，比例 p 近似服从正态分布，其中期望值和方差为

$$E(p) = \pi, \sigma_p^2 = \frac{\pi(1-\pi)}{n} \tag{5-8}$$

样本比例经过标准化后服从正态分布，即 $z = \dfrac{p-\pi}{\sqrt{\pi(1-\pi)/n}} \sim N(0,1)$。因此，可由正态分布建立总体比例的置信区间。与总体均值的区间估计类似，总体比例的置信区间是由 π 的点估计值 $p \pm$ 估计误差得到的，π 在 $1-\alpha$ 置信水平下的置信区间可一般地表示为

$$p \pm (分数数值 \times p 的标准误差)$$

因此，总体比例 π 在 $1-\alpha$ 置信水平下的置信区间为

$$p \pm z_{\alpha/2}\sqrt{\frac{p(1-p)}{n}} \tag{5-9}$$

式(5-9)中，$z_{\alpha/2}$ 是标准正态分布上两侧面积各为 $\alpha/2$ 时的 z 值；$z_{\alpha/2}\sqrt{\dfrac{p(1-p)}{n}}$ 是估计误差。

例 5-8 某城市想要估计下岗职工女性所占的比例，随机抽取 100 名下岗职工，其中 65 人为女性。用 95% 的置信水平估计该城市下岗职工女性比例的置信区间。

解：由抽样结果计算的样本比例为

$$p = 65/100 = 65\%$$

当 $\alpha = 0.05$ 时

$$z_{\alpha/2} = 1.96$$

得

$$p \pm z_{\alpha/2}\sqrt{\frac{p(1-p)}{n}} = 65\% \pm 1.96 \times \sqrt{\frac{65\% \times (1-65\%)}{100}} = 65\% \pm 9.35\%$$

即(55.65%,74.35%)，该城市下岗职工中女性比例95%的置信区间为55.65%～74.35%。

3. 单一总体方差的区间估计

估计总体方差时，首先假定总体服从正态分布。其原理与总体均值和总体比例的区间估计不同，不再是点估计量±估计误差。因为样本方差的抽样分布服从自由度为$(n-1)$的χ^2分布，因此，需要用χ^2分布构建总体方差的置信区间。由于χ^2分布是不对称分布，无法由点估计值±估计误差得到总体方差的置信区间。

那么，怎样构建总体方差的置信区间呢？若给定显著性水平α，用χ^2分布构建的总体方差置信区间的原理如图5-3所示。

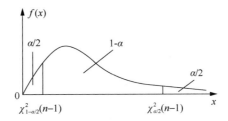

图 5-3　自由度为$n-1$的χ^2分布

由图 5-3 可以看出，构建总体方差σ^2的置信区间，也就是要找到一个χ^2值，使其满足$\chi^2_{1-\alpha/2} \leqslant \chi^2 \leqslant \chi^2_{\alpha/2}$，由于$\dfrac{(n-1)s^2}{\sigma^2} \sim \chi^2(n-1)$，可用它来代替$\chi^2$，因此由

$$\chi^2_{1-\alpha/2} \leqslant \frac{(n-1)s^2}{\sigma^2} \leqslant \chi^2_{\alpha/2}$$

即可推导出总体方差σ^2在$1-\alpha$置信水平下的置信区间为

$$\frac{(n-1)s^2}{\chi^2_{\alpha/2}} \leqslant \sigma^2 \leqslant \frac{(n-1)s^2}{\chi^2_{1-\alpha/2}}$$

例 5-9　仍沿用例 5-6，以 95% 的置信水平建立该食品重量标准差的置信区间。

解：根据样本数据计算可得样本方差

$$s^2 = 93.21$$

自由度

$$n-1 = 25-1 = 24$$

当α=0.05时

$$\chi^2_{\alpha/2} = \chi^2_{0.025}(25-1) = 39.3641, \quad \chi^2_{1-\alpha/2}(n-1) = \chi^2_{0.975}(25-1) = 12.4011$$

总体方差的置信区间为

$$\frac{(25-1) \times 93.21}{39.3641} \leqslant \sigma^2 \leqslant \frac{(25-1) \times 93.21}{12.4011}$$

即$56.83 \leqslant \sigma^2 \leqslant 180.39$。相应地，总体标准差的置信区间则为$7.54 \leqslant \sigma \leqslant 13.43$。该企业生产的食品重量标准差95%的置信区间为7.54～13.43克。

(二)两个总体参数的区间估计

两个总体所关心的参数主要有两个总体的均值之差 $(u_1 - u_2)$、两个总体的比例之差 $(\pi_1 - \pi_2)$、两个总体的方差比 (σ_1^2/σ_2^2)。

1. 两个总体均值之差的区间估计

设两个总体的均值分别为 u_1 和 u_2，从两个总体中分别抽取样本量为 n_1 和 n_2 的两个随机样本，其样本均值分别为 $\bar{x}_1$ 和 $\bar{x}_2$。估计两个总体均值之差 $(u_1 - u_2)$ 的点估计量显然是两个样本的均值之差 $(\bar{x}_1 - \bar{x}_2)$。估计原理与一个总体均值的区间估计相同，置信区间仍然是点估计量 ± 估计误差。因此，两个总体均值之差 $(u_1 - u_2)$ 在 $1-\alpha$ 置信水平下的置信区间可表示为

$$(\bar{x}_1 - \bar{x}_2) \pm 分位数值 \times (\bar{x}_1 - \bar{x}_2)的标准误差$$

1) 独立大样本的估计

如果两个样本是从两个总体中独立抽取的，即一个样本中的元素与另一个样本中的元素相互独立，则称为独立样本。

如果两个样本都为大样本 $(n_1 \geqslant 30 和 n_2 \geqslant 30)$，两个样本均值之差 $(\bar{x}_1 - \bar{x}_2)$ 近似服从期望值为 $u_1 - u_2$、方差为 $\dfrac{\sigma_1^2}{n_1} + \dfrac{\sigma_2^2}{n_2}$ 的正态分布，两个样本均值之差标准化后服从标准正态分布，即

$$z = \frac{(\bar{x}_1 - \bar{x}_2) - (\mu_1 - \mu_2)}{\sqrt{\dfrac{\sigma_1^2}{n_1} + \dfrac{\sigma_2^2}{n_2}}} \sim N(0,1) \tag{5-10}$$

当两个总体的方差 σ_1^2 和 σ_2^2 都已知时，两个总体均值之差 $(u_1 - u_2)$ 在 $1-\alpha$ 置信水平下的置信区间为

$$(\bar{x}_1 - \bar{x}_2) \pm z_{\alpha/2} \sqrt{\frac{\sigma_1^2}{n_1} + \frac{\sigma_2^2}{n_2}} \tag{5-11}$$

当两个总体的方差 σ_1^2 和 σ_2^2 都未知时，可用两个样本方差 s_1^2 和 s_2^2 来代替，这时，两个总体均值之差 $(u_1 - u_2)$ 在 $1-\alpha$ 置信水平下的置信区间为

$$(\bar{x}_1 - \bar{x}_2) \pm z_{\alpha/2} \sqrt{\frac{s_1^2}{n_1} + \frac{s_2^2}{n_2}} \tag{5-12}$$

例 5-10 某地区教育管理部门预估两所中学的学生高考时的英语平均分数之差，为此在两所中学独立抽取两个随机样本，有关数据如表 5-5 所示。构建两所中学高考英语平均分数之差 95% 的置信区间。

表 5-5　两所中学学生英语样本的有关统计量

中学 1	中学 2
$n_1 = 46$	$n_2 = 33$
$\bar{x}_1 = 126$	$\bar{x}_2 = 118$
$s_1 = 5.8$	$s_2 = 7.2$

解：

$$(\overline{x}_1 - \overline{x}_2) \pm z_{\alpha/2}\sqrt{\frac{s_1^2}{n_1} + \frac{s_2^2}{n_2}} = (126-118) \pm 1.96 \times \sqrt{\frac{5.8^2}{46} + \frac{7.2^2}{33}} = 8 \pm 2.97$$

即(5.03~10.97)，两所中学高考英语平均分数之差95%的置信区间为5.03~10.97分。

2) 独立小样本的估计

当两个样本都为独立小样本时（$n_1 < 30$和$n_2 < 30$），为估计两个总体的均值之差，需要假定两个总体都服从正态分布。当两个总体方差σ_1^2和σ_2^2已知时，两个样本均值之差标准化后服从标准正态分布，此时可按式$(\overline{x}_1 - \overline{x}_2) \pm z_{\alpha/2}\sqrt{\frac{\sigma_1^2}{n_1} + \frac{\sigma_2^2}{n_2}}$建立两个总体均值之差的置信区间。当两个总体方差$\sigma_1$和$\sigma_2$未知时，有以下几种情况。

(1) 当两个总体方差未知但相等时，即$\sigma_1^2 = \sigma_2^2 = \sigma^2$，则需要两个样本的方差$s_1^2$和$s_2^2$来估计$\sigma^2$。这时，需要将两个样本的数据合并到一起，以给出$\sigma^2$的合并估计量$s_p^2$，计算公式为

$$s_p^2 = \frac{(n_1-1)s_1^2 + (n_2-1)s_2^2}{n_1 + n_2 - 2} \tag{5-13}$$

这时，两个样本均值之差标准化后服从自由度为$n_1 + n_2 - 2$的t分布，即

$$t = \frac{(\overline{x}_1 - \overline{x}_2) - (\mu_1 - \mu_2)}{s_p\sqrt{\frac{1}{n_1} + \frac{1}{n_2}}} \sim t(n_1 + n_2 - 2)$$

因此，两个总体均值之差$(u_1 - u_2)$在$1-\alpha$置信水平下的置信区间为

$$(\overline{x}_1 - \overline{x}_2) \pm t_{\alpha/2}(n_1 + n_2 - 2)\sqrt{s_p^2\left(\frac{1}{n_1} + \frac{1}{n_2}\right)}$$

(2) 当两个总体未知且不相等时，即$\sigma_1^2 \neq \sigma_2^2$，两个样本均值之差标准化后近似服从自由度为$v$的$t$分布，自由度$v$的计算公式为

$$v = \frac{\left(\frac{s_1^2}{n_1} + \frac{s_2^2}{n_2}\right)^2}{\frac{(s_1^2/n_1)^2}{n_1-1} + \frac{(s_2^2/n_2)^2}{n_2-1}} \tag{5-14}$$

两个总体均值之差$(u_1 - u_2)$在$1-\alpha$置信水平下的置信区间为

$$(\overline{x}_1 - \overline{x}_2) \pm t_{\alpha/2}(v)\sqrt{\frac{s_1^2}{n_1} + \frac{s_2^2}{n_2}}$$

例 5-11 预估两种方法组装产品所需时间的差异，分别对两种不同的组装方法各随机安排12名工人，每名工人组装一件产品所需的时间(单位：分钟)如表5-6所示。假定两种方法组装产品的时间服从正态分布。以95%的置信水平建立两种方法组装产品所需平均时间差值的置信区间：①假定$\sigma_1^2 = \sigma_2^2$；②假定$\sigma_1^2 \neq \sigma_2^2$。

表 5-6 两种方法组装产品所需的时间

方法 1	28.3	30.1	29.0	37.6	32.1	28.8	36.0	37.2	38.5	34.4	28.0	30.0
方法 2	27.6	22.2	31.0	33.8	20.0	30.2	31.7	26.0	32.0	31.2	33.4	26.5

解：

① 假定 $\sigma_1^2 = \sigma_2^2$。根据样本数据计算得到

方法 1：$\overline{x}_1 = 32.5$，$s_1^2 = 15.996$

方法 2：$\overline{x}_2 = 28.8$，$s_2^2 = 19.358$

σ^2 的合并估计量为

$$s_p^2 = \frac{(n_1 - 1)s_1^2 + (n_2 - 1)s_2^2}{n_1 + n_2 - 2} = \frac{(12-1) \times 15.996 + (12-1) \times 19.358}{12 + 12 - 2} = 17.677$$

当 $\alpha = 0.05$ 时：

$$t_{0.05}(12 + 12 - 2) = 2.0739$$

两个总体均值之差 $u_d = u_1 - u_2$ 的置信区间为

$$(32.5 - 28.8) \pm 2.0739 \times \sqrt{17.677 \times \left(\frac{1}{12} + \frac{1}{12}\right)} = 3.7 \pm 3.56$$

即 $(0.14, 7.26)$，两种方法组装产品所需平均时间差值 95%的置信区间为 $0.14 \sim 7.26$ 分钟。

② 假定 $\sigma_1^2 \neq \sigma_2^2$ 时，分别计算得出两种方法组装产品所需平均时间差值的 95%置信水平的置信区间为 $0.138 \sim 7.261$ 分钟。

实际上，可以事先对两个总体方差是否相等进行检验，这时就不需要在某种前提下进行估计。由分别计算两个总体方差可知，本例的两个总体方差是相等的，因此，应使用方差相等时的置信区间。

3) 配对样本的估计

上述例题使用的是两个独立的样本，但使用独立样本估计两个总体均值差存在着潜在弊端。例如，在对每种方法随机指派 12 名工人时，可能会将技术较差的 12 名工人派给方法 1，而将技术较好的 12 名工人派给方法 2。这种不公平的指派，可能会掩盖两种方法组装产品所需时间的真正差距。

为解决这一问题，可以使用配对样本(paired sample)，即一个样本中的数据与另一个样本中的数据相对应，这样的数据通常是对同一个体所作的前、后两次测量。例如，先指定 12 名工人用第一种方法组装产品，然后再让这 12 名工人用第二种方法组装产品，这样得到的两种方法组装产品时间的数据就是配对数据。

使用配对样本进行估计时，在大样本条件下，两个总体均值之差 $u_d = u_1 - u_2$ 在 $1 - \alpha$ 置信水平下的置信区间为

$$\overline{d} = z_{\alpha/2} \frac{\sigma_d}{\sqrt{n}} \tag{5-15}$$

式(5-15)中，d 表示两个配对数据的差值；$\overline{d}$ 表示各差值的均值；σ_d 表示各差值的标准差。当总体的 σ_d 未知时，可用样本差值的标准差 s_d 来代替。

在小样本的情况下,假定两个总体各观察值的配对差服从正态分布。两个总体均值之差 $u_d = u_1 - u_2$ 在 $1-\alpha$ 置信水平下的置信区间为

$$\overline{d} \pm t_{\alpha/2}(n-1)\frac{s_d}{\sqrt{n}}$$

例 5-12 由 10 名学生组成一个随机样本,让他们分别采用 A 和 B 两套试卷进行测试,测试成绩如表 5-7 所示。假定两套试卷分数之差服从正态分布,构建两套试卷平均分数之差 $u_d = u_1 - u_2$ 的 95%的置信区间。

表 5-7　10 名学生两套试卷的测试得分及差值

单位:分

学生编号	试卷 A	试卷 B	差值 d
1	78	71	7
2	63	44	19
3	72	61	11
4	89	84	5
5	91	74	17
6	49	51	−2
7	68	55	13
8	76	60	16
9	85	77	8
10	55	39	16

解:根据表中的数据

$$\overline{d} = \frac{\sum_{i=1}^{n} d_i}{n_d} = \frac{110}{10} = 11$$

$$s_d = \sqrt{\frac{\sum_{i=1}^{n}(d_i - \overline{d})^2}{n_d - 1}} = 6.53$$

又因为 $t_{0.05}(10-1) = 2.2622$

得出

$$\overline{d} \pm t_{\alpha/2}(n-1)\frac{s_d}{\sqrt{n}} = 11 \pm 2.2622 \times \frac{6.53}{\sqrt{10}} = 11 \pm 4.7$$

即(6.3,15.7),两套试卷平均分数差值 95%的置信区间为 6.3~15.7 分。

2. 两个总体比例之差的区间估计

两个总体比例之差的区间估计原理与一个总体比例的区间估计相同,$\pi_1 - \pi_2$ 的置信区间是由 $p_1 - p_2 \pm$ 点估计量估计误差得到的,即

$$(p_1 - p_2) \pm 分位数 \times (p_1 - p_2)的标准误差$$

由样本比例的抽样分布可知,从两个二项总体中抽出两个独立大样本,两个样本比例

之差近似服从正态分布，而两个样本的比例之差标准化后则服从标准正态分布，即

$$Z = \frac{(p_1 - p_2) - (\pi_1 - \pi_2)}{\sqrt{\dfrac{\pi_1(1-\pi_1)}{n_1} + \dfrac{\pi_2(1-\pi_2)}{n_2}}} \sim N(0,1) \tag{5-16}$$

由于两个总体比例 π_1 和 π_2 通常是未知的，可用样本比例 p_1 和 p_2 来代替。因此，根据正态分布建立的两个总体比例之差 $\pi_1 - \pi_2$ 在 $1-\alpha$ 置信水平下的置信区间为

$$(p_1 - p_2) \pm z_{\alpha/2} \sqrt{\frac{p_1(1-p_1)}{n_1} + \frac{p_2(1-p_2)}{n_2}}$$

例 5-13 某个电视节目的收视率调查中，在农村随机调查了 400 人，有 32% 的人收看了该节目；在城市随机调查了 500 人，有 45% 的人收看了该节目。试以 95% 的置信水平估计城市与农村收视率差值的置信区间。

解： 设城市收视率为 $p_1 = 45\%$，农村收视率为 $p_2 = 32\%$。当 $\alpha = 0.05$ 时，$z_{\alpha/2} = 1.96$。因此，$\pi_1 - \pi_2$ 的置信区间为

$$(p_1 - p_2) \pm z_{\alpha/2} \sqrt{\frac{p_1(1-p_1)}{n_1} + \frac{p_2(1-p_2)}{n_2}}$$

$$= (45\% - 32\%) \pm 1.96 \times \sqrt{\frac{45\%(1-45\%)}{500} + \frac{32\%(1-32\%)}{400}}$$

$$= 13\% \pm 6.32\%$$

即 $(6.68\% \sim 19.32\%)$，城市与农村收视率差值 95% 的置信区间为 $6.68\% \sim 19.32\%$。

3. 两个总体方差比的区间估计

在实际问题中，经常会遇到比较两个总体的方差问题。例如，比较用两种不同方法生产的产品性能的稳定性，比较不同测量工具的精度，等等。

由于两个样本方差比服从 $F(n_1-1, n_2-2)$ 分布，因此可用 F 分布来构建两个总体方差比 σ_1^2/σ_2^2 的置信区间。建立两个总体方差比的置信区间，也就是要找到一个 F 值，使其满足 $F_{1-\alpha/2} \leqslant F \leqslant F_{\alpha/2}$。由于 $\dfrac{s_1^2}{s_2^2} \cdot \dfrac{\sigma_2^2}{\sigma_1^2} \sim F(n_1-1, n_2-1)$，故可用它来代替 F，因此有

$$F_{1-\alpha/2} \leqslant \frac{s_1^2}{s_2^2} \cdot \frac{\sigma_2^2}{\sigma_1^2} \leqslant F_{\alpha/2}$$

故总体方差比在 $1-\alpha$ 置信水平下的置信区间为

$$\frac{s_1^2/s_2^2}{F_{\alpha/2}} \leqslant \frac{\sigma_1^2}{\sigma_2^2} \leqslant \frac{s_1^2/s_2^2}{F_{1-\alpha/2}}$$

式中，$F_{\alpha/2}$ 和 $F_{1-\alpha/2}$ 分别为分子自由度为 n_1-1 和分母自由度为 n_2-1 的 F 分布两侧面积为 $\alpha/2$ 和 $1-\alpha/2$ 的分位数。

例 5-14 为研究男、女学生在生活费支出(单位：元)的差异，在某大学各随机抽取 25 名男生和 25 名女生，得到下面的结果。

男生：$\overline{x}_1 = 520, s_1^2 = 260$

女生：$\overline{x}_2 = 480, s_2^2 = 280$

以 90% 的置信水平估计男、女学生生活费支出方差比的置信区间。

解：

自由度

$$n_1 = 25 - 1 = 24, n_2 = 25 - 1 = 24$$

当 $\alpha = 0.1$ 时

$$F_{\alpha/2}(n_1 - 1, n_2 - 1) = F_{0.05}(24, 24) = 1.984$$
$$F_{\alpha/2}(n_2 - 1, n_1 - 1) = F_{0.05}(24, 24) = 0.504$$

推出

$$\frac{s_1^2 / s_2^2}{F_{\alpha/2}} \leqslant \frac{\sigma_1^2}{\sigma_2^2} \leqslant \frac{s_1^2 / s_2^2}{F_{1-\alpha/2}} = \frac{260/280}{1.984} \leqslant \frac{\sigma_1^2}{\sigma_2^2} \leqslant \frac{260/280}{0.504}$$

即 $0.468 \leqslant \dfrac{\sigma_1^2}{\sigma_2^2} \leqslant 1.842$，男、女学生生活费支出方差比 90% 的置信区间为 $0.468 \sim 1.842$。

第三节　样本量的确定

进行参数估计之前，首先应确定一个适当的样本量。那么，究竟应该抽取一个多大的样本来估计总体参数呢？进行估计时，总是希望提高估计的可靠度。但在一定的样本量的前提下，要提高估计的可靠度，就需要给出较大的置信水平以扩大置信区间，但相应的准确性则会下降。如果想要增强估计的准确性，在不降低置信水平的情况下，就需要增加样本量以缩小置信区间，但样本量的增加受到许多限制。通常，样本量的确定与可以容忍的置信区间的宽度以及对此区间设置的置信水平有一定关系。因此，如何确定一个适当的样本量，也是参数估计需要考虑的问题。

一、单个总体样本量的确定

(一)估计单个总体均值时样本量的确定

在简单随机重复抽样的条件下，设样本 $X_1, X_2, \cdots, X_n$ 来自正态总体 $N(\mu, \sigma^2)$，总体均值 μ 的点估计为样本均值 $\overline{X}$。如果要求以 $\overline{X}$ 估计 μ 时的允许绝对误差为 E，可靠度为 $1-\alpha$，即要求

$$P\{|\overline{X} - \mu| \leqslant E\} = 1 - \alpha$$

由于

$$P\left\{ \left| \frac{\overline{X} - \mu}{\sigma/\sqrt{n}} \right| \leqslant Z_{\alpha/2} \right\} = 1 - \alpha$$

得出

$$P\left\{ |\overline{X} - \mu| \leqslant Z_{\alpha/2} \frac{\sigma}{\sqrt{n}} \right\} = 1 - \alpha$$

故绝对误差的取值为

$$E = Z_{\alpha/2} \frac{\sigma}{\sqrt{n}}$$

对上式两端平方并移项得

$$n = \frac{Z^2_{\alpha/2}\sigma^2}{E^2} \text{(重复抽样条件下)} \tag{5-17}$$

同理，在简单随机不重复抽样的条件下，只需取绝对误差

$$E = Z_{\alpha/2} \frac{\sigma}{\sqrt{n}} \sqrt{\frac{N-n}{N-1}}$$

推出

$$n = \frac{NZ^2_{\alpha/2}\sigma^2}{(N-1)E^2 + Z^2_{\alpha/2}\sigma^2} \text{(不重复抽样条件下)} \tag{5-18}$$

例 5-15 拥有工商管理学士学位的大学毕业生年薪的标准差大约为 2000 元，假设想要估计年薪 95%的置信区间，允许的估计误差不超过 400 元，应抽取多大的样本量？

解：已知 $\sigma=2000$，$E=400$，$z_{\alpha/2}=1.96$。

得

$$n = \frac{(1.96)^2 \times 2000^2}{400^2} = 96.04 \approx 97$$

即应抽取 97 人为样本。

(二)估计单个总体比例时样本量的确定

在简单随机重复抽样的条件下，估计单个总体比例时，由于

$$E = Z_{\alpha/2} \sqrt{\frac{\pi(1-\pi)}{n}}$$

得出样本容量为

$$n = \frac{Z^2_{\alpha/2}\pi(1-\pi)}{E^2} \text{(重复抽样条件下)} \tag{5-19}$$

同理，在简单随机不重复抽样的条件下，只需取绝对误差

$$E = Z_{\alpha/2} \sqrt{\frac{\pi(1-\pi)}{n}} \sqrt{\frac{N-n}{N-1}}$$

此时的样本容量为

$$n = \frac{NZ^2_{\alpha/2}\pi(1-\pi)}{(N-1)E^2 + Z^2_{\alpha/2}\pi(1-\pi)} \text{(不重复抽样条件下)} \tag{5-20}$$

例 5-16 根据以往的生产统计，某种产品的合格率为 90%，现要求估计误差不超过 5%，在求 95%的置信区间时，应抽取多少个产品作为样本？

解：已知 $\pi=90\%$，$E=5\%$，$z_{\alpha/2}=1.96$。

得

$$n = \frac{(1.96)^2 \times 0.9 \times (1-0.9)}{0.05^2} = 138.3 \approx 139$$

即应抽取 139 个产品作为样本。

二、两个总体样本量的确定

(一)估计两个总体均值之差时样本量的确定

设总体 X_1，X_2 均服从二项分布，即 $X_1 \sim N(\mu, \sigma_1^2)$，$X_2 \sim N(\mu, \sigma_2^2)$，其样本容量分别为 n_1，n_2，并且 $n_1 = n_2 = n$，两个总体相互独立。根据均值之差的区间估计公式可以得到两个样本的容量 n 为

$$n_1 = n_2 = n = \frac{Z_{\alpha/2}^2 (\sigma_1^2 + \sigma_2^2)}{E^2} \tag{5-21}$$

例 5-17 一所中学的教务处估计实验班和普通班数学考试成绩平均分数差值的置信区间，要求置信水平为 95%，预先估计两个班考试分数的方差分别为实验班 $\sigma_1^2 = 90$，普通班 $\sigma_2^2 = 120$。如果要求估计误差不超过 5 分，应该在两个班分别抽取多少名学生作为样本？

解：已知 $\sigma_1^2 = 90$，$\sigma_2^2 = 120$，$E = 5$，$z_{\alpha/2} = 1.96$。

得

$$n_1 = n_2 = \frac{(1.96)^2 \times (90 + 120)}{5^2} = 32.269 \approx 33$$

即应各抽取 33 人作为样本。

(二)估计两个总体比例之差时样本量的确定

设两个总体 X_1，X_2 均服从二项分布，即 $X_1 \sim B(n_1, \pi_1)$，$X_2 \sim B(n_2, \pi_2)$，其样本容量分别为 n_1，n_2，并且 $n_1 = n_2 = n$，两个总体互相独立。根据比例之差的区间估计公式可以得到两个样本的容量 n 为

$$n_1 = n_2 = n = \frac{Z_{\alpha/2}^2 [\pi_1(1 - \pi_1) + \pi_2(1 - \pi_2)]}{E^2} \tag{5-22}$$

例 5-18 一家饮料制造商估计顾客对一种新型饮料认知的广告效果。广告前和广告后分别从市场营销区各抽选一个消费者随机样本，并询问这些消费者是否听说过这种新型饮料。这家饮料制造商想以 95% 的置信水平估计广告前、广告后知道该新型饮料消费者的比例之差。若要求估计误差不超过 10%，抽取的两个样本分别应为多少人(假定两个样本量相等)？

解：已知 $E = 10\%$，$z_{\alpha/2} = 1.96$。由于没有 π_1、π_2 的信息，此时用 0.5 作为 π_1 和 π_2 的近似值。

得

$$n_1 = n_2 = \frac{(1.96)^2 \times [0.5 \times (1 - 0.5) + 0.5 \times (1 - 0.5)]}{0.1^2} = 192.08 \approx 193$$

即两个样本应各包含 193 人。

复习思考题

一、思考题

1. 参数估计时评价估计量好坏的标准是什么？
2. 解释置信水平的含义。
3. 解释置信区间和置信水平的联系。
4. 什么是点估计的最小二乘法、矩估计法和最大似然法？
5. 简述样本容量与置信水平、总体方差、估计误差的关系。

二、练习题

1. 某快餐店估计每位顾客午餐的平均花费金额，在为期 3 周的时间里选取 49 名顾客组成一个简单随机样本。

(1) 假定总体标准差为 15 元，求样本均值的标准误差。

(2) 在 95% 的置信水平下，求估计误差。

(3) 如果样本均值为 120 元，求总体均值 95% 的置信区间。

2. 某大学为了解学生每天上网的时间，在全校学生中速记抽取 36 人，调查他们每天上网的时间(单位：小时)，得到的数据如表 5-8 所示。

表 5-8　某校大学生每天上网时间

单位：小时

3.3	3.1	6.2	5.8	2.3	4.1	5.4	4.5	3.2
4.4	2.0	5.4	2.6	6.4	1.8	3.5	5.7	2.3
2.1	1.9	1.2	5.1	4.3	4.2	3.6	0.8	1.5
4.7	1.4	1.2	2.9	3.5	2.4	0.5	3.6	2.5

求该校大学生平均上网时间的置信区间，置信水平分别为 90%、95% 和 99%。

3. 某居民小区共有居民 500 户，小区管理者准备采用一套新的供水设施，想了解居民是否赞成。采取重复抽样方法随机抽取了 50 户，其中 32 户赞成，18 户反对。

(1) 求总体中赞成采用新供水设施户数比例的置信区间，置信水平为 95%。

(2) 如果小区管理者预计赞成的比例能达到 80%，要求估计误差不超过 10%。应该抽取多少户进行调查？

4. 两个正态总体的方差 σ_1^2 和 σ_2^2 未知但相等。从两个总体中分别抽取两个独立的随机样本，它们的均值和标准差如表 5-9 所示。

表 5-9　两个随机样本比较

来自总体 1 的样本	来自总体 2 的样本
$n_1 = 14$	$n_2 = 7$
$\bar{x}_1 = 53.2$	$\bar{x}_2 = 43.4$
$s_1^2 = 96.8$	$s_2^2 = 102$

(1) 求 $u_1 - u_2$ 95% 的置信区间。

(2) 求 $u_1 - u_2$ 99%的置信区间。

5. 从两个总体中各抽取一个 $n_1 = n_2 = 250$ 的独立随机样本，来自总体 1 的样本比例为 $p_1 = 40\%$，来自总体 2 的样本比例为 $p_2 = 30\%$。

(1) 构建 $\pi_1 - \pi_2$ 90%的置信区间。

(2) 构建 $\pi_1 - \pi_2$ 95%的置信区间。

6. 某超市估计每位顾客平均每次购物花费的金额。根据以往的经验，标准差大约为 120 元，现要求以 95%的置信水平估计每位顾客平均购物金额的置信区间，并要求估计误差不超过 20 元，应抽取多少位顾客作为样本？

7. 假定 $n_1 = n_2$，估计误差 $E = 0.05$，相应的置信水平为 95%，估计两个总体比例之差 $\pi_1 - \pi_2$ 所需要的样本量为多大？

第六章 假设检验

【本章学习要求】

通过本章的学习，了解假设检验的基本概念和步骤；掌握正态总体参数的假设检验、总体比率的假设检验；了解第二类错误概率及对总体均值进行假设检验时样本容量的确定；了解非参数的假设检验。

【本章重点】

● 假设检验的概念
● 假设检验的步骤
● 正态总体参数的假设检验、总体比率的假设检验
● 总体均值进行假设检验时样本容量的确定

【本章难点】

● 正态总体参数的假设检验方法
● 总体比率的假设检验方法
● 第二类错误计算

【章前导读】

1920 年的某个风和日丽的下午，剑桥大学里的一群科学家正悠闲地享受下午茶时光。正如往常一样准备冲泡奶茶的时候，有位女士突然说："冲泡的顺序对奶茶的风味影响很大。先把茶加进牛奶里与先把牛奶加进茶里，这两种冲泡方式所泡出的奶茶口味截然不同。我可以轻松地辨别出来。"在场的绝大多数人对这位女士的"胡言乱语"嗤之以鼻。然而，其中一位身材矮小、戴着厚眼镜的先生却不这么看，他对这个问题很有兴趣。这个人就是罗纳德·艾尔默·费舍尔(Ronald Aylmer Fisher)。

Fisher 的思路是先假设该女士没有这个能力；随后，Fisher 将 8 杯已经调制好的奶茶随机地放到这位女士面前，看看这位女士能否正确地品尝出不同的茶。若女士并没有鉴别的能力，能否答对完全靠蒙，则此时该女士每次答对的概率应为 0.5。(类似于抛硬币)现在问题来了：如果实际观测到该女士连续答对了 8 次，那么，该女士是否有鉴别能力呢？

【关键词】

假设检验　显著性水平　两类错误　p-value

参数估计(parameter estimation) 和参数假设检验(hypothesis testing)是统计推断的两个组成部分，它们都是利用样本对总体进行某种推断，只是推断的角度不同。参数估计讨论的是用样本统计量估计总体参数的方法，总体参数在估计前是未知的；而在参数假设检验中，则是先假设一个总体参数的值，然后利用样本信息去检验这种假设是否成立。如果成

立，就接受这个假设；如果不成立，就放弃它。非参数假设检验是利用样本数据检验总体的分布情况。所以，本章讨论的内容是如何利用样本信息，对假设成立与否作出判断。

第一节 假设检验的基本内容

假设检验是推断统计的一项重要内容，它是先对研究总体的特征作出某种假设，然后通过对样本的观察来决定假设是否成立。在学习假设检验相关理论和解题程序之前，我们首先要了解什么是假设检验，假设检验能够解决哪些经济、管理乃至社会等科学的问题，为了对假设检验有一个直观的认识，不妨先看下面的例子。

例如，某厂商需要设计一条产品生产线用于包装洗涤剂。要求每瓶重量不得少于500g，定期选取一部分样品称其重量，以便检查分量是否足。若样本数据表明分量不足就得停产调整生产线。今从一批该洗涤剂中任意抽取 100 瓶，发现有 10 瓶重量低于 500g。若规定不符合标准的比例达到 5%，该批次的洗涤剂就不得出厂，那么，该批次洗涤剂是否能出厂呢？

对于该批次洗涤剂的不合格率我们事先并不知道，需根据样本的不合格率估计该批次洗涤剂的不合格率，然后与规定的不合格率标准(即不超过 5%)进行比较，再作出该批次洗涤剂能否出厂的决策。也就是说，要先假设该批次洗涤剂的不合格率是否超过 5%，然后用样本不合格率来检验假设是否正确。这便是一个假设检验的例子。

又如，从 2022 年的新生儿中随机抽取 50 个，测得其平均体重为 3400g，而根据 2015 年的统计资料，新生儿的平均体重为 3250g。问：2022 年的新生儿与 2015 年相比，体重有无显著差异？

从直观上看，2022 年新生儿体重略重，但这种差异可能是由抽样的随机性导致的，而事实上这两年新生儿的体重也许并没有显著差异。究竟是否存在显著差异，可以先做一个假设，即"假设这两年新生儿的体重没有显著差异"，然后检验这个假设能否成立。这也是一个假设检验的例子。

再如，2021 年某统计学教授在黑龙江省各高校随机抽样了 500 名男大学生，测量他们的身高，得到平均身高为 173.7 厘米，标准差为 8(厘米)。而根据另一项全国性的研究结果，全国在校男大学生的平均身高为 171.4 厘米。那么，样本和总体身高的差异是由样本随机性造成的，还是说黑龙江省各高校男生身高要高于全国平均水平？

由以上的例子可以看出，假设检验是对我们所关心的却又是未知的总体参数先作出假设，然后抽取样本，利用样本提供的信息对假设的正确性进行判断的过程。

一、假设检验的基本概念

1. 假设检验的基本形式

在统计学中，把需要通过样本推断其正确与否的命题称为原假设(null hypothesis)，用 H_0 表示。例如，在新生儿体重这个例子中，我们可以事先提出一个命题(假设)，即"2022 年出生的新生儿与 2015 年出生的新生儿在体重上没有差异"。因此，可以这样表示

$$H_0: \quad \mu = 3250g$$

这里的 μ 表示 2022 年新生儿总体的均值,它与 2015 年新生儿总体的均值 3250g 相同。

与原假设相对立的假设是备择假设(alternative hypothesis),用 H_1 表示。在上面这个例子中,备择假设 H_1 意味着"2022 年出生的新生儿与 2015 年出生的新生儿在体重上有明显差异",因此可以表示为

$$H_1: \quad \mu \neq 3250g$$

这里 μ 表示 2022 年新生儿总体的均值,它与 2015 年新生儿总体的均值 3250g 不同。

假设检验的基本形式有下述 3 种。

(1) $H_0: \mu = \mu_0$, $H_1: \mu \neq \mu_0$ (双边备择假设)。

(2) $H_0: \mu \leqslant \mu_0$, $H_1: \mu > \mu_0$ (右单边备择假设)。

(3) $H_0: \mu \geqslant \mu_0$, $H_1: \mu < \mu_0$ (左单边备择假设)。

2. 假设检验的含义

假设检验就是运用统计理论对上述假设进行检验,在原假设与备择假设中选择其一。

3. 假设检验的基本依据——小概率原理

假设检验的基本方法是应用小概率原理在原假设与备择假设中选择其一。所谓小概率原理,是指发生概率很小的随机事件在一次检验中是几乎不可能发生的。现代统计学的奠基人——罗纳德·艾尔默·费舍尔(Ronald Aylmer Fisher)已经设定了一个小概率事件的分界点 0.05,但凡某个事件发生的概率小于 0.05 都可称为小概率事件。

根据小概率原理,可以作出是否接受原假设的决定。例如,有一个厂商声称其产品的合格率很高,可以达到 99%,那么从一批产品(如 100 件)中随机抽取 1 件,这一件恰好是次品的概率就非常小,只有 1%。如果厂商说的是真的,随机抽取 1 件是次品的事件就几乎是不可能发生的,但如果这种事件确实发生了,我们就有理由怀疑原来的假设,即产品中只有 1%的概率是次品的假设是否成立。这时就可以推翻原来的假设,作出厂商说的是假的这样一个推断,进行推断的依据就是小概率原理。当然,推断也可能会犯错误,即这 100 件产品中确实只有 1 件是次品,而恰好在一次抽取中被抽到了。所以犯这种错误的概率是 1%,也就是说,我们在冒 1%的风险作出厂商宣称是假的这样一个推断。

4. 假设检验的思路

假设检验的思路是概率性质的反证法。我们所做的假设检验都是在承认原假设成立的前提下进行的,若一次试验的结果小概率事件发生,则依据小概率原理应放弃原假设;若一次试验的结果大概率事件发生,则应接受原假设。

5. 显著性水平与两类错误

假设检验是围绕对原假设内容的判定而展开的。如果原假设正确且我们已经接受 (同时也就放弃了备择假设),或原假设错误且我们已经放弃(同时也就接受了备择假设),这表明我们作出了正确的决策。但是,由于假设检验是根据样本提供的信息由推断而得,也就存在犯错误的可能。有这样一种情况,原假设正确,但我们却把它当成错误的予以拒绝。犯这种错误的概率用 α 表示,统计上把 α 称为假设检验中的显著性水平(significant level),

也就是决策中所面临的风险。所以，显著性水平是指原假设为正确却被拒绝的概率或风险。这个概率是由人预先确定的，通常取 $\alpha = 0.05$ 或 $\alpha = 0.01$。这表明，当作出接受原假设的决定时，其正确的可能性(概率)为95%或99%。

由前面的叙述可知，假设检验是依据样本提供的信息对总体进行判断，也就是由部分来推断整体，因而假设检验不可能绝对准确，它也可能犯错误。所犯的错误有两种类型。一类是原假设 H_0 为真却被我们拒绝了，犯这种错误的概率用 α 来表示，也称为 α 错误或弃真错误。另一类是原假设为伪却被我们接受了。例如，在前面的例子中，厂商声称其产品的合格率为99%，而实际上合格率仅为90%，这意味着在 100 件产品中有 90 件合格品和 10 件次品。为了检验厂商的说法是否真实，我们随机抽取了 20 件产品，结果都是合格品，因此我们便会由此推断厂商的说法是真实的。这时我们就犯了第二类错误，犯这种错误的概率用 β 来表示，也称为 β 错误或取伪错误。

自然，人们希望犯这两类错误的概率越小越好。但对于一定的样本容量 n，不能同时做到犯这两类错误的概率都很小。若减小犯 α 错误的概率，就会增大犯 β 错误的概率；若减小犯 β 错误的概率，就会增大犯 α 错误的概率。

当然，使 α 和 β 同时变小的办法也有，就是增大样本容量。但样本容量不可能没有限制，否则就会使抽样调查失去意义。因此，在假设检验中，存在对两类错误进行控制的问题。

一般而言，哪一类错误带来的后果严重(危害大)，在假设检验中就应当把该类错误作为首要的控制目标。但在假设检验中，一般应首先控制犯 α 错误风险。这样做的原因主要有两点，一是大家都遵循一个统一的原则，讨论问题就比较方便。二是从实用的观点看，原假设是什么常常是明确的，而备择假设是什么则常常是模糊的。

假设检验中的两类错误如图 6-1 所示。

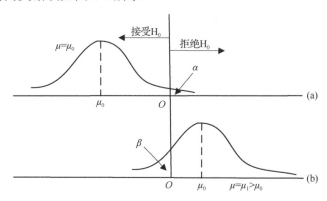

图 6-1　假设检验中的两类错误

二、假设检验的步骤

一个完整的假设检验过程，通常包括下述 4 个步骤。
(1) 提出原假设和备择假设。
(2) 确定适当的检验统计量，并计算检验统计量的值。
(3) 规定显著性水平 α，根据给定显著性水平 α 查表确定临界值。

(4) 用查表的临界值同统计量的值进行比较，根据拒绝规则作出统计决策。

接下来，仍以上文提到的新生儿体重为例，对每一个步骤的内容进行分析和说明。

1. 提出原假设和备择假设

$H_0 : \mu = 3250g$，这里 μ 表示 2022 年新生儿总体的均值，它与 2015 年新生儿总体的均值 3250g 相同。

$H_1 : \mu \neq 3250g$，在这个例子中，备择假设 H_1，意味着 2022 年出生的新生儿与 2015 年出生的新生儿在体重上有明显差异。

2. 确定适当的检验统计量，并计算检验统计量的值

在参数的假设检验中，如同在参数估计中一样，要借助样本统计量进行统计推断。用于假设检验问题的统计量称为检验统计量。在解决具体问题时，选择什么统计量作为检验统计量，需要考虑的因素与参数估计相同。例如，用于进行检验的样本是大样本还是小样本，总体方差已知还是未知，等等。在不同的条件下应选择不同的检验统计量，然后根据给定的已知条件计算检验统计量值。

3. 规定显著性水平 α，根据给定显著性水平 α 查表确定临界值

前面已有介绍，显著性水平是指原假设正确却被拒绝的概率或风险，此点与决策者的风险偏好有关。通常可选择 α 为 0.05 或 0.01，最后根据给定显著性水平 α 查标准正态分布表或 T 分布表等确定临界值。

4. 用查表的临界值同统计量的值进行比较，根据拒绝规则作出统计决策

根据显著性水平 α 和统计量的分布，可以找出接受域和拒绝域的临界点，确定拒绝规则或接受规则，用计算出的检验统计量的值与临界点值相比较，就可以作出接受原假设或拒绝原假设的统计决策。

第二节 正态总体参数的假设检验

一、正态总体参数假设检验的步骤

正态总体参数假设检验包括下述 4 个步骤。

(1) 建立原假设 H_0 和备择假设 H_1。

(2) 选择检验用的统计量。经常用到的统计量有以下几种。

$$U = \frac{\overline{X} - \mu_0}{\sigma / \sqrt{n}}$$

$$t = \frac{\overline{X} - \mu_0}{S / \sqrt{n}}$$

$$\chi^2 = \frac{(n-1)S^2}{\sigma^2}$$

$$F = \frac{\dfrac{(n_1-1)S_1^2}{\sigma_1^2(n_1-1)}}{\dfrac{(n_2-1)S_2^2}{\sigma_2^2(n_2-1)}} = \frac{S_1^2}{S_2^2}(\sigma_1 = \sigma_2)$$

选用以上的统计量做检验时，分别称为 U、t、χ^2 和 F 检验法。

(3) 确定显著水平 α 的值，查相应的分布表得到其临界值以及拒绝域。

(4) 进行显著性判断，如果统计量的值等于临界值，则不下定论，可加大样本容量重新抽样检验。

正态总体参数的假设检验如表 6-1 所示。

表 6-1 正态总体参数的假设检验

名称	条件	H_0	统计量及其分布	否定域
U 检验法	已知总体的 σ^2	$\mu = \mu_0$ $\mu \leq \mu_0$ $\mu \geq \mu_0$	$U = \dfrac{\bar{X} - \mu_0}{\dfrac{\sigma}{\sqrt{n}}}$ $U \sim N(0,1)$	$\lvert U \rvert > \mu_{\alpha/2}$ $U > \mu_\alpha$ $U < -\mu_\alpha$
	已知两总体 σ_1^2 和 σ_2^2	$\mu_1 = \mu_2$ $\mu_1 \leq \mu_2$ $\mu_1 \geq \mu_2$	$U = \dfrac{\bar{X}_1 - \bar{X}_2}{\sqrt{\dfrac{\sigma_1^2}{n_1} + \dfrac{\sigma_2^2}{n_2}}}$	$\lvert U \rvert > \mu_{\alpha/2}$ $U > \mu_\alpha$ $U < -\mu_\alpha$
t 检验法	总体方差未知	$\mu = \mu_0$ $\mu \leq \mu_0$ $\mu \geq \mu_0$	$t = \dfrac{\bar{X} - \mu_0}{\dfrac{S}{\sqrt{n}}}$ $t \sim t(n-1)$	$\lvert t \rvert > t_{\alpha/2}$ $t > t_\alpha$ $t < -t_\alpha$
	已知两总体方差相同(但值未知)	$\mu_1 = \mu_2$ $\mu_1 \leq \mu_2$ $\mu_1 \geq \mu_2$	$t = \dfrac{\bar{X}_1 - \bar{X}_2}{S_0 \sqrt{\dfrac{1}{n_1} + \dfrac{1}{n_2}}}$ $t \sim t(n_1 + n_2 - 2)$ $S_0 = \sqrt{\dfrac{(n_1-1)S_1^2 + (n_2-1)S_2^2}{n_1 + n_2 - 2}}$	$\lvert t \rvert > t_{\alpha/2}$ $t > t_\alpha$ $t < -t_\alpha$
χ^2 检验法		$\sigma^2 = \sigma_0^2$ $\sigma^2 \leq \sigma_0^2$ $\sigma^2 \geq \sigma_0^2$	$x^2 = \dfrac{(n-1)S^2}{\sigma_0^2}$ $x^2 \sim \chi^2(n-1)$	$x^2 > \chi^2_{\alpha/2}$ 或 $x^2 < \chi^2_{1-\alpha/2}$ $x^2 > \chi^2_\alpha$ $x^2 < \chi^2_{1-\alpha}$
F 检验法	两总体均值 μ，方差 σ^2 未知，比较两总体方差	$\sigma_1^2 = \sigma_2^2$ $\sigma_1^2 \leq \sigma_2^2$ $\sigma_1^2 \geq \sigma_2^2$	$F = \dfrac{S_1^2}{S_2^2}$ $F \sim F(n_1-1, n_2-1)$	$F > F_{\alpha/2}$ 或 $F < F_{1-\alpha/2}$ $F > F_\alpha$ $F < F_{1-\alpha}$

例 6-1 某工业管理局在体制改革前、改革后分别调查了 10 个和 12 个企业的劳动生产率情况，得知改革前、改革后平均劳动生产率(元/人)为 $\bar{X}_1 = 2089$，$\bar{X}_2 = 2450$；劳动生

产率的方差分别为 $S_1^2 = 7689$，$S_2^2 = 6850$。又知改革前、改革后企业劳动生产率的标准差相等。在显著水平 $\alpha = 0.05$ 下，改革后平均劳动生产率比改革前是否有明显提升？

解：根据题意建立原假设与备择假设为

$H_0 : \mu_1 \geqslant \mu_2$；$H_1 : \mu_1 < \mu_2$

已知，$\overline{X}_1 = 2089$，$\overline{X}_2 = 2450$，$S_1^2 = 7689$，$S_2^2 = 6850$，$n_1 = 10$，$n_2 = 12$，$\sigma_1 = \sigma_2$ 但数值未知，所以用 t 检验法。计算统计量 t 的值，得

$$t = \frac{\overline{X}_1 - \overline{X}_2}{S_0 \sqrt{\dfrac{1}{n_1} + \dfrac{1}{n_2}}} = \frac{2089 - 2450}{85.01 \times \sqrt{\dfrac{1}{10} + \dfrac{1}{12}}} = \frac{-361}{36.4} = -9.92$$

因为是左单边假设检验，所以查 $t_\alpha(n_1 + n_2 - 2) = t_{0.05}(20) = 1.725$，$t = -9.92 < -1.725 = -t_\alpha$。由此判定：拒绝原假设 $H_0 : \mu_1 \geqslant \mu_2$，即体制改革后，该工业管理局的平均劳动生产率较改革前提高了。

例 6-2 某超市买入一批某品牌味精，每包净重 500g，假设每包味精重量服从正态分布，为检验其分量是否符合标准抽查 8 包味精，重量分别为 499g、501g、501.5g、499.5g、498g、498.5g、500g、499.5g，且根据以往经验这批味精标准差为 $\sigma = 0.9$，能否接收这批味精？（$\alpha = 0.05$）

解：根据题意建立原假设与备择假设为

$H_0 : \mu = 500$，$H_1 : \mu \neq 500$

已知，$\overline{X} = \dfrac{499 + 501 + 501.5 + 499.5 + 498 + 498.5 + 500 + 499.5}{8} = 499.625$，$\sigma = 0.9$，$\alpha = 0.05$，因已知总体的标准差，故采用 U 检验法。计算统计量 U 的值，得

$$U = \frac{\overline{X} - \mu_0}{\sigma / \sqrt{n}} = \frac{499.625 - 500}{0.9 / \sqrt{8}} = -1.179$$

因为是双边假设检验，所以查 $\mu_{\alpha/2} = 1.96$，$|U| = 1.179 < \mu_{\alpha/2}$，不满足拒绝域条件，于是判定接受原假设 $H_0 : \mu = 500$，这批味精重量符合标准，可以接收。

例 6-3 某网络调查显示：江浙沪职业女性每年用于购买衣物人均花费为 8120 元。某研究所要检验这项调查的真实性就随机调查了 20 名妇女，了解她们每年在购买衣物方面的花费，调查结果为 11000、8500、7000、10200、9800、9000、7500、9500、9000、9500、5000、8800、8900、10000、9050、8020、7200、9000、13000、8040(单位：元)，假设根据以往经验该项花费服从正态分布，标准差为 1000，请验证该网络调查的真实性。（$\alpha = 0.01$）

解：根据题意建立原假设与备择假设为

$$H_0 : \mu = 8120，H_1 : \mu \neq 8120$$

已知，$\overline{X} = \dfrac{11000 + 8500 + \cdots + 8040}{20} = 8900.5$，$\sigma = 1000$，$\alpha = 0.01$，因已知总体的标准差，故采用 U 检验法。计算统计量 U 的值，得

$$U = \frac{\overline{X} - \mu_0}{\sigma/\sqrt{n}} = \frac{8900.5 - 8120}{1000/\sqrt{20}} = 3.49$$

因为是双边假设检验，所以查 $\mu_{\alpha/2} = 2.575$ ，$|U| = 1.179 > \mu_{\alpha/2}$ ，满足拒绝域条件，由此判定拒绝原假设 $H_0 : \mu = 8120$ ，该网络调查有误差，不真实。

二、P 值的应用

P 值(P-value)由罗纳德·艾尔默·费舍尔首先提出。P 值就是当原假设为真时，比所得到的样本观察结果更极端的结果出现的概率。如果 P 值很小，说明原假设情况的发生的概率很小，而如果出现了，根据小概率原理，我们就有理由拒绝原假设，P 值越小，我们拒绝原假设的理由越充分。总之，P 值越小，表明结果越显著。但是检验的结果究竟是"显著的""中度显著的"，还是"高度显著的"，需要我们自己根据 P 值的大小和实际情况来解决。

通常，根据 P 值所得出的有关假设检验的结论与根据其相应的检验统计量所得出的有关假设检验的结论是相同的。

例如，某种产品标明其重量为 3kg 以上，这样假设检验的拒绝域在左侧；从而 P 值为观测到的样本结果小于或等于实测结果的概率。通常称 P 值为实测显著性水平。

选择如下形式的原假设和备择假设

$$H_0 : \mu_1 \geq 3; H_1 : \mu_1 < 3$$

总体标准差 $\alpha = 0.18$ 检验统计量为

$$U = \frac{\overline{x} - \mu_0}{\sigma/\sqrt{n}}$$

由 $n = 36$ 组成简单随机样本，其样本均值：$\overline{x} = 2.92$kg 检验统计量的值为

$$U = \frac{2.92 - 3}{0.18/\sqrt{36}} = -2.67$$

取显著性水平 $\alpha = 0.01$ 时，$U = -2.67$ 对应的 P 值为 $0.0038 < 1$ ，所以应该拒绝 H_0 。

具体的 P 值检测如图 6-2 所示。

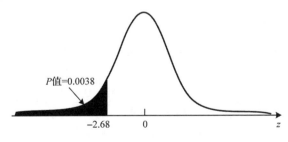

图 6-2　P 值检测

第三节 总体比率的假设检验

一、单个总体比率的假设检验

如果样本容量 n 与原总体比率 p_0 满足 $np_0 \geqslant 5$，$n(1-p_0) \geqslant 5$，可以用 U 检验法。如表 6-2 所示。

表 6-2 单个总体比率的假设检验

	H_0	H_1	$np_0 \geqslant 5$, $n(1-p_0) \geqslant 5$ $U = \dfrac{\bar{p} - p_0}{\sqrt{\dfrac{p_0(1-p_0)}{n}}}$ 在显著水平 α 下拒绝 H_0，接受 H_1	备注：$\bar{p}$ 为样本比率
I	$p = p_0$	$p \neq p_0$	$\lvert U \rvert > \mu_{\alpha/2}$	
II	$p \leqslant p_0$	$p > p_0$	$U > \mu_{\alpha}$	
III	$p \geqslant p_0$	$p < p_0$	$U < -\mu_{\alpha}$	

例 6-4 某企业的备件库存标准有所调整。调整前的库存周转率为 0.932，今调查库存资料如表 6-3 所示。

表 6-3 调查库存资料

库存周转件数	库存积压件数	合计(件)	库存周转率
105	5	110	0.9545

问：在显著性水平 $\alpha=0.05$ 的条件下，调整前、调整后该企业库存周转率有无显著差异？

解：根据题意建立原假设与备择假设为

$$H_0: p = p_0; \quad H_1: p \neq p_0$$

由已知条件得

$$n = 100$$
$$\bar{p} = 0.9545$$
$$np_0 = 110 \times 0.932 = 105.52 > 5, \quad n(1-p_0) = 7.5 > 5$$

所以可以用 U 检验法，即

$$U = \frac{\bar{P} - P_0}{\sqrt{\dfrac{P_0(1-P_0)}{n}}} = \frac{0.9545 - 0.932}{\sqrt{\dfrac{0.932 \times (1-0.932)}{110}}} = 0.94$$

查正态分布表得 $\mu_{\alpha/2} = \mu_{0.025} = 1.96$。

由于 $U = 0.94 < 1.96 = \mu_{\alpha/2}$，故接受原假设 $H_0: p = p_0$。所以，调整前、调整后该企业的库存周转率无显著差异。

例 6-5 某电视台某频道收视率为 58%，自该频道进行节目改革，为了解该频道改革后的收视率，抽查了 345 户，有 210 户经常观看该频道。以 5%的显著性水平进行检验，试问：该电视台改革前、改革后是否有明显差异？

解：根据题意建立原假设与备择假设为

$$H_0 : p=0.58; H_1 : p \neq 0.58$$

由已知条件得

$$n=345$$

$$\bar{p} = 0.609$$

$$np_0 = 345 \times 0.58 > 5, \quad n(1-p_0) > 5$$

所以可以用 U 检验法，即

$$U = \frac{\bar{p} - p_0}{\sqrt{\dfrac{p_0(1-p_0)}{n}}} = \frac{0.609 - 0.58}{\sqrt{\dfrac{0.58(1-0.58)}{340}}} = 1.082$$

查正态分布表得 $\mu_{\alpha/2} = \mu_{0.025} = 1.96$。

由于 $U = 1.082 < 1.96 = U_{\alpha/2}$，故接受原假设 $H_0 : p = 0.58$。所以，该电视台节目改革前、改革后无明显差异。

二、两个总体比率的假设检验

两个总体比率的假设检验即比较两个总体比率有无显著差异。比如比较两种机车生产产品的次品率有无显著差异时，可取容量 n_1、n_2 皆足够大，$n_1 p_1 \geqslant 5$，$n_1(1-p_1) \geqslant 5$，$n_2 p_2 \geqslant 5$，$n_2(1-p_2) \geqslant 5$，用 U 检验法，如表 6-3 所示。

表 6-4 两个总体比率差异的假设检验

H_0	H_1	$U = \dfrac{\bar{p}_1 - \bar{p}_2}{\sqrt{\hat{p}(1-\hat{p})\left(\dfrac{1}{n_1} + \dfrac{1}{n_2}\right)}}$ 在显著性水平 α 下拒绝 H_0，接受 H_1	备注：x_1，x_2 分别为两样本中具有某种性质的数据个数。 $\bar{p}_1 = \dfrac{x_1}{n_1}$，$\bar{p}_2 = \dfrac{x_2}{n_2}$ $p = \dfrac{x_1 + x_2}{n_1 + n_2}$
$p_1 = p_2$	$p_1 \neq p_2$	$\lvert U \rvert > \mu_{\alpha/2}$	
$p_1 \leqslant p_2$	$p_1 > p_2$	$U > \mu_\alpha$	
$p_1 \geqslant p_2$	$p_1 < p_2$	$U < -\mu_\alpha$	

例 6-6 从甲、乙两台机床生产的零件中抽样检验质量如表 6-5 所示。

表 6-5 抽样检验质量

机床	合格数量(件)	不合格数量(件)	合计(件)
甲	90	5	95
乙	75	4	79
合计	165	9	174

根据以上资料推断两种机床不良率，并检验两种机床生产的零件不良率有无显著差

异，显著水平 $\alpha=0.1$ 。

解：甲、乙两种机床不良率为 p_1，p_2，其估计值为 $\bar{p}_1$，$\bar{p}_2$ 。

$$\bar{p}_1=5/95=0.053=5.3\%$$

$$\bar{p}_2=4/79=0.051=5.1\%$$

$$H_0：p_1=p_2；H_1：p_1 \neq p_2$$

用 U 检验法，统计量为

$$U=\frac{\bar{p}_1-\bar{p}_2}{\sqrt{\hat{p}(1-\hat{p})\left(\dfrac{1}{n_1}+\dfrac{1}{n_2}\right)}}\left(其中\hat{p}=\frac{n_1\bar{p}_1+n_2\bar{p}_2}{n_1+n_2}\right)$$

解得

$$\hat{p}=\frac{5+4}{95+79}=9/174=0.052$$

$$U=\frac{0.053-0.051}{\sqrt{0.052\times(1-0.052)\times0.023}}=0.059$$

$$\mu_{\alpha/2}=\mu_{0.025}=1.64$$

由于 $|U| < \mu_{\alpha/2}$，所以接受 H_0。认为甲、乙两种机床生产的产品不良率无显著差异。

第四节 第二类错误概率

本节将说明如何计算在总体均值假设检验中发生第二类错误的概率。假设有关电池使用小时数均值的原假设和备择假设分别为 $H_0：\mu \geqslant 120$ 和 $H_1：\mu < 120$。如果拒绝 H_0，则决定因这批货物使用小时数的均值小于规格所要求的 $120h$ 而将其退回供应商；如果不能拒绝 H_0，则决定接收这批货物。

假定进行假设检验时所使用的显著性水平 $\alpha=0.05$，检验统计量为

$$U=\frac{\bar{X}-\mu_0}{\sigma/\sqrt{n}}=\frac{\bar{X}-120}{\sigma/\sqrt{n}}$$

$\mu_\alpha=1.645$，则假设检验的拒绝法则为：如果 $U < -1.645$，则拒绝 H_0

假定选取 36 节电池组成一个样本，由前面的检验中已知总体的标准差 $\sigma=12h$，则拒绝法则表明，当 $U=\dfrac{\bar{X}-120}{12/\sqrt{36}}$ 时，拒绝 H_0。

上式中关于 $\bar{X}$ 的解表明，当 $\bar{X} < 120-1.645\left(\dfrac{12}{\sqrt{36}}\right)$ 时，拒绝 H_0；当 $\bar{X} > 116.71$ 时，将作出接收这批货物的决策。利用这些信息，就可以计算与发生第二类错误相联系的概率了。

首先，当货物均值的真值小于 $120h$ 而我们却作出接受 $H_0：\mu \geqslant 120$ 的决定时，就犯了第二类错误。例如，如果假定电池寿命的均值 $\mu=112h$ 确实是真却接受了 $H_0：\mu \geqslant 120$ 时，犯第二类错误的概率有多大呢？

如图 6-3 给出了当均值 $\mu=112$ 时，$\bar{X}$ 的抽样分布，其上侧阴影部分的面积为 $\bar{X} \geqslant 116.71$ 的概率。根据图 6-3，计算得

$$U=\frac{\bar{X}-\mu_0}{\sigma/\sqrt{n}}=\frac{116.71-112}{12/\sqrt{36}}=2.36$$

由标准正态概率分布表可知，如果总体均值为 112h，则发生第二类错误的概率为 0.0091。

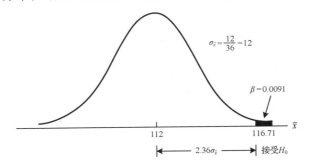

图 6-3 当 $\mu=112$ 时发生第二类错误的概率

第五节 对总体均值进行假设检验时样本容量的确定

假定对总体均值进行假设检验，检验中使用者事先指定显著性水平，以确定发生第一类错误的概率。通过控制样本容量，使用者也可以对发生第二类错误的概率进行控制。下面将给出在总体均值的单边检验中确定样本容量的方法。

原假设和备择假设分别为

$$H_0:\ \mu \geqslant \mu_0;\quad H_1:\ \mu < \mu_0$$

式中，μ_0 为总体均值的假设值。

如图 6-4 所示的上半部分是当 H_0 为真并且 $\mu=\mu_0$ 时 $\bar{X}$ 的抽样分布。当显著性水平为 α 时，令 c 代表临界值，则 $\bar{x}<c$ 确定了检验的拒绝域。其中

$$c=\mu_0-\mu_\alpha\frac{\alpha}{\sqrt{n}} \tag{6-1}$$

现在考虑图 6-4 下半部分的抽样分布。我们专门选取了当 H_0 为假时，总体均值的值，记作 μ_1。假定使用者指定了当真实的总体均值为 μ_2 时可以接受的第二类错误的概率，在图 6-4 中此概率用 β 表示。此时

$$c = \mu_1 + \mu_\beta\frac{\sigma}{\sqrt{n}} \tag{6-2}$$

由于式(6-1)和式(6-2)都等于 c，从而其表达式为

$$\mu_0 - \mu_\alpha\frac{\sigma}{\sqrt{n}} = \mu_1 + \mu_\beta\frac{\sigma}{\sqrt{n}}$$

为了确定所要求的样本容量，首先用如下方式求解 $\sqrt{n}$。

$$\mu_0 - \mu_1 = \mu_\alpha\frac{\sigma}{\sqrt{n}} + \mu_\beta\frac{\sigma}{\sqrt{n}}$$

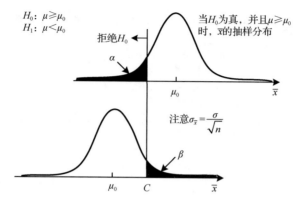

当H_0为假，并且$\mu_1 < \mu_0$时$\bar{x}$的抽样分布

图6-4　给定第一类错误水平(α)和第二类错误水平(β)时样本容量的确定

从而得到的总体均值单边假设检验的样本容量公式为

$$n = \frac{(\mu_\alpha + \mu_\beta)^2 \sigma^2}{(\mu_0 + \mu_1)^2} \tag{6-3}$$

式中：μ_α为标准正态分布单侧面积为α时对应的临界值。

μ_β为标准正态分布单侧面积为β时对应的临界值。

σ为总体的标准差。

注意：双边假设检验中，上式中用$\mu_{\alpha/2}$代替μ_α。

观察式(6-3)可以得到α、β和样本容量n之间如下所述三种关系。

(1)　当三者中有二者为已知时，即可计算得到第三者。

(2)　对于给定的显著性水平α，增大样本容量将会减少。

(3)　对于给定的样本容量，减小α会使β增大，增大α将会使β减小。

当未对第二类错误的概率加以控制时，应该牢记第三点。它说明不能毫无必要地选择太小的显著性水平α。对于给定的样本容量，选择太小的显著性水平意味着将使发生第二类错误的概率增大。

第六节　非参数的假设检验

前两节的假设检验都是在已知总体的分布类型(如正态分布)条件下进行的。但是在实际中，总体不一定服从正态分布，甚至总体的分布未知。本节将介绍统计上常用的不依赖总体分布及其参数知识的检验——非参数检验(nonparametric tests)方法。

一、两个总体分布差异的检验

在检验过程中，经常要检验两种不同的处理方法效果是否相同。例如，比较在不同钻机、不同操作人员、不同地质条件下，钻机效率是否相同。诸如此类问题是对两个总体的分布是否相同的检验。下面介绍两种简单易行的方法，符号检验法和秩和检验法。

1. 符号检验法

设两个总体 X_1、X_2，它们的分布皆未知，以 $f_1(x)$ 和 $f_2(x)$ 分别表示两个总体的概率密度，检验 $f_1(x) = f_2(x)$ 是否成立。

建立原假设与备择假设为

$$H_0 : f_1(x) = f_2(x); H_1 : f_1(x) \neq f_2(x)$$

对两个总体分别独立地抽取 m 个元素，即得到 m 对数据

$$(a_1, b_1) , \quad (a_2, b_2) , \quad \cdots , \quad (a_m, b_m)$$

如果 $f_1(x) = f_2(x)$ 假设成立，那么，$a_i > b_i$ 或 $a_i < b_i$ $(i=1,2,\cdots,m)$ 应该有相同的概率 (0.5)，且样本 $a_i > b_i$ 与 $a_i < b_i$ 的个数差异不应很大。

令 $a_i > b_i$ 的事件为 y_i，则

$$y_i = \begin{cases} 1, & a_i > b_i \\ 0, & a_i < b_i \end{cases} \tag{6-4}$$

于是

$$y = y_1 + y_2 + \cdots + y_m$$

服从二项分布。根据二项分布可以计算出比较 $a_i > b_i$ 或 $a_i < b_i$ 差异的临界值 $S_\alpha(n)$。符号检验的方法步骤如下所述。

(1) 将两总体的样本数据进行比较，且

$a_i > b_i$ 记为 "+"，"+" 的个数记为 n_+；

$a_i < b_i$ 记为 "−"，"−" 的个数记为 n_-；

$a_i = b_i$ 记为 "0"，"0" 的个数记为 n_0。

(2) 求出 n，即 $n = n_+ + n_-$。

(3) 在显著水平 α 下，根据 n 值查符号检验表得其临界值 $S_\alpha(n)$。

(4) 判别显著性。

若 $S_0 = \min\{n_+, n_-\} < S_\alpha(n)$，则拒绝 H_0，接受 H_1；可认为 $f_1(x)$ 与 $f_2(x)$ 有显著差异。

若 $S_0 = \min\{n_+, n_-\} > S_\alpha(n)$，则接受 H_0，可认为 $f_1(x)$ 与 $f_2(x)$ 无显著差异。

2. 秩和检验法

符号检验法的缺点是没有充分利用数据本身提供的信息，而且必须在数据成对时使用。如果两个样本数据不成对，则可用秩和检验法。做法是建立 H_0 和 H_1；将两组数据依从小到大次序(秩号)排列成表，如果有两个及两个以上重复的数，则取秩号平均数作为其秩；取样本容量小的一组(样本容量相同时，取平均数小的一组)，其数据个数记为 n_1，则另一组数据个数记为 n_2，将样本容量小的一组所对应的秩相加称为该组的秩和(sum of ranks)，记为 T。

在给定的显著水平 a 条件下，若 $T_1 < T < T_2$，则接受 H_0，可认为两总体分布无显著差异；若 $T > T_2$ 或 $T < T_1$，则拒绝假设 H_0。而接受 $H_1 : f_1(x) \neq f_2(x)$，可认为两个总体分布有显著差异。

其中：T_1 和 T_2 见秩和检验表。

秩和检验法的原理和符号检验法类似。对于两个总体 X_1 和 X_2，其概率密度为 $f_1(x)$ 和

$f_2(x)$，从中分别独立抽取样本观测值 $a_1,a_2,\cdots,a_m$；$b_1,b_2,\cdots,b_n$。如果 $f_1(x)=f_2(x)$ 的假设成立，那么在两个样本观测值混合排列的次序中，某个秩数对应的数是 a_i 和 b_i 的概率是相等的。

例 6-7 某药厂生产杀虫药品，检查两种配方药品杀虫的效果(死亡百分比)如表 6-6 所示。

表 6-6　两种配方药品杀虫的效果比较

单位：%

甲配方效果样本	67	65	64	68	67	64	69	70	
乙配方效果样本	63	62	64	64	65	68	70	71	69

在显著水平 5% 下，问两种配方杀虫效果有无显著差异？

解：根据题意，建立原假设与备择假设分别为

$$H_0:f_1(x)=f_2(x);\ H_1:f_1(x)\neq f_2(x)$$

将数据按秩号排列，并将数据少的甲组数据下面画线区以别乙组数据。

这里 64 有四个，所以秩数 $0(x)$；65 有两个，其秩数为(7+8)/2=7.5；以此类推，可以得到各数据的秩数如表 6-7 所示。

表 6-7　各数据的秩数

1	2	4.5	4.5	4.5	4.5	7.5	7.5	9.5	9.5	11.5
11.5	13.5	13.5	15.5	15.5	17					

甲组的秩和为

$$T=4.5+4.5+7.5+9.5+9.5+11.5+13.5+15.5=76$$

在 $\alpha=0.05$ 下查秩和检验表，$n_1=8$，$n_2=9$ 时，$T_1=54$，$T_2=90$，$T_1<T<T_2$，所以判定甲、乙两种配方的杀虫效果无显著差异。

二、总体分布的假设检验

1. χ^2 拟合优度检验法

已知总体分布函数 $F(x)$ 的类型 $F_0(x)$ 或概率密度 $f(x)$ 的类型 $f_0(x)$ 以及总体 X 的随机样本 $X_1, X_2, \cdots, X_n$。原假设和备择假设分别为

$H_0:F(x)=F_0(x)$ 或 $H_0:f(x)=f_0(x)$

$H_0:F(x)\neq F_0(x)$ 或 $H_0:f(x)\neq f_0(x)$

用 χ^2 检验法进行检验，具体步骤如下所述。

(1) 求出 $F_0(x)$ 或 $f_0(x)$ 中未知参数的估计值(一般用最大似然估计值)，从而写出 $F_0(x)$ 或 $f_0(x)$ 的具体表达式。

(2) 把样本值分成 m 个区间

$$(a_0,a_1], (a_1,a_2],\cdots,(a_{i-1},a_1],(a_{m-1},a_m]$$

(3) 求出样本观测值在每个区间 $(a_{i-1},a_i]$ 内的频数 f_i。

(4) 根据已写出的 $F_0(x)$ 或 $f_0(x)$，计算出总体 X 在每个区间 $(a_{i-1},a_i]$ 中的概率值

$$p_i=P\{a_{i-1}<X\leqslant a_i\}$$

(5) 构造统计量 χ^2。

$$\chi^2 = \sum_{i=1}^{m} \frac{(f_i - np_i)^2}{np_i}$$

对于大样本，上述统计量近似服从自由度为 $m-r-1$ 的分布(r 是分布函数概率密度函数中观测值估计的参数个数)。

(6) 在给定显著水平 α 下查出 χ^2 分布表中的临界值 $\chi_\alpha^2(m-r-1)$。若 $\chi^2 > \chi_\alpha^2(m-r-1)$，则拒绝原假设 H_0；若 $\chi^2 < \chi_\alpha^2(m-r-1)$，则接受原假设 H_0。

例 6-8 盒中有 5 种球，有放回地抽取 200 次(每次抽 1 个球)，各种球出现的次数如表 6-8 所示。问盒中 5 种球的个数是否相等？显著水平 $\alpha = 0.05$。

解：原假设和备择假设分别为

H_0:5 种球的个数相等，H_1:5 种球的个数不等。

由已知 n=200，m=5，如果 H_0 正确，则每次抽得第 i 种球概率 $P_i = 1/5$。

表 6-8   各种球出现的次数

种别	f_i	np_i	$f_i - np_i$	$\dfrac{(f_i - np_i)^2}{np_i}$
1	35	40	−5	0.625
2	40	40	0	0
3	43	40	3	0.225
4	38	40	−2	0.1
5	44	40	4	0.4
Σ	200	200	0	1.35

计算得出

$$\chi^2 = \sum_{i=1}^{m} \frac{(f_i - np_i)^2}{np_i} = 1.35$$

查 χ^2 分布表得

$$\chi_{0.05}^2(4) = 9.448$$

由于 1.35<9.488，所以接受 H_0，可认为盒中 5 种球的个数相等。

2. 正态概率纸

χ^2 检验法适用于假设总体服从任何类型分布，而大量且经常见到的是正态分布。正态概率纸就是一种检验总体是否为正态分布较直观易行的工具。

正态概率纸是由垂直于横轴、纵轴的若干条直线构成的格纸。横轴按等份刻度，表示观测值 x，纵轴表示正态分布累计概率值。累计概率公式为

$$\phi(X) = \int_{-\infty}^{\infty} \frac{1}{\sqrt{2\pi}} e^{-\frac{t^2}{2}} \mathrm{d}t \tag{6-5}$$

纵轴按非等份刻度，其作用是使服从正态分布的观测值在正态概率纸上的图形呈一条直线。

正态概率纸的使用步骤如下所述。

(1) 将样本观测值分组，并求出各组的频率和累计频率。

（2）以每组区间右端点为横坐标，累计频率为纵坐标，在正态概率纸上画出相应的点。

（3）将诸点用直线连接。如果这些点基本在一条直线上，则可以认为样本来自正态总体。一般来说，中间的点应尽量地靠近直线，两端的点可以稍有偏离。

（4）可以用正态概率纸估计 μ 和 σ 的值。由于正态概率纸在 μ 的累积值为 0.5，所以在纵轴上取 50% 刻度处作横轴的平行线，交直线于 $\hat{\mu}$ 点，$\hat{\mu}$ 点横坐标为 μ 的估计。

由于 $\mu+\sigma$ 处的累积概率为 0.8415，故过纵轴的 84.2% 处作横轴的平行线，交直线于 B 点。B 点的横坐标等于 $\hat{\mu}+\sigma$，记为 $X_{0.842}$。那么，$\sigma = X_{0.842} - \hat{\mu}$。

例 6-9　某市在 1987 年的一次家庭收入调查中，随机抽取 50 个家庭调查，其家庭人均月收入(元/人)如表 6-9 所示。

表 6-9　家庭 9 月收入

单位：元/人

33	23	35	35.5	26	32.3	41	29	38.5	42	31
54.2	43	34	26.5	27	37	40.1	30	39.5	28	36.5
43	45	31	46.3	42.8	52.1	49	49	40	52.7	39
48.1	35	58	32	31.5	37	28	19	34.3	38	59.5
32.8	43	33	50	48	46					

试在显著性水平 $\alpha = 0.05$ 条件下，用正态概率纸对该市家庭人均收入的分布做假设检验并估计 μ 和 σ 的值。

解：将分组和累计频率值列入表 6-10。

表 6-10　频率分布和累计频率分布

分组	频率	累计频率
15.25～20.25	0.02	0.02
20.25～25.25	0.02	0.04
25.25～30.25	0.16	0.20
30.25～35.25	0.24	0.44
35.25～40.25	0.22	0.66
40.25～45.25	0.14	0.80
45.25～50.25	0.10	0.90
50.25～55.25	0.06	0.96
55.25～60.25	0.04	1.00

以各组右增点值为横坐标，累计频率为纵坐标值。在正态概率纸上描点，如图 6-5 所示。

由图 6-5 可知，所描出的点近似在直线，所以，可以认为总体近似正态分布，且 $\hat{\mu} = 35.40$，$\sigma = 44.80 - 35.40 = 9.4$。

3. 列联表的独立性检验

χ^2 分布的另一个重要应用涉及用样本数据检验两个变量的独立性。我们通过考察某酿酒厂来介绍独立性检验。该厂生产三种类型的啤酒，即淡啤酒、普通啤酒和黑啤酒。在一次对三种啤酒市场份额的分析中，公司市场研究小组提出了男、女饮酒者对三种啤酒的偏好是否有差异的问题。如果啤酒偏好与饮酒者的性别独立，将发起对所有该厂生产啤酒的广告运动。但是，如果对于啤酒的偏好依赖饮酒者的性别，公司将针对不同的目标市场采取不同的营销策略。

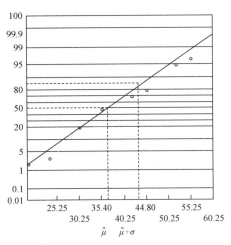

图 6-5　正态概率纸

独立性检验重点检验啤酒的偏好(淡啤酒、普通啤酒和黑啤酒)是否与饮酒者性别(男性、女性)独立有关的问题。该独立性检验的假设为

H_0：啤酒偏好与饮酒者性别独立。

H_1：啤酒偏好与饮酒者性别不独立。

表 6-5 用于描述要讨论的问题。在确定了所有男性与女性饮酒者总体之后，可以抽取一个样本，让每个人陈述他对于该厂啤酒的偏好。因为已经列出所有可能的啤酒偏好与性别的组合，所以表 6-11 为列联表。

表 6-11　啤酒偏好与饮酒者性别列联表

	啤酒偏好		
	淡啤酒	普通啤酒	黑啤酒
男性	单元格(1,1)	单元格(1,2)	单元格(1,3)
女性	单元格(2,1)	单元格(2,2)	单元格(2,3)

假定已经抽取了一个由 150 名饮酒者组成的随机样本。品尝每种啤酒之后，让样本中每个人陈述其偏好或第一选择。表 6-12 中的交互表汇总了该研究的调查结果。

表 6-12　男性与女性饮酒者啤酒偏好的样本资料(观察频数)

	啤酒偏好			
	淡啤酒	普通啤酒	黑啤酒	合计
男性	20	40	20	80
女性	30	30	10	70
合计	50	70	30	150

表 6-12 中的数据是六类中的观察频数。如果能确定在啤酒偏好与饮酒者性别独立假

设下的期望频数，就能用 χ^2 分布来确定观察和期望频数是否有显著差异。

列联表的期望频数以下列推理为依据。首先，假设啤酒偏好与饮酒者性别独立的原假设为真。计算出期望频数如表 6-13 所示。

表 6-13　当啤酒偏好与饮酒者性别独立时的期望频数

	啤酒偏好			
	淡啤酒	普通啤酒	黑啤酒	合计
男性	26.67	37.33	16.00	80
女性	23.33	32.67	14.00	70
合计	50.00	70.00	30.00	150

将观察频数与期望频数作比较的统计方法与拟合优度检验法类似。基于观察频数与期望频数计算 χ^2 值的方法如下所述。

独立性检验统计量为

$$\chi^2 = \sum_i \sum_j \frac{(f_{ij} - e_{ij})^2}{e_{ij}} \tag{6-6}$$

式中：f_{il} 为列联表中第 i 行第 j 列类别的观察频数。

e_{ij} 为列联表中第 i 行第 j 列类别的期望频数。

注意：对于 n 行 m 列的列联表，检验统计量服从 χ^2 值分布，自由度为

$$(n-1) \times (m-1)$$

判定啤酒偏好是否与饮酒者性别独立所需的 χ^2 检验统计量的值为 $\chi^2 = 6.13$。χ^2 分布的自由度为 $(2-1) \times (3-1) = 2$。对于检验显著性水平 $\alpha = 0.05$，由附表得 χ^2 值为 5.99。在本例中，$\chi^2 = 6.13$ 大于临界值 5.99，因此拒绝原假设并得出啤酒偏好与饮酒者性别不独立的结论。

如前文所述，独立性检验使我们能够得出啤酒偏好与饮酒者性别不独立的结论。尽管不能得出作为该检验结果的进一步结论，但可以非正式地比较观察频数与期望频数，以获得产生啤酒偏好与饮酒者性别是否独立的原因。参考观测频数表和期望频数表，可看到男性饮酒者对于普通啤酒与黑啤酒的观察频数高于期望频数，而女性饮酒者仅对淡啤酒的观察频数高于期望频数。这些观察可以使我们直观地感受到男女饮酒者啤酒偏好差异。

复习思考题

1. 假设检验时，随着样本容量的减少，犯两类错误的概率(　　)

　　A. 都增大　　　　　　　　　　　　B. 都减小

　　C. 不变　　　　　　　　　　　　　D. 一个增大，一个减小

2. 在假设检验中，接受原假设时(　　)

　　A. 可能会犯第一类错误　　　　　　B. 可能会犯第二类错误

　　C. 可能会犯第一、二类错误　　　　D. 不会犯错误

3. 一项假设检验的原假设和备择假设为 H_0:产品合格，H_1:产品不合格，则第二类错误是指(   )

      A. 产品不合格时接受 H_0 B. 产品合格时接受 H_1

      C. 产品合格时拒绝 H_0 D. 产品不合格时接受 H_1

4. 已知某产品使用寿命 X 服从正态分布，要求平均使用寿命不低于 1000 小时，现从一批这种产品中随机抽出 25 件，测得平均使用寿命为 950 小时，样本方差为 100 小时。则可用(   )

      A. χ^2 检验法   B. T 检验法

      C. U 检验法   D. F 检验法

5. 设某产品的某项质量指标服从正态分布，已知它的标准差 $\sigma = 150$，现从一批产品中随机地抽取 26 个，测得该项指标的平均值为 1637。问：能否认为这批产品的该项指标值为 1600($\alpha = 0.05$)？

6. 某机构的一项调查表明，平均每个家庭每天玩手机的时间为 3.5 小时。假定该调查包括 200 个家庭，其样本标准差为 1.5 小时。据报道，5 年前(2017 年)平均每个家庭每天玩手机的时间为 3.0 小时。令 μ 代表 2017 年每个家庭每天看电视时间的总体均值，检验 $H_0: \mu \leqslant 3.0$，$H_1: \mu > 3.0$ 取显著性水平 $\alpha = 0.01$，对玩手机时间多少的变化你能得出什么结论？

7. 一种新型减肥方法自称其参加者在第一个星期平均能减去 3 公斤。由 40 名使用了该种方法的个人组成一个随机样本，其减去体重的样本均值为 2 公斤，样本标准差为 1.2 公斤。

(1) $\alpha = 0.05$ 时，拒绝规则是什么？

(2)   你对该减肥方法的结论是什么？

8. 一汽车装配线某道工序完成时间的计划均值为 2.2min。由于完成时间既受上一道工序的影响，又影响下一道工序的生产，所以保持 2.2min 的标准是很重要的。抽取一个样本容量为 45 的随机样本，其完成时间的样本均值为 2.39min，样本标准差为 0.20(min)。在 0.02 的显著性水平下检验该工序是否达到了计划均值为 2.2min 的标准。

9. 一个快餐店计划重新设计某杯装饮料的外包装。改变包装后如果有 15%的顾客会购买这种杯装饮料，则可以通过该包装方案。在某些地方进行的调查显示，500 名顾客中有 88 名购买了这种杯装饮料，请通过假设检验决定是否实行这种新包装。取显著水平为 0.01。

第七章 方差分析

【本章学习要求】

通过本章的学习，了解方差分析的概念以及方差分析的思想和原理；掌握单因素方差分析的方法及应用；了解双因素方差分析的方法及应用；了解多重比较的意义；了解试验设计的基本原理和方法。

【本章重点】

- 方差分析的概念
- 方差分析的基本思想
- 单因素实验的方差分析
- 双因素实验的方差分析

【本章难点】

- 单因素实验方差分析方法
- 双因素实验方差分析方法
- 最小二乘法

【章前导读】

2020 年年初，全球都遭受了新冠肺炎的袭击。抗疫前线的医学专家们夜以继日地工作，同时也进行着多种药物的临床试验。那么，怎么判断哪一种药物效果更好呢？这就要说到 100 年前问世的方差分析了。

据记载，1919 年英格兰赫特福德郡罗森斯得农业实验站邀请罗纳德·艾尔默·费舍尔解决一个问题：该实验站积累了 90 多年有关农作物产量和施肥品种、数量的数据，历年收集的数据中到底藏有什么秘密呢，或者能否有一种科学方法可以搞清楚施用不同的混合肥料，马铃薯的产量是否会不同，马铃薯的产量是否和施用的混合肥料有关？费舍尔该如何解决上述问题呢？

【关键词】

方差分析　组间方差　组内方差　最小二乘法

方差分析(Analysis of Variance，ANOVA)，由英国统计学家罗纳德·艾尔默·费舍尔首创。为纪念 Fisher，以 F 命名，故方差分析又称 F 检验(F test)，可用于推断多个总体均数有无差异。进行试验(实验)时我们称可控制的试验条件为因素(factor)，称因素变化的各个等级为水平(level)。如果在试验中只有一个因素在变化，其他可控制的条件不变，则称为单因素试验；如果试验中变化的因素有两个或两个以上则称为双因素或多因素试验。根据试验结果，怎样找出有显著作用的因素，以及找出在怎样的水平和工艺条件下能使指标最优以达到优质和高产的目的，这就是方差分析所要解决的问题。

比如在农业生产问题上，影响农作物长势和产量的评价指标的因素非常多。对于农业生产者或农业管理者而言，知道哪些因素对农产品质量或产量等指标有显著影响具有重要意义。检验某个(或某些)因素对产品指标有无显著影响就是检验在这个(或这些)因素的作用下，产品指标的均值是否相等(即在统计意义上相等)。要知道哪些因素对产品有影响就要进行试验，以取得试验结果(数据)，再进行分析。

第一节　方差分析的原理

一、方差分析的思想

接下来，通过例题来说明方差分析的计思想。

例 7-1　某医院用三种不同疗法治疗同种疾病，以体温降至正常所需要的天数为指标，15 例患者体温降至正常所需要的天数资料如下。

表 7-1　患者体温降至正常所需要的天数

甲疗法	乙疗法	丙疗法
5	5	7
5	5	9
5	7	9
7	7	9
7	7	9

15 例患者体温降至正常所需要的天数各不相同，如果把每个患者所需的天数与总均数的差异之和称为总变异。那么，造成总变异的原因是什么？

显然，造成总变异的原因有两种。

(1) 因个体差异的存在而引起的差异，这种差异可以称为组内变异。所以本例中的组内变异，就是由于样本的随机性等各类随机误差使各组内部患者体温降至正常所需要的天数各不相等。

$$组内变异 = \sum \sum (x_i - \bar{x}_i)^2$$

(2) 因治疗方法不同而引起的差异，这种差异可以称为组间变异。所以本例中的组间变异，就是由于各组治疗方法(处理因素)不同使各组均数大小不等。

$$组间变异 = \sum n_i (x_i - \bar{x}_i)^2$$

例 7-2　某研究者在某单位工作人员中进行了体重指数(BMI)抽样调查，随机抽取不同年龄组男性受试者各 16 名，测量了被调查者的身高和体重值，由此按照 BMI=体重/身高^{2}公式计算了体重指数，问不同年龄组的体重指数有无差异。

表 7-2 为某单位体重指数调查表。

表 7-2 某单位体重指数调查情况

项　目	18～30 岁	31～44 岁	45～60 岁
	21.65	27.15	20.28
	20.66	28.58	22.88
	…	…	…
	…	…	…
	18.82	23.93	26.49
样本量	16	16	16
平均值	22.07	25.94	25.49
标准差	8.97	8.11	7.19

同例 7-1 相似，例 7-2 使不同年龄组的体重指数产生差异的原因仍然有两种，第一种是组内变异，即各类随机误差使不同年龄组的体重指数平均值产生差异；第二种是组间差异，即由于所处年龄阶段不同使不同年龄组的体重指数平均值产生差异。那么，不同年龄组的体重指数有无差异，理应考察在总的差异中，是组内差异为主导，还是组间差异为主导。

在方差分析中，观察值的总变异可以分解为组间变异和组内变异，如图 7-1 所示。

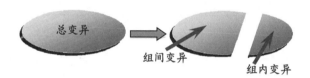

图 7-1 方差分析变异构成

(1) 总变异(Total variation)：全部测量值 X_{ij} 与总均数 $\overline{X}$ 间的差异。

(2) 组间变异(between group variation)：各组的均数 $\overline{X_i}$ 与总均数 $\overline{X}$ 间的差异。

(3) 组内变异(within group variation)：每组的每个测量值 $\overline{X_{ij}}$ 与该组均数 $\overline{X_i}$ 的差异。

二、方差分析的统计思想

接下来，通过例题来说明方差分析的统计思想。

例 7-3 某公司计划引进一条生产线。为了选择一条质量优良的生产线以避免日后的维修问题，他们对 6 种型号的生产线做了初步调查，每种型号调查 4 条生产线，结果列于表 7-3 中。这些结果表示每个型号的生产线上个月维修的小时数。问：由此结果能否判定由于生产线型号不同造成它们在维修时间方面有显著差异？

表 7-3 对 6 种型号生产维修时数的调查结果

型　号	序　号			
	1	2	3	4
A 型	9.5	8.8	11.4	7.8
B 型	4.3	7.8	3.2	6.5
C 型	6.5	8.3	8.6	8.2

型　号	序　号			
	1	2	3	4
D 型	6.1	7.3	4.2	4.1
E 型	10.0	4.8	5.4	9.6
F 型	9.3	8.7	7.2	10.1

这里，我们研究的指标就是维修时间，记作 Y，通常假定它是一个服从正态分布的随机变量。控制因素是生产线的型号，分为 6 个水平即 A、B、C、D、E、F，把每个水平所对应的指标看成一个总体 $Y_i(i=1,2,\cdots,6)$。现在的试验就是进行调查，每种型号调查 4 次，相当于从每个总体中抽取一个容量为 4 的样本，得到的数据记作 $Y_{ij}(i=1,2,\cdots,6; j=1, 2, 3, 4)$，即为表 7-3 中的数据。

通过表 7-3 中的数据很容易计算各样本平均数 $\overline{Y}_i$，如表 7-4 所示。

表 7-4　各样本平均数

型　号	A	B	C	D	E	F
$\overline{Y}_i$	9.4	5.5	7.9	5.4	7.5	8.8

以此题为例，若学生不具备方差分析的相关知识，想要判定由生产线型号不同而造成它们在维修时间方面是否有显著差异，各种型号生产线的维修时间是否显著相等，完全可以用假设检验(第 6 章)中两个总体平均值比较的检验方法，把样本平均数两两组成对。

$\overline{Y}_1$ 与 $\overline{Y}_2$，$\overline{Y}_1$ 与 $\overline{Y}_3$，$\cdots$，$\overline{Y}_1$ 与 $\overline{Y}_6$，$\overline{Y}_2$ 与 $\overline{Y}_3$，$\cdots$，$\overline{Y}_5$ 与 $\overline{Y}_6$

共有 15 对 ($C_6^2 = 15$)。将这 15 对平均数一一进行比较检验，工作量显然比只有两个样本繁重得多。此外，即使每对都进行了比较，并且都以 0.95 的置信度得出每对均值都相等的结论，但是由此得出这 6 个型号的维修时间的均值都相等这一结论的置信度仅为 $0.95^{15}=0.4632$。对假设检验来说，这个置信度太低了，这样的方法是不能采用的。所以，当比较两个以上的样本平均数，检验这些样本是否来自同一总体时，还需要采用其他方法。

按照统计假设检验的原理，在上例中原假设是不同型号的生产线平均维修时间是相同的。如果这个原假设为真，那么各型号样本平均数之间的变异程度就不可能太大。因此，可以使用方差或观测值的偏差平方和的概念来进行检验。

方差分析的基本原理依据的就是上述统计思想。

(1) 将数据总的偏差平方和按照产生的原因分解成由因素的水平不同引起的偏差平方和及由试验误差引起的偏差平方和两部分。

总的偏差平方和=由因素水平引起的偏差平方和+试验误差平方和。

(2) 上式右边两个平方和的相对大小可以说明因素的不同水平是否使各平均值(各型号的平均维修时间)产生显著性差异，为此需要进行适当的统计假设检验。

三、方差分析的常用术语

1. 因素

因素(factor)是指所要研究的变量，它可能对因变量产生影响。例如，要分析不同销售方式对销售量是否有影响，其中，销售量是因变量，而销售方式是可能影响销售量的因素。

如果方差分析只针对一个因素进行，称为单因素方差分析；如果同时针对多个因素进行，称为多因素方差分析。本节介绍的单因素方差分析和双因素方差分析是方差分析中最常用的。

2. 水平

水平(level)是因素的具体表现，如销售的四种方式就是因素的不同取值等级。有时水平是人为划分的，比如质量被评定为好、中、差。

3. 单元

单元(cell)指因素水平之间的组合，如销售方式有五种不同的销售业绩，就是五个单元。方差分析要求的方差齐次就是指各个单元间的方差齐次。

4. 元素

元素(element)指用于测量因变量的最小单位。一个单元里可以只有一个元素，也可以有多个元素。

5. 均衡

如果一个试验设计中任一因素各水平在所有单元格中出现的次数相同，且每个单元格内的元素数相同，则称该试验为均衡(balance)；否则，就被称为不均衡。不均衡试验中获得的数据在分析时较为复杂。

6. 交互作用

如果一个因素的效应大小在另一个因素不同水平下明显不同，则称为两个因素间存在交互作用(interaction)。当存在交互作用时，单纯研究某个因素的作用是没有意义的，必须在另一个因素的不同水平下研究该因素的作用大小。如果所有单元格内都至多只有一个元素，则交互作用无法测出。

方差分析的应用前提条件为：①各样本必须是相互独立的随机样本；②各样本来自正态分布总体；③各总体方差大致相等，即方差齐次。一般而言，最大方差与最小方差之比≤3，即可初步认为其为方差齐次。

第二节　单因素试验的方差分析

一、数学模型和数据结构

在单因素试验中，为了考察因素 A 的 k 个水平 $A_1, A_2, \cdots, A_k$ 对指标 Y 的影响(如第 k 种型号对维修时间的影响)，设想在固定的 A_i 条件下做试验。所有可能的试验结果组成一个总体 Y_i，它是一个随机变量。可以把它分解为两部分，即

$$Y_i = \mu_i + \varepsilon_i \tag{7-1}$$

其中，μ_i 纯属 A_i 条件下 Y_i 的真值(也称为在 A_i 条件下 Y_i 的理论平均)；ε_i 是试验误差(也称随机误差)，是服从正态分布的随机变量。

如果在独立地进行试验过程中，除 $A_1, A_2, \cdots, A_k$ 不同外，其余条件均不变，那么，$\varepsilon_1, \varepsilon_2, \cdots, \varepsilon_k$ 就应该是独立同分布的随机变量，即

$$\varepsilon_i \sim N(0, \sigma_2) \tag{7-2}$$

因为

$$E(Y_i) = \mu_i, D(Y_i) = D(\varepsilon_i) = \sigma_2$$

所以

$$Y_i \sim N(\mu_i, \sigma_2)$$

其中，μ_i 和 σ_2 都是未知参数 $(i = 1, 2, \cdots, k)$。

为了估计和检验上述参数，就要做重复试验。假定在水平 A_i 下重复做 m 次试验，得到观测值 $Y_{i1}, Y_{i2}, \cdots, Y_{im}$(为方便起见，不再与小写字母 $y_{i1}, y_{i2}, \cdots, y_{im}$ 加以区别，也可以表示数值)，这相当于从第 i 个正态总体 $N(\mu_i, \sigma_2)(i = 1, 2, \cdots, k)$ 中，随机抽取一个容量为 m 的样本如表 7-5 所示。

表 7-5　不同水平条件下重复试验结果

	1	2	⋯	j	⋯	m	合计	平均
A_1	Y_{11}	Y_{12}	⋯	Y_{1j}	⋯	Y_{1m}	T_1	$\overline{Y_1}$
A_2	Y_{21}	Y_{22}	⋯	Y_{2j}	⋯	Y_{2m}	T_2	$\overline{Y_2}$
⋮	⋮	⋮		⋮		⋮	⋮	⋮
A_i	Y_{i1}	Y_{i2}	⋯	Y_{ij}	⋯	Y_{im}	T_i	$\overline{Y_i}$
⋮	⋮	⋮		⋮		⋮	⋮	⋮
A_k	Y_{k1}	Y_{k2}	⋯	Y_{kj}	⋯	Y_{km}	T_k	$\overline{Y_k}$

由表 7-5 可得公式为

$$\overline{Y_i} = \frac{1}{m} \sum_{j=1}^{m} Y_{ij} \, (i = 1, 2, \cdots, k) \tag{7-3}$$

表 7-5 中，Y_{ij} 表示在 A_i 条件下第 j 次试验的结果，用公式表示为

$$Y_{ij} = \mu_i + \varepsilon_{ij} \, (i = 1, 2, \cdots, k; \ j = 1, 2, \cdots, m) \tag{7-4}$$

值得注意的是，每次试验结果只能得到 Y_{ij}，而式(7-4)中的 μ_i 和 ε_{ij} 都不能被直接观测到。

为了便于比较和分析因素 A 的水平 A_i 对指标影响的大小，通常把 μ_i 再分解为

$$\mu_i = \mu + \alpha_i \, (i = 1, 2, \cdots, k) \tag{7-5}$$

其中，$\mu = \dfrac{1}{k} \sum_{i=1}^{k} \mu_i$，称为一般平均(grand mean)，它是比较 A_i 作用大小的一个基点，并且称 $\alpha_i = \mu_i - \mu$ 为第 i 个水平 A_i 的效应，它表示水平 A_i 的真值 μ_i 与一般水平 μ 的差值。$\alpha_1, \alpha_2, \cdots, \alpha_k$ 满足约束条件

$$\alpha_1, \alpha_2, \cdots, \alpha_k = 0 \tag{7-6}$$

把式(7-5)代入式(7-4)中，得

$$Y_{ij} = \mu + \alpha_i + \varepsilon_{ij}; \quad \sum \alpha_i = 0 (i = 1, 2, \cdots, k; \ j = 1, 2, \cdots, m)$$

单因素试验的方差分析，常采用这种分解式，并称满足条件 $\alpha_1 + \alpha_2 + \cdots + \alpha_k = 0$ 的 $\mu_i = \mu + \alpha_i (i = 1, 2, \cdots, k)$ 为单因素方差分析的数学模型，称式(7-6)为数据结构方程，称 μ，α_1，α_2，α_k 为模型参数。单因素方差分析要解决的问题是

(1) 找出参数 μ，α_1，α_2，$\cdots$，α_k 和 σ^2 的估计量。

(2) 分析观测值偏差。

(3) 检验各水平效应 α_1，α_2，$\cdots$，α_k 有无显著差异。

二、参数点估计

接下来，介绍用最小二乘法求参数 μ，α_1，α_2，$\cdots$，α_k 的估计量，然后寻求 σ^2 的无偏估计量。

我们希望所求参数 μ，α_1，α_2，$\cdots$，α_k 的估计值能使在水平 A_i 下求得的观测值 Y_{ij} 与真值 μ_i 之间的偏差尽可能小。为满足此要求，一般可考虑用最小平方和原则，也就是使观测值与真值的偏差平方和达到最小。由式(7-4)可知，此偏差平方和就是随机误差平方和(记作 S_ε)，可以表示为

$$S_\varepsilon = \sum_{i=1}^{k} \sum_{j=1}^{m} \varepsilon_{ij}^2 = \sum \sum (Y_{ij} - \mu_i)^2 = \sum \sum (Y_{ij} - \mu - \alpha_i)^2$$

根据以上原则，应求使 S_ε 达到最小值的解，并将该解作为参数的估计值。

根据极值的必要条件，令

$$\frac{\partial S_\varepsilon}{\partial \mu} = 0, \ \frac{\partial S_\varepsilon}{\partial \alpha_i} = 0, \ (i = 1, 2, \cdots, k)$$

由

$$\frac{\partial S_\varepsilon}{\partial \mu} = -2[\sum \sum (Y_{ij} - \mu) - \sum \sum \alpha_i] = 0$$

解得

$$\hat{u} = \frac{1}{km} \sum \sum Y_{ij} = \bar{Y} \tag{7-7}$$

由

$$\frac{\partial S_\varepsilon}{\partial \mu} = -2 \sum_{j=1}^{m} (Y_{ij} - \mu - \alpha_i) = 0$$

解得

$$\hat{\alpha}_i = \frac{1}{m} \sum_{j=1}^{m} Y_{ij} - \bar{\mu} = \bar{Y}_i - \bar{Y} \tag{7-8}$$

由此得 μ_i 的估计量为

$$\hat{\mu}_i = \hat{\mu} + \alpha_i = \bar{Y}_i \tag{7-9}$$

至此，已求得参数 μ、α_i 和 μ_i 的估计量分别为

$$\hat{\mu} = \overline{Y}$$
$$\hat{\alpha}_i = \overline{Y}_i - \overline{Y}$$
$$\hat{\mu}_i = \overline{Y}_i$$

按照上述原则求参数估计量的方法称为最小二乘法，$\hat{\mu}$、$\hat{\alpha}_i$ 和 $\hat{\mu}_i$ 称为最小二乘估计量。

可以证明 $\hat{\mu}$、$\hat{\alpha}_i$ 和 $\hat{\mu}_i$ 分别是参数 μ、α_i 和 μ_i 的无偏估计量。

将 μ 和 α_i 分别用它们的估计量代替，可以得到试验误差 ε_{ij} 的估计量为

$$e_{ij} = Y_{ij} - \overline{Y}_i \tag{7-10}$$

三、分解定理与自由度

为了从观测值的偏差中分析各水平 A_i 的效应，下面研究三种偏差，即 $Y_{ij} - \overline{Y}$、$\overline{Y}_i - \overline{Y}$ 和 $Y_{ij} - \overline{Y}_i$。关于这三种偏差的平方和有以下公式成立。

$$\sum_{i=1}^{k} \sum_{j=1}^{m} (Y_{ij} - \overline{Y})^2 = m\sum_{i=1}^{k} (\overline{Y}_i - \overline{Y})^2 + \sum_{i=1}^{k} \sum_{j=1}^{m} (Y_{ij} - \overline{Y})^2 \tag{7-11}$$

证明

令 $Y_{ij} - \overline{Y} = (\overline{Y}_i - \overline{Y}) + (Y_{ij} - \overline{Y}_i)$

两边平方后得到

$$(Y_{ij} - \overline{Y})^2 = (\overline{Y}_i - \overline{Y})^2 + 2(\overline{Y}_i - \overline{Y})(Y_{ij} - \overline{Y}) + (Y_{ij} - \overline{Y})^2$$

依次对 i，j 求和，得

第一项

$$\sum_{i=1}^{k} \sum_{i=1}^{m} (\overline{Y}_i - \overline{Y})^2 = m\sum_{i=1}^{k} (\overline{Y}_i - \overline{Y})^2$$

第二项为 0，因为

$$\sum_{j=1}^{m} (Y_{ij} - \overline{Y}_i)^2 = 0$$

代入上式，定理证毕。

令 $S_T = \sum\sum (Y_{ij} - \overline{Y})^2$

$S_A = m\sum (\overline{Y}_i - \overline{Y})^2$

$S_E = \sum\sum (Y_{ij} - \overline{Y}_i)^2$

则分解定理公式(7-11)可写成

$$S_T = S_A + S_E \tag{7-12}$$

上式中 S_T 称为总偏差平方和(或者称为离差平方和)，它反映了全部数据 Y_{ij} 相对于 $\overline{Y}$ 的差异和离散程度；S_E 称为误差平方和(或组间平方和)，它除了反映因素 A 各个水平效应的差异程度外，还包含试验误差，关于这一点下面会进一步解释。

平方和的自由度是指和式中独立项的项数，是与 χ^2 分布自由度的意义相一致的。但当平方和的各项间有 r 个约束条件时，自由度应是项数减 r。

现在计算各平方和 S_T、S_A、S_E 的自由度。

S_T 的自由度 $f_T=km-1$，因为它的项数是 km，有一个约束条件见式(7-7)。

S_A 的自由度 $f_A=k-1$，因为它的项数是 k，有一个约束条件

$$\sum m(\overline{Y_i} - \overline{Y}) = 0$$

S_E 的自由度 $f_E = km - k = k(m-1)$，因为它的项数是 km，有 k 个约束条件见式(7-3)。

在此可以看出，自由度之间也有类似于分解定理的关系，即

$$f_T = f_A + f_E \tag{7-13}$$

定理：S_E 和 S_A 的期望值分别是

$$E(S_E) = k(m-1)\sigma^2 \tag{7-14}$$

$$E(S_A) = (k-1)\sigma^2 + m\sum_{i=1}^{k}\alpha_i^2 \tag{7-15}$$

四、显著性试验

单因素方差分析中参数的假设检验是在下述假设条件下进行的。

(1) 表 7-4 中的观测值 $Y_{ij}(i=1,2,\cdots,k; \ j=1,2,\cdots,m)$ 是相互独立的。

(2) 在水平 A_i 条件下，$Y_{ij}(j=1,2,\cdots,m)$ 服从正态分布，$N(\mu_1,\sigma^2)$。

这时，要判断在因素 A 的 k 个水平 $A_1,A_2,\cdots,A_k$ 下真值 $\mu_1,\mu_2,\cdots,\mu_k$ 之间是否有显著性差异，即检验原假设 $H_0 : \mu_1 = \mu_2 = \cdots = \mu_k$ 是否成立。这相当于检验原假设 $H_0 : \alpha_i = 0(i=1,2,\cdots,k); H_1; \alpha_i$ 不全为零是否成立。

可以证明，当 H_0 为真时，有

$$\left. \begin{array}{l} \dfrac{S_T}{\sigma^2} \sim x^2(km-1) \\[2mm] \dfrac{S_A}{\sigma^2} \sim x^2(k-1) \end{array} \right\} \dfrac{S_E}{\sigma^2} \sim x(k(m-1)) \tag{7-16}$$

并且 $\dfrac{S_A}{\sigma^2}$ 与 $\dfrac{S_E}{\sigma^2}$ 相互独立。

由此可得

$$F_A = \frac{S_A / (k-1)\sigma^2}{S_E / k(m-1)\sigma^2} = \frac{S_A / (k-1)}{S_E / k(m-1)} \sim F((k-1), k(m-1)) \tag{7-17}$$

变异程度除与离均差平方和的大小有关外，还与其自由度有关，因为组间和组内自由度不相等，所以，各部分离均差平方和不能直接比较，必须将各部分离均差平方和除以相应自由度，其比值称为均方差，简称均方(mean square，MS)。其中，$S_A/(k-1)$ 和 $S_E/k(m-1)$ 都是均方。

因此，可以利用式(7-17)来检验原假设 H_0 是否成立。对于给定的显著水平 α，可以从 F 分布表查出临界值 $F_\alpha(k-1,k(m-1))$ 时，再根据样本观测值算出 F_A 的值。

当 $F_A > F_\alpha[k-1,k(m-1)]$ 拒绝 H_0；当 $F_A < F_\alpha[k-1,k(m-1)]$ 时，接受 H_0。

将上述分析的结果列成表 7-6 的形式，称为单因素方差分析表。

接下来，继续讨论前面 6 种型号的生产线例子。根据调查结果，当 $\alpha = 0.05$ 的显著水

平时,检验这 6 种型号的生产线在平均维修时间方面有无显著差异。

根据实践经验,一般认为各种型号生产线的维修时间是近似服从正态分布的。

表 7-6　单因素方差分析

方差来源	平方和	自由度	均　　方	F 比
组间(因素 A)	S_A	$k-1$	$\dfrac{S_A}{k-1}$	$F_A = \dfrac{S_A/(k-1)}{S_E/k(m-1)}$
组内(试验误差)	S_E	$k(m-1)$	$\dfrac{S_E}{k(m-1)}$	
总和	$S_T = S_A + S_E$	$km-1$	—	

作统计假设:6 种型号的生产线平均维修时数无显著差异,即
$$H_0 : \alpha_i = 0(i=1,2,\cdots,6); H_1 : \alpha_i \text{ 不全为 } 0。$$

欲检验这个统计假设,先要计算 S_A 及 S_E。为了计算方便,可将 S_A 及 S_E 分别写成

$$S_A = m\sum_{i=1}^{k}(\overline{Y_i} - \overline{Y})^2 = \frac{\sum T_i^2}{m} - \frac{T}{km}$$

$$S_E = \sum\sum(Y_{ij} - \overline{Y_i})^2 = \sum\sum Y_{ij}^2 - \frac{\sum T_i^2}{m}$$

其中,$T_i = \sum_{j=1}^{m} Y_{ij}(i=1,2,\cdots,k)$

$$T = \sum T_i = \sum\sum Y_{ij}$$

所需各项数据的计算,如表 7-7 所示。

表 7-7　所需各项数据计算

型　号	序						
	1	2	3	4	T_i	T_i^2	$\sum_{j=1}^{m} Y_{ij}^2$
A 型	9.5	8.8	11.4	7.8	37.5	1406.25	358.49
B 型	4.3	7.8	3.2	6.5	21.8	475.24	131.82
C 型	6.5	8.3	8.6	8.2	31.6	998.56	252.34
D 型	6.1	7.3	4.2	4.1	21.7	470.89	124.95
E 型	10.0	4.8	5.4	9.6	29.8	888.04	244.36
F 型	9.3	8.7	7.2	10.1	35.3	1246.09	316.03

$$\sum T_i = 177.7$$

$$\sum T_i^2 = 5485.07$$

$$\sum\sum Y_{ij}^2 = 1427.99$$

再将计算结果分别代入 S_A 与 S_E 两式中,得到

$$S_A = \frac{\sum T_i^2}{m} - \frac{T^2}{km} = \frac{5485.07}{4} - \frac{177.7^2}{6 \times 4} = 55.55$$

$$S_E = \sum\sum Y_{ij}^2 - \frac{\sum T_i^2}{m} = 1427.99 - \frac{5485.07}{4} = 56.72$$

第一自由度 $f_A = k-1 = 6-1 = 5$。

第二自由度 $f_E = k(m-1) = 6 \times 3 = 18$。

将以上结果列成如下方差分析(1)，如表 7-8 所示。

表 7-8　方差分析(1)

方差来源	平方和	自由度	均方	F 比
组间 S_A	55.55	5	11.11	
组内 S_E	56.72	18	3.15	$F_A = \dfrac{11.11}{3.15} = 3.53$
总和 S_T	112.27	23	——	

查方差分析表可知

$$F_{0.55}(5，18) = 2.77$$

由于 $F_A = 3.53 > 2.77$，故拒绝 H_0。该结论说明，至少有一种生产线型号的效应不为零，这意味着至少有两种型号的生产线其平均维修时效是有显著差异的。

五、多重比较与区间估计

方差分析可以对多个均值是否相等进行检验，这是其优点。当拒绝 H_0 时，表示各均值不全等，但具体哪一个或哪几个均值与其他均值显著不同，或者哪几个均值仍然可以认为是相等的，方差分析就不能给我们答案了，如果要进一步分析，可以采用多重比较的方法。

多重比较是通过总体均值的两两比较来进一步检验到底哪些均值存在差异，总共要做 C_r^2 次比较。多重比较方法有十几种，下面介绍一种多重比较的方法——q 检验法。

1. q 检验法

假设试验因素 A 共有 k 个水平，每个水平重复做 m 次试验，并且方差分析的结论是各水平之间差异显著，为进一步做多重比较，可按以下步骤进行。

q 检验法要求首先从"多重比较的 q 表"查出一个 $q\alpha(k, f_E)$ 值，其中 α 为显著水平，k 为水平数，f_E 为误差平方和 S_E 的自由度。对于前面的试验来说，$f_E = k(m-1)$。然后由 $q_\alpha(k, f_E)$、S_E 和 m 计算的公式为

$$D = q_\alpha(k, f_E)\sqrt{\frac{S_E/f_E}{m}} \tag{7-18}$$

和任意两水平的差数进行比较

当 $\left|\overline{Y_i} - \overline{Y_s}\right| \geqslant D$ 时，判断 $\overline{Y_i}$ 与 $\overline{Y_s}$ 差异显著。

当 $\left|\overline{Y_i} - \overline{Y_s}\right| \leqslant D$ 时，判断 $\overline{Y_i}$ 与 $\overline{Y_s}$ 差异不显著。

由于 $q_\alpha(k, f)$ 不仅取决于 α 与 S_E 的自由度 $k(m-1)$，而且与水平 k 有关，k 越大，$q_\alpha(k, f)$ 也越大，从而保证在做多重比较时，犯第一类错误的概率不至于增大。此外，进行两两比较时，虽然需要做 $\dfrac{k(k-1)}{2}$ 个比较，但因均以统一的 D 值为标准，计算工作量只

有一个 D 值和水平间的差数 $|\overline{Y}_i - \overline{Y}_s|$，因此通过计算得到简化。

继续研究前例。以 $\alpha = 0.05$ 的显著性水平来判断哪两个型号的生产线在维修时间上有显著差异。具体做法是将前例中各 $\overline{Y}_i(i=1,2,\cdots,k)$ 依大小顺序排列，按照表 7-9 所示的形式进行逐个比较以免遗漏。

表 7-9 任意两水平的差数比较

$\overline{Y}_i$	$\overline{Y}_i - \overline{Y}_s$				
	$\overline{Y}_i - \overline{Y}_6$	$\overline{Y}_i - \overline{Y}_5$	$\overline{Y}_i - \overline{Y}_4$	$\overline{Y}_i - \overline{Y}_3$	$\overline{Y}_i - \overline{Y}_2$
A 型 $\overline{Y}_1 = 9.4$	4.0	3.9	1.9	1.5	0.6
B 型 $\overline{Y}_2 = 8.8$	3.4	3.3	1.3	0.9	
C 型 $\overline{Y}_3 = 7.9$	2.5	2.4	0.4		
E 型 $\overline{Y}_4 = 7.5$	2.1	2.0			
B 型 $\overline{Y}_5 = 5.5$	0.1				
D 型 $\overline{Y}_6 = 5.4$					

由表 7-8 可知 $S_E = 56.72$，相应的自由度 $f_E = 18$，水平数 $k=6$，$m=4$，以显著水平 $\alpha = 0.05$ 查 q 表得

$$q_{0.05}(6,18) = 4.49$$

所以

$$D = q_{0.05}(6,18)\sqrt{\frac{S_E/f_E}{m}} = 4.49\sqrt{\frac{3.15}{4}} = 3.98$$

从表 7-9 可以看到，全部两两比较的结果中，属于 $|\overline{Y}_i - \overline{Y}_s| > D = 3.98$ 的结果只有一个，即 $\overline{Y}_1$ 与 $\overline{Y}_6$，也就是说，仅有 $\overline{Y}_1$ 与 $\overline{Y}_6$ 之间的差异显著，而其他均不显著。故结论是这 6 种型号的生产线只有 A 型与 D 型在平均维修时间上有显著差异。

2. 区间估计

要想进一步确定具有显著差异的两个水平的样本均值之差 $\overline{Y}_i - \overline{Y}_s$ 大致在什么范围，可以根据多重比较的过程求出置信系数为 $1-\alpha$ 的 $\mu_i - \mu_s$ 的置信区间为

$$(\overline{Y}_i - \overline{Y}_s) - D \leqslant \mu_i - \mu_s \leqslant (\overline{Y}_i - \overline{Y}_s) + D \tag{7-19}$$

其中，D 由式(7-18)所决定。

对于前例 $\mu_1 - \mu_6$ 的 95%置信区间为

$$4.0 - 4.49\sqrt{\frac{3.15}{4}} \leqslant \mu_1 - \mu_6 \leqslant 4.0 + 4.49\sqrt{\frac{3.15}{4}}$$
$$0.02 \leqslant \mu_1 - \mu_6 \leqslant 7.98$$

即有 95%的把握估计 A 型与 D 型生产线在平均维修时间方面的差异在 $0.02\sim7.98$h。

当试验观测值 Y_{ij} 数字位数太多不便于计算时，可以对 Y_{ij} 进行线性变换。其交换公式为

$$Y'_{ij} = \frac{Y_{ij} - \alpha}{b}(i=1,2,\cdots,k;j=1,2,\cdots,m)$$

其中 a、$b(b \neq 0)$ 是任意的两个实数。在实际操作中，如 a、b 选取得当，可以减少计算量。由此可以证明，用线性变换前后的数据进行方差分析，所得的 F 值相等。

第三节　双因素方差分析

一、双因素方差分析的类型

在双因素方差分析中，有时需要考虑两个因素对试验结果的影响。比如饮料销售，除了关注饮料颜色之外，我们还要了解销售地区是否影响销售量。如果在不同的地区，销售量存在显著的差异，就需要分析原因。在市场占有率高的地区，要采用不同的销售策略，使该饮料品牌继续深入人心，保持领先地位；在市场占有率低的地区应进一步扩大宣传范围，让更多的消费者了解、接受该产品。若把饮料的颜色看作影响销售量的因素 A，饮料的销售地区则是影响销售量的因素 B。对因素 A 和因素 B 同时进行分析，就属于双因素方差分析。双因素方差分析的内容是对影响因素进行检验：究竟是一个因素在起作用，还是两个因素都起作用，抑或是两个因素的影响都不显著。

双因素方差分析有两种类型：一种是无交互作用的双因素方差分析，它假定因素 A 和因素 B 的效应是相互独立的，不存在相互关系；另一种是有交互作用的方差分析，它假定 A、B 两个因素不是独立的，而是相互起作用的。两个因素同时起作用的结果不是两个因素分别作用的简单相加，两者的结合会产生一个新的效应。这种效应最典型的例子是耕地深度和施肥量都会影响产量，但同时深耕和适当施肥可能使产量成倍增加，这时，耕地深度和施肥量就存在交互作用。两个因素结合后就会产生一个新的效应，属于有交互作用的方差分析案例。再如，若假定不同地区的消费者对某种颜色有与其他地区消费者不同的特殊偏爱，这就是两个因素结合后产生的新效应，属于有交互作用的情形；否则就是无交互作用的情形。有交互作用的双因素方差分析已超出本书的讨论范围，这里只介绍无交互作用的双因素方差分析。

二、数据结构

双因素方差分析的数据结构如表 7-10 所示。

表 7-10　双因素方差分析的数据结构

		因素 A				$\overline{X_i}$
		A_1	A_2	...	A_r	
因素 B	B_1	X_{11}	X_{12}	...	X_{1r}	$\overline{X_1}$
	B_2	X_{21}	X_{22}	...	X_{2r}	$\overline{X_2}$
	$\vdots$	$\vdots$	$\vdots$		$\vdots$	$\vdots$
	B_k	X_{k1}	X_{k2}	...	X_{kr}	$\overline{X_k}$
$\overline{X_j}$		$\overline{X_1}$	$\overline{X_2}$	...	$\overline{X_r}$	$\overline{X}$

如表 7-10 所示，因素 A 位于列的位置，共有 r 个水平，$\overline{X_j}$ 代表第 j 种水平的样本平均

数；因素 B 位于行的位置，共有 k 个水平，$\overline{X_i}$ 代表第 i 种水平的样本平均数。$\overline{\overline{X}}$ 为样本的总平均数，样本容量 $n = rk$。

每一个观察值 X_{ij} 都可看作由 A 因素的 r 个水平和 B 因素的 k 个水平所组合成的 rk 个总体中抽取样本容量为 n 的独立随机样本。这 rk 个总体的每一个总体均服从正态分布，且有相同的方差。这是进行双因素方差分析的假设条件。

三、离差平方和的分解

进行双因素方差分析，需要将总离差平方和 SST 进行分解。二者的区别在于需要将总离差平方和分解为三个组成部分，即 SSA、SSB 和 SSE，以分别反映因素 A 的组间差异、因素 B 的组间差异和随机误差 SSE 的离散状况。

它们的计算公式分别为

$$\text{SST} = \sum\sum(X_{ij} - \overline{\overline{X}})^2$$

$$\text{SSA} = \sum\sum(\overline{X}_j - \overline{\overline{X}})^2 = \sum k(\overline{X}_j - \overline{\overline{X}})^2$$

$$\text{SSB} = \sum\sum(\overline{X}_i - \overline{\overline{X}})^2 = \sum r(\overline{X}_i - \overline{\overline{X}})^2$$

$$\text{SSE} = \text{SST} - \text{SSA} - \text{SSB}$$

与各个离差平方和相对应的自由度分别是总离差平方和 SST 的自由度为 $rk - 1 = n - 1$；因素 A 的离差平方和 SSA 的自由度为 $r - 1$；因素 B 的离差平方和 SSB 的自由度为 $k - 1$；随机误差 SSE 的自由度为 $(r-1)(k-1)$。

由离差平方和与自由度可以计算出均方差。

四、构造统计量并判定

对因素 A 而言

$$\text{MSA} = \frac{\text{SSA}}{r-1}$$

对因素 B 而言

$$\text{MSB} = \frac{\text{SSB}}{k-1}$$

对随机变量而言

$$\text{MSE} = \frac{\text{SSE}}{(r-1)(k-1)}$$

由此可以编制出双因素方差分析表，如表 7-11 所示。

表 7-11 双因素方差分析

误差来源	离差平方和	自由度	均方差	F 值
A 因素	SSA	$r-1$	$\text{MSA} = \text{SSA}/(r-1)$	$F_A = \text{MSA/MSE}$
B 因素	SSB	$k-1$	$\text{MSB} = \text{SSB}/(k-1)$	$F_E = \text{MSB/MSE}$
误差	SSE	$(r-1)(k-1)$	$\text{MSE} = \text{SSE}/[(r-1)(k-1)]$	—
合计	SST	$n-1$	—	—

为检验因素 A 的影响是否显著，采用下面的统计量为

$$F_A = \frac{\text{MSA}}{\text{MSE}} \sim F(r-1, (r-1)(k-1))$$

为检验因素 B 的影响是否显著，采用下面的统计量为

$$F_B = \frac{\text{MSB}}{\text{MSE}} \sim F(k-1, (r-1)(k-1))$$

根据给定的显著性水平 α 在 F 分布表中查找相应的临界值 F_α，将统计量 F 与 F_α 进行比较，作出拒绝或不能拒绝原假设 H_0 的决策。

若 $F_A \geqslant F_\alpha(r-1, (r-1)(k-1))$，则拒绝原假设，表明均值之间有显著差异，即因素 A 对观察值有显著影响。

若 $F_A < F_\alpha(r-1, (r-1)(k-1))$，则不能拒绝原假设，表明均值之间的差异不显著，即因素 A 对观察值没有显著影响。

若 $F_B \geqslant F_\alpha(k-1, (r-1)(k-1))$，则拒绝原假设，表明均值之间有显著差异，即因素 B 对观察值有显著影响。

若 $F_B < F_\alpha(k-1, (r-1)(k-1))$，则不能拒绝原假设，表明均值之间的差异不显著，即因素 B 对观察值没有显著影响。

五、应用实例

下面通过一个例题，说明双因素方差分析。

例 7-4 某商品有五种不同的包装方式(因素 A)，在五个不同地区销售(因素 B)，现从每个地区随机抽取一个规模相同的超级市场，得到该商品不同包装的销售资料如表 7-12 所示。

表 7-12 某种商品不同地区不同包装的销售资料

		包装方式(因素 A)				
		A_1	A_2	A_3	A_4	A_5
地区 (因素 B)	B_1	20	12	20	10	14
	B_2	22	10	20	12	6
	B_3	24	14	18	18	10
	B_4	16	4	8	6	18
	B_5	26	22	16	20	10

现检验包装方式和销售地区对该商品销售量是否有显著性影响 ($\alpha = 0.05$)。

解：若五种包装方式的销售均值相等，则表明不同的包装方式在不同地区的销售上没有差别。

(1) 建立假设。

对因素 A

$H_0 : \mu_1 = \mu_2 = \mu_3 = \mu_4 = \mu_5$，包装方式之间无差别。

$H_1 : \mu_1 、 \mu_2 、 \mu_3 、 \mu_4 、 \mu_5$ 不全相等，包装方式之间有差别。

对因素 B

$H_0: \mu_1 = \mu_2 = \mu_3 = \mu_4 = \mu_5$，地区之间无差别。

$H_1: \mu_1$、μ_2、μ_3、μ_4、μ_5 不全相等，地区之间有差别。

(2) 计算 F 值。

由表 7-8 中的数据计算得因素 A 的列均值分别为

$\overline{X}_1 = 21.6, \overline{X}_2 = 12.4, \overline{X}_3 = 16.4, \overline{X}_4 = 13.2, \overline{X}_5 = 11.6$

因素 B 的行均值分别为

$\overline{X}_1 = 15.2, \overline{X}_2 = 14, \overline{X}_3 = 16.8, \overline{X}_4 = 10.4, \overline{X}_5 = 18.8$

则

总均值=15.04

因此，有

$\text{SST} = (20 - 15.04)^2 + \cdots + (10 - 15.04)^2 = 880.96$

$\text{SSA} = 5 \times (20 - 15.04)^2 + \cdots + 5 \times (11.6 - 15.04)^2 = 335.36$

$\text{SSE} = 880.96 - 335.36 - 199.36 = 346.24$

接下来计算

$\text{MSA} = \dfrac{335.36}{5 - 1} = 83.84$

$\text{MSB} = \dfrac{199.36}{5 - 1} = 49.84$

$\text{MSE} = \dfrac{346.24}{(5 - 1) \times (5 - 1)} = 21.64$

因此

$F_A = \dfrac{\text{MSA}}{\text{MSE}} = \dfrac{83.84}{21.64} = 3.87$

$F_B = \dfrac{\text{MSB}}{\text{MSE}} = \dfrac{49.84}{21.64} = 2.30$

(3) 统计决策。

对于因素 A，因为

$$F_A = 3.87 > F_{crit} = 3.01$$

故拒绝 H_0，接受 H_1，说明不同的包装方式对该商品的销售量有影响。

对于因素 B，因为

$$F_B = 2.30 < F_{crit} = 3.01$$

故接受 H_0，说明在不同地区该商品的销售量没有显著的差异。

第四节　正交试验设计

在工农业生产和科学研究中，经常遇到多因素、多水平试验问题。如果对每个因素的每个水平都相互搭配进行全面试验，则试验次数是惊人的。那么，如何设计试验才能科学合理地回答如下问题？

(1) 各因素对指标的影响，哪个因素重要？哪个因素次之？哪些因素对指标会产生重要影响？

(2) 每个因素中，哪个水平最好？

(3) 各个因素和水平以哪种情况搭配可使试验结果最佳？

这正是正交试验设计的主要内容。本节将重点介绍正交试验设计。

一、正交试验设计的基本思想

考虑进行一个三因素、每个因素有三个水平的试验。如果做全面试验，需做 $3^3=27$ 次。

从 27 次试验中选取一部分试验，常将 A 和 B 分别固定在 A_1 和 B_1 水平上，与 C 的三个水平进行搭配：$A_1B_1C_1$，$A_1B_1C_2$，$A_1B_1C_3$。做完这 3 次试验后，若 $A_1B_1C_3$ 最优，则取定 C_3 这个水平，让 A_1 和 C_3 固定，再分别与 B 因素的三个水平搭配：$A_1B_1C_3$（已做过试验），$A_1B_2C_3$，$A_1B_3C_3$。这 3 次试验做完以后，若 $A_1B_2C_3$ 最优，则取定 B_2、C_3 这两个水平，再做两次试验，即 $A_2B_2C_3$、$A_3B_2C_3$，然后与 $A_1B_2C_3$ 一起比较，若 $A_3B_2C_3$ 最优，则可断言 $A_3B_2C_3$ 是我们欲选取的最佳水平组合。这样仅做了 7 次试验就选出了最佳水平组合。

我们发现，这些试验结果都分布在立方体的一角，如图 7-2 所示，代表性较差，所以按上述方法选出的试验水平组合并不是真正的最佳组合。

如果进行正交试验设计，利用正交表进行试验，对于三因素三水平的试验来说，需要做 9 次试验，用"△"表示，标在图 7-2 中。如果每个平面都表示一个水平，则共有 9 个平面，可以看到每个平面上都有三个"△"点，立方体的每条直线上都有一个"△"点，并且这些"△"点分布均衡，因此这 9 次试验的代表性很强，能较全面地反映试验结果，这就是正交试验设计所特有的均衡分散性。我们可以利用这一特性来合理地设计和安排试验，以便通过尽可能少的试验次数，找出最佳水平组合。

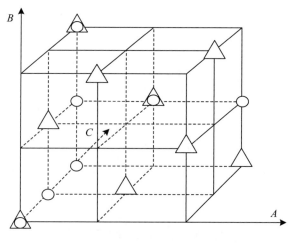

图 7-2　试验点分布

通过上例可以看出，正交试验设计兼有全面试验和轮换比较试验的优点：既能使试验点分布均匀、分散，又能减少试验次数。此外，还能看到正交试验计算分析虽然非常简单，却能够清楚地阐明试验条件与试验指标间的关系。

二、正交表与直观分析法

正交表是正交试验设计的工具。最简单的正交表是 $L_4(2^3)$，还有 $L_8(2^7)$、$L_9(3^4)$、$L_{16}(4^5)$ 等。一般正交表记为 $L_n(S_1 \times S_2 \times S_3 \times \cdots \times S_m)$，其中：$L$ 表示正交表；n 表示试验次数；m 表示列数，即最多可能安排的因子数；$S_1, S_2, \cdots, S_m$ 分别表示第 1 列，第 2 列，$\cdots$，第 m 列的水平数。如果有 $S_1 = S_2 = \cdots = S_m = S$，则正交表可改记为 $L_n(S^m)$。L 表示一张表，它的数字有三层不同的含义，以 $L_4(2^3)$ 为例加以说明。

(1) $L_4(2^3)$ 表的结构：有 4 行、3 列，表中只出现 1、2 两个反映水平的数字，如图 7-3 所示。

(2) $L_4(2^3)$ 表的用法：做 4 次试验，可以最多安排 3 个二水平的因素(也称因子)，如图 7-4 所示。

(3) $L_4(2^3)$ 表的效率：3 个二水平的因子，它的全部不同的水平组合共有 $2 \times 2 \times 2 = 8$ 种，本应做完 8 次不同水平组合的试验，才能找到一个最佳的水平组合。而按正交表 $L_4(2^3)$，只需从 2^3 中选出 4 次进行试验，经过数据分析就可得出在 2^3 个不同水平组合中哪个较好或可能得出最好的结论，但仅做了全面试验次数的 $\frac{4}{2^3} = \frac{1}{2}$，如图 7-5 所示。

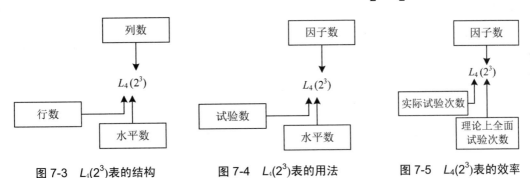

图 7-3 $L_4(2^3)$表的结构　　图 7-4 $L_4(2^3)$表的用法　　图 7-5 $L_4(2^3)$表的效率

$L_4(2^3)$ 的具体内容如表 7-13 所示。

表 7-13 $L_4(2^3)$ 表的内容

试验号	列 号		
	1	2	3
1	1	1	1
2	1	2	2
3	2	1	2
4	2	2	1

表 $L_4(2^3)$ 称为正交表。正交表具有下述两个特点。

(1) 每一列中，不同的数字出现的次数相等，如 1 和 2 各出现了两次。

(2) 任意两列中，将同一横行的两个数字看成有序数对时，每种数对出现的次数相等。例如，$L_4(2^3)$ 表中共有四种有序数对(1,1)，(1,2)，(2,1)，(2,2)，它们各出现一次。

通过上述两点保证了用正交表安排的试验计划是均衡搭配的。

接下来，通过例题来说明正交表的应用和直观分析法的内容。

例 7-5 某化工厂生产一种试剂，产率较低，现希望通过试验探索好的生产工艺以提高产率。考察的因子与水平如表 7-15 所示。

表 7-15　考察因子与水平

因　子	水　平		
	A 反应温度(℃)	B 反应时间(h)	C 搅拌速度
一水平	30	1	快
二水平	40	1.5	中
三水平	50	2	慢

这是一种三水平的试验。我们可以在 $L_9(3^4)$ 和 $L_{27}(3^3)$ 中选择一张合适的正交表。选择的原则是正交表的列中能够容纳这些试验因子，且试验次数越少越好。本例只有三个因子，故选用 $L_9(3^4)$ 表，做 9 次试验即可。

选择正交表后，可将因子安排在 $L_9(3^4)$ 的表头上，将三个因子依次安排在 1、2、3 列，并且把表中各列的水平号用相应的实际因子水平写出来，就得到一张试验计划表，如表 7-16 所示。

表 7-16　试验计划表

列　号	试验号					
	1 反应温度(℃)A		2 反应时间(h)B		3 搅拌速度 C	
1	1	30	1	1	1	快
2	1	30	2	1.5	2	中
3	1	30	3	2	3	慢
4	2	40	1	1	2	中
5	2	40	2	1.5	3	慢
6	2	40	3	2	1	快
7	3	40	1	1	3	慢
8	3	40	2	1.5	1	快
9	3	40	3	2	2	中

按以上所设计的方案进行 9 次试验后，将各次试验结果依次填入试验计划表的最右边，并且在表中进行一系列的计算，形成表 7-17 所示的计算表。

根据这 9 次试验结果，就可以分析因素各水平对产率的影响。

先看 A 因素(反应温度)。它的水平为 30℃的是第 1、2、3 号试验，其总产率 $I_{1A}=82+81+76=239$；它的水平是 40℃的是第 4、5、6 号试验，其总产率 $I_{2A}=80+85+82=247$；它的水平是 50℃的是第 7、8、9 号试验，其总产率 $I_{3A}=64+72+64=200$。

表 7-17　计算表

列　号	试验号			
	1 反应温度(℃)A	2 反应时间(h)B	3 搅拌速度 C	试验结果产率(%)
1	1(30)	1(1)	1(快)	82
2	1(30)	2(1.5)	2(中)	81
3	1(30)	3(2)	3(慢)	76
4	2(40)	1(1)	2(快)	80
5	2(40)	2(1.5)	3(中)	85
6	2(40)	3(2)	1(慢)	82
7	3(50)	1(1)	3(快)	64
8	3(50)	2(1.5)	1(中)	72
9	3(50)	3(2)	2(慢)	64
I_1(一水平试验结果总和)	239	226	236	
I_2(二水平试验结果总和)	247	238	225	
I_3(三水平试验结果总和)	200	222	225	
$I_1/3$	79.7	75.3	78.7	
$I_2/3$	82.3	79.3	75.0	
$I_3/3$	66.7	74.0	75.0	
极差 R	15.6	5.3	3.7	

　　在 A 因子水平相同的三组试验中，不同水平的 B 因子(反应时间)和不同水平的 C 因子(搅拌速度)都各出现一次。从整体上看，可以认为 B、C 两因子对产率的影响虽然在变化，但这种变化是均衡的。因此，比较这三个总产率就可以看出 A 因子各水平的差别对产率的影响。为便于说明，可把上述三个总产率都取平均值，分别得到 $I_{1A}/3 = 79.7$，$I_{2A}/3 = 82.3$，$I_{3A}/3 = 66.7$，这是试剂的平均产率。显然 A 因子取 40℃ 最好，50℃ 最差。二者之差即极差 $R_A = 82.3 - 66.7 = 15.6$，它表示反应温度 40℃ 与 50℃ 相比，试剂的产率平均要提高 15.6 个百分点。

　　用同样的方法可以比较 B 因子和 C 因子的各水平的好与差。

　　比较各因子极差的大小，就可以看出哪个因子对产率的影响大，哪个因子对产率的影响小。反应温度的高低对试剂的平均产率的影响可以相差 15.6 个百分点，而搅拌速度的快慢对试剂平均产率的影响只相差 3.7 百分点，显然反应温度是否合适要比搅拌速度是否合适重要得多。根据这种比较，可以得到以下结论。

　　第一，反应温度对产率影响最大，其次是反应时间，再次是搅拌速度。

　　第二，反应温度是 40℃ 好，反应时间是 1.5h 好，搅拌速度是快速好。

　　第三，好的生产工艺是 $A_2B_2C_1$，即

反应温度——40℃。

反应时间——1.5h。

搅拌速度——快速。

$A_2B_2C_1$ 这个条件在试验计划表中并没有出现，它是 27 次全面试验中的一种。由此可见，用正交表安排试验确实具有很强的代表性。虽然只做了 9 次试验，但是通过对这 9 次试验结果的计算与分析，不会漏掉最佳的水平组合。

以上比较各因子不同水平下试验结果平均值的方法为直观分析法，也叫作综合比较法。显然，只有在均衡搭配的试验条件下，才能进行综合分析。这也是正交表的一个特性，称为综合可比性。

三、方差分析法

根据以上介绍的方法，可利用正交表安排试验，并用直观分析法对试验结果进行分析。因为正交表具有均衡分散与综合可比的特点，因而我们仅做一部分试验就能获得所需的结论，而且方法简单易行，计算量小，一般情况下，结论也是可靠的。但是，在任何试验过程中，都存在着随机因素造成的试验误差，通常可以将它们忽略不计。可是当方差较大时，就会影响结论的可靠性。这时，可以借用方差分析，将试验误差所引起的指标变动与各因子及其水平不同所引起的指标变动区分开来，以便分析出影响试验结果的真正因素。下面，通过例题介绍如何用方差分析法对试验结果进行分析。

仍继续讨论上例中化工试剂的生产工艺问题。

利用方差分析法来分析试验结果时，由于要考虑随机因素对指标的影响，因此在选取正交表安排试验时，要使表中的因子数大于实际的因子数。例如，试剂产率的试验是三因子三水平，仍然可以选用 表安排试验，将三因素依次放在表的第 1、2、3 列后，空出一列无因素可安排，这一列可视为随机试验误差。按照此法安排试验，得出试验计划表及试验结果列于表 7-18，并对表中数据进行一系列的有关计算。

表 7-18 试验计划表和计算表

试验号	列 号						试验结果：产率(%)	
	1 反应温度 (℃)		2 反应时间 (h)		3 搅拌速度		4	y_1	$y_i = y_1 - 80$
1	1	30	1	1	1	快	1	82	2
2	1	30	2	1.5	2	中	2	81	1
3	1	30	3	2	3	慢	3	76	-4
4	2	40	1	1	2	中	3	80	0
5	2	40	2	1.5	3	慢	1	85	5
6	2	40	3	2	1	快	2	82	2
7	3	40	1	1	3	慢	2	64	-16
8	3	40	2	1.5	1	快	3	72	-8
9	3	40	3	2	2	中	1	64	-16
I_1	-1		-14		-4		-9	$T = \sum y_1 = -34$	
I_2	7		-2		-15		-13	$T^2 = 1156$	
I_3	-40		-18		-15		-12	$T^2/9 = 128.4$	

试验号	列　号				试验结果：产率(%)	
	1 反应温度 (℃)	2 反应时间 (h)	3 搅拌速度	4	y_1	$y_i = y_1 - 80$
I_1^2	1	196	16	81		
I_2^2	49	4	225	169		
I_3^2	1600	324	225	144		
$I_1^2 + I_2^2 + I_3^2$	1650	524	466	394		
$(I_1^2 + I_2^2 + I_3^2)/3$	550	174.67	155.33	131.33		
$(I_1^2 + I_2^2 + I_3^2)/3 - T^2/9$	421.6	46.27	26.93	2.93		

在进行数据分析时，把试验结果的所有数据都减去同一常数，不会影响结论，故常用此法简化数据。

采用方差分析法，将试验结果产率 y 的变动(或波动、差异)用总偏差平方和 S_T 来表示，则

$$S_T = \sum (y_i - \overline{y})^2 = \sum y_i^2 - \frac{(\sum y_i)^2}{9} = \sum y_i^2 - \frac{T^2}{9}$$

其中

$$\overline{y} = \frac{\sum y_i}{9}$$

总偏差平方和可以分解为各因子的偏差平方和与试验误差的平方和，即

$$S_T = S_A + S_B + S_C + S_E$$

各偏差平方和的计算如下所述。

例如，A 位于 $L_9(3^4)$ 表的第 1 列上，有 3 个一水平，3 个二水平，3 个三水平。如果这个试验只安排一个因子 A，则实验结果 y 的差异就完全是由 A 因子的水平变化与试验误差引起的。这时，可以用 A 因子的各水平对产率 y 的平均影响 $I_{1A}/3$、$II_{2A}/3$、$III_{3A}/3$ 分别代替各个水平(每个水平有 3 个)对 y 的影响，所以因子 A 的偏差平方和 S_A 可以由 3 个 $I_{1A}/3$、3 个 $II_{2A}/3$ 和 3 个 $III_{3A}/3$ 与 $\overline{y}$ 的偏差平方和计算得到，即

$$S_A = 3\left(\frac{I_{1A}}{3} - \overline{y}\right)^2 + 3\left(\frac{I_{2A}}{3} - \overline{y}\right)^2 + 3\left(\frac{I_{3A}}{3} - \overline{y}\right)^2$$

经简单运算，上式可化简为

$$S_A = \frac{I_{1A} + I_{2A} + I_{3A}}{3} - \frac{T^2}{9}$$

将具体数值代入得

$$S_A = 421.6$$

用这种方式也可求出因子 B、C 和试验误差 E 的偏差平方和 S_B、S_C、S_E 的值，分别为

$$S_B = \frac{I_{1B} + I_{2B} + I_{3B}}{3} - \frac{T^2}{9} = 46.27$$

$$S_C = \frac{I_{1C} + I_{2C} + I_{3C}}{3} - \frac{T^2}{9} = 26.93$$

$$S_E = \frac{I_{1E} + I_{2E} + I_{3E}}{3} - \frac{T^2}{9} = 2.93$$

各因子与试验误差的自由度为

$$f_A = f_B = f_C = f_E = 3 - 1 = 2$$

为了进行各因子的显著性检验,列出方差分析(2),如表 7-19 所示。

由 F 分布表查得 $F_{0.10}(2,2) = 19$,$F_{0.05}(2,2) = 19$,$F_{0.01}(2,2) = 99$,比较各 F 值与 $F_{0.10}$、$F_{0.05}$、$F_{0.01}$ 的大小得出

$F_A > F_{0.05}$,同时 $F_A > F_{0.01}$,故 A 因子非常显著。

$F_{0.10} < F_B < F_{0.05}$,故 B 因子比较显著。

表 7-19　方差分析(2)

方差来源	平方和	自由度	均方	F 比
因子 A	$S_A = 421.6$	2	210.8	$F_A = 143.4$
因子 B	$S_B = 46.26$	2	23.13	$F_B = 15.7$
因子 C	$S_C = 26.93$	2	13.47	$F_C = 9.2$
试验误差 E	$S_E = 2.93$	2	1.47	
总和	$S_T = 497.72$	8	—	—

本例方差分析的结论与直观分析法的结论是一致的,即反应温度对产率影响较大,搅拌速度影响最小,好的生产工艺条件仍然一样。

复习思考题

1. 下列关于方差分析说法不正确的是(　　)。

    A. 方差分析是一种检验若干个正态分布均值和方差是否相等的一种统计方法

    B. 方差分析是一种检验若干个独立正态总体均值是否相等的一种统计方法

    C. 方差分析实际上是一种 F 检验

    D. 方差分析基于偏差平方和的分解和比较

2. 设 $X_{ij} = \mu_i + \varepsilon_{ij}$,$\varepsilon_{ij} \sim N(0, \sigma_i^2)$,$i = 1, 2, \cdots, a$;且 ε_{ij} 相互独立,进行单因子方差分析是(　　)。

    A. 对假设 $H_0 : \mu_1 = \mu_2 = \cdots = \mu_a$ 作检验

    B. 对假设 $H_0 : \sigma_1^2 = \sigma_2^2 = \cdots = \sigma_a^2$ 作检验

    C. 假定 $\varepsilon_{ij} \sim N(0, \sigma_i^2)$,$\sigma^2$ 为未知,对假设 $H_0 : \mu_1 = \mu_2 = \cdots = \mu_a$ 作检验

    D. 假定 $\varepsilon_{ij} \sim N(0, \sigma_i^2)$,$\mu_1 = \mu_2 = \cdots = \mu_a$,$\mu$ 为未知,对假设 $H_0 : \sigma_1^2 = \sigma_2^2 = \cdots = \sigma_a^2$ 作检验

3. 对某因素进行方差分析，如表 7-20 所示。

表 7-20　对某因素进行方差分析

方差来源	平方和	自由度	F 值
组间	4623.7	4	
组内	4837.25	15	
总和	9460.95	19	

采用 F 检验法检验，且知在 $\alpha=0.05$ 时 F 的临界值 $F_{0.05}(4,15)=3.06$，则可以认为因素的不同水平对试验结果(　　)。

A. 没有影响　　　　　　　　B. 有显著影响

C. 没有显著影响　　　　　　D. 不能作出是否有显著影响的判断

4. 某企业准备用三种方法组装一种新的产品，为确定哪种方法每小时生产的产品数量最多，随机抽取了 30 名工人，并指定每个人使用其中一种方法。在显著水平 $\alpha=0.05$ 下，通过对每个工人生产的产品数量进行方差分析得到下面的部分结果。请完成表 7-21 所示的方差分析，由于 $F=$＿＿＿＿＿＿＿＿，或 $P=$＿＿＿＿＿＿＿，可判断不同的组装方法对产品数量的影响＿＿＿＿＿＿(显著，不显著)。

表 7-21　某企业方差分析

差异源	平方和	自由度	均　方	F 值	P-value	F_α值
组间			210	1.7	0.246	3.354
组内	3836		142.07			
总计		29	—			

5. 为了检验三家工厂生产的机器加工一批原料所需的平均时间是否相同，某化学公司得到了关于加工原料所需时间的数据如表 7-22 所示。利用这些数据检验三家工厂生产的机器加工一批原料所需平均时间是否相同(取显著性水平为 0.05)。

表 7-22　加工原料所需时间

单位：小时

工　厂	1	2	3
加工时间	20	28	20
	26	26	19
	24	31	23
	22	27	22

6. 一项调查研究了信息来源渠道对信息传播效果的影响。在该研究中，信息来源分别为上级、同事和下属。表 7-23 列出了各种信息渠道的传播效果：数值越高，表明信息传播效果越好。请检验信息来源对信息传播效果是否有显著影响(取显著性水平为 0.05)。

7. 比较四种肥料 A_1、A_2、A_3、A_4 对农作物产量的影响，每一种肥料做 5 次试验，得产量(公斤/小区)如表 7-24 所示，试检验四种肥料对产量的影响有无显著差异？(取显著性水平为 0.05)

表 7-23　各种信息渠道传播效果

上　级	同　事	下　属
8	6	6
5	6	5
4	7	7
6	5	4
6	3	3
7	4	5
5	7	7
5	6	5

表 7-24　肥料对产量的影响

肥　料	A_1	A_2	A_3	A_4
	5.5	6.5	8.0	5.5
	5.0	6.0	6.5	6.5
样本观测值	6.0	7.0	7.5	6.0
	4.5	6.5	7.0	5.0
	7.0	5.5	6.0	5.5

第八章　一元线性回归

【本章学习要求】

通过本章的学习，了解一元线性回归的概念；了解变量之间相关系数的概念及求解方法；掌握一元线性回归方程的构建与求解；掌握最小二乘法的思想和利用最小二乘法进行点估计的求解过程。

【本章重点】

- 一元线性回归的基本思想
- 一元线性回归的方法
- 变量之间相关性分析
- 一元线性回归显著性检验

【本章难点】

- 建立回归模型的基本步骤
- 线性回归的基本假定
- 一元线性回归参数的估计与检验

【章前导读】

在自然科学中，某些时候其影响变量之间常常具有某种特定的函数关系，比如物理中路程与速度公示 $s=vt$ 等。但在社会科学中，很多变量之间不存在函数关系，人们可以通过建立统计模型来进行预测。回归不仅是一种数据拟合手段，更是一种预测理念，这种理念就是任何可以预测的想象(身高、体重、智商、财富)都有一个平均值，所谓回归就是不断向平均值回归。

【关键词】

线性回归　相关系数　回归模型　最小二乘法

回归分析(regression analysis)是由英国著名生物学家、统计学家、科学家弗朗西斯·高尔顿(Francis Galton)在研究人类遗传问题的过程中系统提出的。回归分析是研究一个或多个因变量与一个自变量之间是否存在某种线性关系或非线性关系的一种统计学分析方法。

回归分析被广泛应用于分析事物之间的关系，侧重观察变量之间的数量变化规律，并通过回归方程的形式描述和反映这种关系，帮助人们准确把握变量受其他一个或多个变量影响的程度，进而为预测提供科学依据。

2020 年的《中国国民健康与营养大数据报告》显示，中国超重及肥胖症人口有 5.07 亿人，北方比例大于 35%，南方比例约为 27%。近 10 年来的研究发现，肥胖可诱发多种疾病。那么，肥胖症和体重超常与各类疾病之间真的有显著的数量关系吗？如果没有，具体关系又如何呢？回归分析能够给出答案。

再如 2022 年 1 月 17 日，国家统计局发布报告称，2021 年出生人口为 1062 万人，人口出生率为 7.52‰；死亡人口为 1014 万人，人口死亡率为 7.18‰；人口自然增长率为 0.34‰。2021 年及近几年出生人口为什么会出现大幅度下降？有专家指出，育龄妇女总体规模下降、当代年轻人婚育推迟以及社会发展带来的生育意愿下降是 2021 年出生人口数量下降的三个主要原因。那么，上述说法是否成立，如果成立的话，上述三者和生育率直接的相关性如何，这些问题都是回归分析可以回答的。

第一节　相　关　分　析

一、相关分析的基本概念

变量之间的依存关系有函数关系和相关关系两种。函数关系是指变量之间保持着严格的依存关系，呈现一一对应的特征。相关关系是指变量之间保持着不确定的依存关系。相关分析就是分析变量之间的相关性。

1. 相关的含义

相关是指自然与社会现象等客观现象数量关系的一种表现。

相关关系是指客观现象之间确实存在的一种联系，但数量关系表现为不严格相互依存关系。即对一个变量或几个变量取一定值时，另一变量值表现为一定范围内的随机波动，具有非确定性。比如产品销售收入与广告费用之间的关系。

2. 相关的种类

(1) 根据自变量的多少划分，可分为单相关和复相关。
(2) 根据相关关系的方向划分，可分为正相关和负相关。
(3) 根据变量间相互关系的表现形式划分，可分为线性相关和非线性相关。
(4) 根据相关关系的程度划分，可分为不相关、完全相关和不完全相关。

3. 相关程度的指标

用相关系数体现变量之间的相关程度，一般用 r 表示，r 的取值范围为 $-1 \leqslant r \leqslant 1$。

二、样本相关系数

为了既能描述自变量和因变量之间的线性相关程度，又能描述因变量随自变量变化的方向，常采用样本相关系数 r 表示，r 的大致取值和正负关系可以通过散点图来识别。

识别变量间相关关系最简单的方法就是图形法。图形法就是将所研究变量的观测值以散点的形式绘制在相应的坐标系中，通过它们呈现出的特征，判断变量之间是否存在相关关系，以及相关的形式、相关的方向和相关的程度等。也可以用于发现异常值，比较常见的可以反映样本相关系数的散点图如图 8-1 所示。

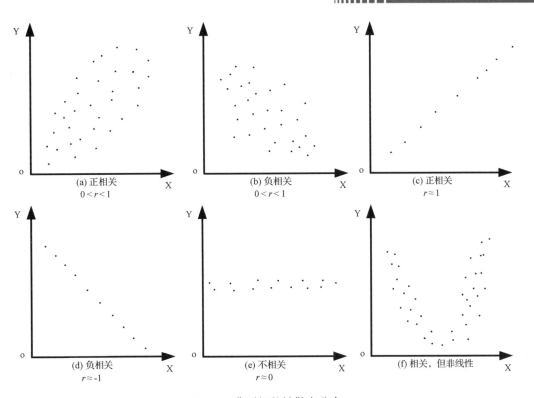

图 8-1 典型相关性散点分布

一般而言，样本的相关系数有下述几个特点。

(1) 相关系数的符号代表着变量间的相关方向，$r>0$ 说明两个变量呈正相关，$r<0$ 则表明两个变量呈负相关。

(2) 相关关系的取值介于 -1 和 1 之间，它的绝对值越接近于 1，意味着变量之间的线性相关程度越强。$r=1$ 或 $r=-1$ 时，说明两个变量之间完全线性相关；$r=0$，说明两个变量之间不存在线性相关；r 的绝对值介于 0 和 1 之间时，说明两个变量之间存在一定程度的线性相关。

(3) 两变量相关强度的强弱可分为下述几个等级。

当 $|r| \geqslant 0.8$ 时，视为高度相关；

当 $0.5 \leqslant |r| < 0.8$ 时，视为中度相关；

当 $0.3 \leqslant |r| < 0.5$ 时，视为低度相关；

当 $|r| < 0.3$ 时，表明两个变量之间的相关程度极弱，在实际应用中可视为不相关。

三、样本确定系数

当 X 与 Y 具有因果关系时，我们常把由于 X 的变动影响 Y 的变动的程度看作由 X 这一因素解释 Y 的变动时能解释多少，即 Y 的总差异中能被 X 解释的那部分所占的比例越大，说明 X 与 Y 相关的程度越紧密。因此，定义

$$r^2 = \frac{\text{SSR}}{\text{SSTO}} = \frac{\text{SSTO} - \text{SSE}}{\text{SSTO}} = 1 - \frac{\text{SSE}}{\text{SSTO}}$$

此为样本确定系数。r^2 的取值范围为 $(0,1)$。

当样本的全部观察值都落在所拟合的回归置线上时，$SSE=0$，$SSR=SSTO-SSE$ $=SSTO$，所以 $r^2=1$。

当 X 与 Y 无关，Y 的差异完全由不确定因素(或随机因素)引起时，$SSR=0$，所以 $r^2=0$。一般地，r^2 常介于 0 与 1 之间，r^2 越接近 1，说明 Y 与 X 线性相关的程度越高。

第二节　一元线性回归模型

一、因变量(Y)与自变量(X)之间的关系

上文提到，因变量与自变量之间的关系有两种类型。一种是函数关系，即对两个变量 X、Y 来说，当 X 值确定后，Y 值可以按照一定的规律唯一确定，即形成一种精确的函数关系。微积分学中所研究的一般变量之间的函数关系就属于此种类型。

另一种是统计关系，即当 X 值确定后，Y 值不是唯一确定的，但大量统计资料表明，这些变量之间还是存在着某种客观的联系。例如，如图 8-2 所示，在直角坐标平面上标出了 10 个观测点的坐标位置，表示以家庭为单位，某种商品年需求量与该商品价格之间的 10 对调查数据。

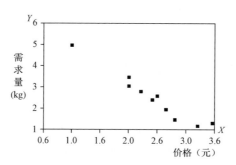

图 8-2　商品需求量与价格之间的关系

二、统计关系的两个特征

统计关系具有下述两个特征。

(1) 因变量 Y 随自变量 X 有规律地变化，而统计关系直线描述了这一变化的趋势。

(2) 观测点散布在统计关系直线的周围，此种情况说明 Y 的变化除了受自变量 X 影响以外，还受其他因素的影响。

因此，建立一个回归模型，通过对此模型所做的一些假设，可以体现出上述统计关系所刻画的特征。

三、一元线性回归模型假设

根据统计关系特征，可以进行下述两种假设。

(1) 对于自变量的每一水平 X，存在着 Y 的一个概率分布。

(2) 这些 Y 的概率分布的均值，有规律地随 X 的变化而变化。

四、一元线性回归模型

若 Y 与 X 具有线性统计关系，则可以建立下述一元线性回归模型

$$Y_i = \beta_0 + \beta_1 X_i + \varepsilon_i (i=1,2,\cdots,n)\qquad(8\text{-}1)$$

其中，(X_i,Y_i) 表示 (X,Y) 的第 i 个观测值，β_0、β_1 为参数，$\beta_0 + \beta_1 X_i$ 为反映统计关系直线的分量，ε_i 为反映在统计关系直线周围散布的随机分量 $\varepsilon_i \sim N(0,\sigma^2)$。

在模型中对于任意 X 满足以下条件。

Y_i 服从正态分布

$$E(Y_i) = \beta_0 + \beta_1 X_i$$
$$D(Y_i) = \sigma^2$$

各 Y_i 间相互独立，$Y_i \sim N(\beta_0 + \beta_1 X_i,\sigma^2)$。

散点图 8-2 中需求量与价格之间线性统计关系的回归模型，具体描述如图 8-3 所示。这里给出价格当 $X=1$，$X=2$ 与 $X=3$ 时，需求量 Y 的概率分布。根据以上回归模型的假设，当 $X=2$ 时，观测到的需求量 $Y=3$，该值是对应于 X 这一水平的 Y 的一次随机抽取结果。

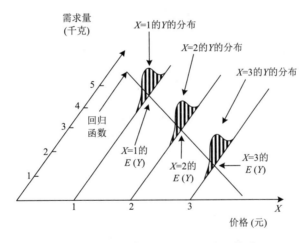

图 8-3　需求量与价格的线性统计关系

五、一元线性回归方程

在图 8-2 中，若 Y 与 X 之间为线性关系，要想描述其关系可以有无数条直线，需要在其中选出一条最能反映 Y 与 X 之间关系规律的直线，即对于式(8-1)，要适当选取 β_0 和 β_1。因此，要根据样本数据采用最小二乘法对参数 β_0 和 β_1 进行估计。

设 β_0 和 β_1 的估计值为 b_0 和 b_1，则可建立一元线性回归模型

$$\hat{Y} = b_0 + b_1 X\qquad(8\text{-}2)$$

假设找到一条回归直线如图 8-4 所示。一般而言，所求的 b_0 和 b_1 应能使每个样本观测点 (X_i,Y_i) 与回归直线之间的偏差最小，即使观察值与拟合值的偏差平方和 Q 达到最小。

令
$$Q = \sum_{i=1}^{n} [Y_i - (b_0 + b_1 X)]^2 \tag{8-3}$$

使 Q 达到最小值的 b_0 和 b_1 称为最小二乘估计量。

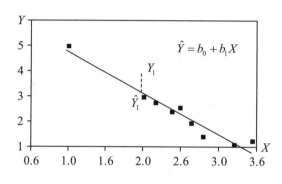

图 8-4 回归方程原理

显然，Q 是 b_0 和 b_1 的二元函数，根据微积分中极值的必要条件，应首先分别求关于 b_0 和 b_1 的偏导数

$$\frac{\partial Q}{\partial b_0} = -2\sum_{i=1}^{n} [Y_i - (b_0 + b_1 X_i)]$$

$$\frac{\partial Q}{\partial b_1} = -2\sum_{i=1}^{n} [Y_i - (b_0 + b_1 X_i)] X_i$$

然后，令这两个偏导数等于零，整理后得正规方程组

$$n b_0 + b_1 \sum_{i=1}^{N} X_i = \sum_{i=1}^{N} X_i$$

$$b_0 \sum_{i=1}^{n} X_i + b_1 \sum_{i=1}^{n} X_i^2{}_i = \sum_{i=1}^{n} X_i Y_i \tag{8-4}$$

解此方程组得到

$$b_1 = \frac{\sum_{i=1}^{n}(X_i - \bar{X})(Y_i - \bar{Y})}{\sum_{i=1}^{n}(X_i - \bar{X})^2} = \frac{\sum_{i=1}^{n} X_i Y_i - \dfrac{(\sum_{i=1}^{n} x_i)(\sum_{i=1}^{n} y_i)}{n}}{\sum_{i=1}^{n} x_i^2 - \dfrac{(\sum_{i=1}^{n} x_i)^2}{n}} \tag{8-5}$$

$$b_0 = \bar{Y} - b_1 \bar{X} \tag{8-6}$$

六、最小二乘估计 b_0、b_1 的特性

1. 线性特性

线性特性是指参数估计量 b_0、b_1 分别是样本观测值 Y_i 的线性组合，或者 b_0 和 b_1 分别是变量 Y_i 的线性参数。在统计学里，具有此种性质的估计量称为线性估计。

由式(8-5)可以得出

$$b_1 = \frac{\sum_{i=1}^{n}(X_i - \bar{X})(Y_i - \bar{Y})}{\sum_{i=1}^{n}(X_i - \bar{X})^2} = \frac{\sum_{i=1}^{n}(X_i - \bar{X})Y_i}{\sum_{i=1}^{n}(X_i - \bar{X})^2}$$

令

$$C_i = \frac{(X_i - \bar{X})}{\sum_{i=1}^{n}(X_i - \bar{X})^2}$$

则

$$b_1 = \sum_{i=1}^{n} C_i Y_i \tag{8-7}$$

这表明 b_1 是 Y_i 的线性组合，即估计量 b_i 为线性估计。同理，由式(8-6)和式(8-7)可以得到

$$b_0 = \sum_{i=1}^{n} k_i Y_i \tag{8-8}$$

其中

$$k_i = \frac{1}{n} - C_i \bar{X}$$

因此 b_0 也是线性估计。

2. 无偏性

无偏性是指 b_0 和 b_1 分别是 β_0 和 β_1 的无偏估计，可以证明

$$E(b_0) = \beta_0 \quad E(b_1) = \beta_1$$

七、相关分析与回归分析的联系

首先，二者有共同的研究对象，都是对变量间相关关系的分析。

其次，只有当变量间存在相关关系时，用回归分析去寻求相关的具体数学形式才有实际意义。

再次，相关分析只表明变量间相关关系的性质和程度，要确定变量间相关的具体数学形式还是要通过回归分析。

最后，相关分析中相关系数的确定建立在回归分析的基础上。

第三节 总平方和分解

一、总平方和分解的概述

同方差分析类似，回归分析也存在总平方和分解的问题。由 $Y_i - \bar{Y} = Y_i - \hat{Y}_i + \hat{Y}_i - \bar{Y}$ 可以得到

$$\sum_{i=1}^{n}(Y_i - \overline{Y})^2 = \sum_{i=1}^{n}(Y_i - \hat{Y}_i)^2 + 2\sum_{i=1}^{n}(Y_i - \hat{Y}_i)(Y_i - \overline{Y}) + \sum_{i=1}^{n}(\hat{Y}_i - \overline{Y})^2$$

其中

$$\sum_{i=1}^{n}(Y_i - \hat{Y}_i)(Y_i - \overline{Y}) = 0$$

所以

$$\sum_{i=1}^{n}(Y_i - \overline{Y})^2 = \sum_{i=1}^{n}(Y_i - \hat{Y}_i)^2 + \sum_{i=1}^{n}(\hat{Y}_i - \overline{Y})^2 \tag{8-9}$$

定义总离差平方和 $\text{SSTO} = \sum_{i=1}^{n}(Y_i - \overline{Y})^2$，它表示没有 X 的影响，单纯考察数据中 Y 的变动情况。

定义回归平方和 $\text{SSR} = \sum_{i=1}^{n}(\hat{Y}_i - \overline{Y})^2$，它表示各 $\hat{Y}$ 的变动程度，该变动是由回归直线中各 X_i 的变动所引起的，并且通过 X 对 Y 的线性影响表现出来。

定义误差平方和 $\text{SSE} = \sum_{i=1}^{n}(Y_i - \hat{Y}_i)^2$，它表示各 Y_i 围绕所拟合的回归直线变动程度，$\text{SSTO} = \text{SSR} + \text{SSE}$。因此

$$\text{SSTO} = \sum_{i=1}^{n}Y_i^2 - \frac{(\sum_{i=1}^{n}Y_i)^2}{n}$$

$$\text{SSR} = b_1^2\left[\sum_{i=1}^{n}X_i^2 - \frac{(\sum_{i=1}^{n}X_i)^2}{n}\right]$$

$$\text{SSE} = \text{SSTO} - \text{SSR}$$

总平方和的分解如图 8-5 所示。

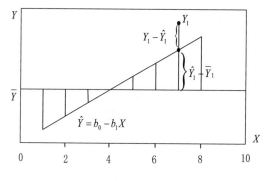

图 8-5　总平方和分解

二、自由度的分解

总离差平方和 SSTO 含有 n 个离差 $Y_i - \overline{Y}$，这些离差项之间有一个约束条件，即 $\sum_{i=1}^{n}(Y_i - \overline{Y}) = 0$，所以 SSTO 的自由度 f_T 为 $n-1$。误差平方和 SSE 含有 n 个偏差 $Y_i - \hat{Y}_i$，但由于估计参数 β_0 和 β_1 时用了两个正规方程式(8-4)，有两个约束条件，故 SSE 的自由度 f_E 为 $n-2$。

回归平方和 SSR 的自由度 f_R 为 1，这是因为回归函数中有两个参数，而偏差 $\hat{Y}_i - \bar{Y}$ 有一个约束条件 $\sum_{i=1}^{n}(\hat{Y} - \bar{Y}) = 0$，故自由度是 2-1=1。

因此，自由度的分解可以表示为

$$n - 1 = 1 + (n - 2)$$
$$f_T = f_R + f_E$$

三、回归均方与误差均方

定义平方和除以它相应的自由度为均方。根据上面讨论的结果，在回归分析中有两个均方，即回归均方与误差均方。回归均方记为 MSR，误差均方记为 MSE，其值分别为

$$\text{MSR} = \frac{\text{SSR}}{1} \tag{8-10}$$

$$\text{MSE} = \frac{\text{SSE}}{n - 2} \tag{8-11}$$

第四节　一元线性回归显著性检验

根据所得到的样本数据，采用最小二乘法就可以拟合一条直线来描述 Y 和 X 之间的关系。但是，样本资料具有随机性，因此，这里需要判断 Y 与 X 之间是否确实存在着线性关系，也就是需要判断 Y 对 X 的回归函数是否确实是一条直线。在回归函数 $E(Y) = \beta_0 + \beta_1 X$ 中，如果 $\beta_1 = 0$，则对 X 的一切水平 $E(Y) = \beta_0$，说明 Y 的变化与 X 的变化无关，因而，我们不能通过 X 去预测 Y。所以，对模型 $Y_i = \beta_0 + \beta_1 x_i + \varepsilon_i$ 检验 $\beta_1 = 0$ 是否成立，也就是检验 Y 与 X 之间是否存在线性关系。

一、b_1 的抽样分布

为了检验 $\beta_1 = 0$ 是否成立，需要构建一个合适的统计量，因此，首先应讨论 b_1 的抽样分布。

因为 b_1 具有线性特性，即 b_1 是观测值 Y_i 的线性组合，而 Y_i 是正态分布的随机变量，且相互独立，故 b_1 也是服从正态分布的随机变量。又因 b_1 具有无偏性，即其均值 $E(b_1) = \beta_1$。

以下可以证明，b_1 的方差为

$$D(b_1) = \frac{\sigma^2}{\sum_{i=1}^{n}(X_i - \bar{X})^2} \tag{8-12}$$

因为 $b_1 = \sum_{i=1}^{n} C_i Y_i$，且 Y_i 相互独立，其中 $C_i = \dfrac{x_i - \bar{x}}{\sum_{i=1}^{n}(X_i - \bar{X})^2}$，所以

$$D(b_1) = \sum_{i=1}^{n} D(C_i Y_i) = \sum_{i=1}^{n} C_i^2 D(Y_i) = \frac{\sigma^2}{\sum_{i=1}^{n}(X_i - \overline{X})^2}$$

故 b_1 是服从 $N = \left(\beta_1, \dfrac{\sigma^2}{\sum_{i=1}^{n}(X_i - \overline{X})^2} \right)$ 的随机变量。

二、F 检验

在一元线性回归中，为了检验 Y 对 X 线性关系的统计显著性，应对 β_1 进行 F 检验，其检验步骤如下所述。

(1) 提出假设 $H_0 : \beta_1 = 0, H_1 : \beta_1 \neq 0$。若原假设成立，则表明 Y 与 X 无显著线性关系。

(2) 构造并计算统计量

$$F = \frac{SSR \big/ f_R}{SSE \big/ f_E} \tag{8-13}$$

(3) 规定显著性水平 α，查 F 分布临界值表，得临界值 $F_\alpha(1, n-2)$。

(4) 比较

若 $F < F_\alpha(1, n-2)$，则接受 H_0，认为 Y 与 X 不存在一元线性关系。

若 $F > F_\alpha(1, n-2)$，则拒绝 H_0，认为 Y 与 X 存在一元线性关系。

各部分方差分析的计算结果如表 8-1 所示。

表 8-1　方差分析

方差来源	平方和	自由度	均方差	F 比
回归	$SSR = \sum_{i=1}^{n}(\widehat{Y}_i - \overline{Y})^2$	1	$MSR = \dfrac{SSR}{1}$	$F = \dfrac{MSR}{MSE}$
误差	$SSE = \sum_{i=1}^{n}(Y_i - \widehat{Y}_i)^2$	$n-2$	$MSE = \dfrac{SSE}{n-2}$	
总和	$SSTO = \sum_{i=1}^{n}(Y_i - \overline{Y})^2$	$n-1$	—	—

三、t 检验

对 β_1 进行 t 检验的步骤如下所述。

(1) 提出假设 $H_0 : \beta_1 = 0$, $H_1 : \beta_1 \neq 0$。若原假设成立则表明，则 Y 与 X 无显著线性关系。

(2) 构造并计算统计量

$$t = \frac{b_1}{s(b_1)} \tag{8-14}$$

其中，$s(b_1) = \sqrt{\dfrac{MSE}{\sum(X_i - \overline{X})^2}}$

(3) 规定显著性水平 α，查 t 分布临界值表，得临界值 $t_{\alpha/2}(n-2)$

(4) 比较

若 $|t| < t_{\alpha/2}(n-2)$，则接受 H_0，认为 Y 与 X 不存在一元线性关系。

若 $|t| > t_{\alpha/2}(n-2)$，则拒绝 H_0，认为 Y 与 X 存在一元线性关系。

在一元线性回归中，F 检验方法和 t 检验方法意义相同。

四、利用样本相关系数进行统计检验

利用样本相关系数进行统计检验的步骤如下所述。

(1) 提出假设

$H_0: \rho = 0$

$H_0: \rho \neq 0$（ρ 为总体 Y 与 X 的线性相关系数）。

(2) 计算简单相关系数 r。

(3) 规定显著性水平 α，查相关系数临界值表，得临界值 $r_\alpha(n-2)$。

(4) 比较

若 $|r| < r_\alpha$，则接受 H_0，可认为 Y 与 X 不存在一元线性关系。

若 $|r| > r_\alpha$，则拒绝 H_0，可认为 Y 与 X 存在一元线性关系。

第五节 模型适合性分析

在对一元线性回归模型的适合性进行分析时，由于误差项 ε 是不可观测或不可测量的，需借助残差 $e_i = Y_i - \hat{Y}_i$ 的图像来考察模型是否存在异方差性和自相关性。

一、误差项的异方差性检验

若 ε_i 不具有常数方差，则称模型存在异方差性。此时，残差如图 8-6 所示，数据点呈现发散或收敛趋势。在此种情况下，最小二乘法失效，因此，需按照一定方法对数据进行变换。计量经济学课程对此有详细讲述。

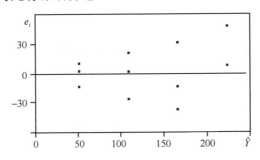

图 8-6　误差项具有异方差性的残差

二、误差项的自相关性检验

如果观测值是来自一个时间序列的样本，则很可能出现误差项 ε_i 是不独立的现象，将残差 e_i 与时间 t 作残差图(见图 8-7 和图 8-8)，将呈现有规则的变化趋势。

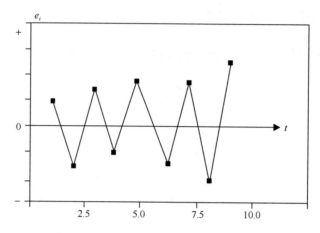

图 8-7　误差项具有负自相关性的残差

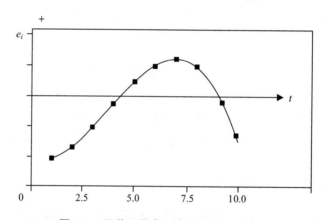

图 8-8　误差项具有正自相关性的残差

在这种情况下，我们称模型存在自相关(autocorrelation)现象，也需按一定方法对数据进行修正，这在计量经济学课程中也有详细论述。

第六节　E(Y)的区间估计

因为误差项 ε_i 的方差(Y_i 的方差)σ^2 通常是未知的，因此，$\widehat{Y}_0$ 的方差 $D(Y_0)$ 也是未知的。由于 MSE 是 σ^2 的无偏估计量，故可以用 MSE 代替 σ^2，从而得到 $\widehat{Y}_0$ 的估计方差，记为 $S^2(\widehat{Y}_0)$，计算公式为

$$S^2(\widehat{Y}_0) = \mathrm{MSE}\left[\frac{1}{n} + \frac{(X_0 - \overline{X}_0)^2}{\sum_{i=1}^{n}(X_i - \overline{X})^2}\right]$$

可以证明，对于一元线性模型，随机变量

$$t = \frac{\widehat{Y}_0 - E(Y_0)}{S(Y_0)} \tag{8-15}$$

服从自由度 $n-2$ 的 t 分布。因此可以得到，在置信度为 $1-\alpha$ 时，$E(Y_0)$ 的置信区间为

$$\widehat{Y}_0 - t_{a/2}(n-2)S(\widehat{Y}_0) \leqslant E(Y_0) \leqslant \widehat{Y}_0 + t_{a/2}(n-2)S(\widehat{Y}_0) \tag{8-16}$$

其中

$$S(\widehat{Y}_0) = \sqrt{\mathrm{MSE}\left[\frac{1}{n} + \frac{(X_0 - \overline{X_0})^2}{\sum_{i=1}^{n}(X_i - \overline{X})^2}\right]}$$

第七节　因变量 Y 的预测

设

$$d_0 = Y_0 - \widehat{Y}_0 \tag{8-17}$$

因为 $\varepsilon_i(i=1,2,\cdots,n)$ 是相互独立的，故 $\widehat{Y}_0$ 与 Y_0 也是相互独立的，所以

$$D(d_0) = D(Y_0 - \widehat{Y}_0) = D(Y_0) + D(\widehat{Y}_0) = \sigma^2 + D(\widehat{Y}_0) \tag{8-18}$$

$D(d_0)$ 中也含有 σ^2，而 σ^2 未知，故用它的无偏估计量 MSE 代替，于是得到 $D(d_0)$ 的无偏估计量

$$S^2(d_0) = \mathrm{MSE} + S^2(\widehat{Y}_0) = \mathrm{MSE} + \left[1 + \frac{1}{n} + \frac{(X_0 - \overline{X})^2}{\sum_{i=1}^{n}(X_i - \overline{X})^2}\right] \tag{8-19}$$

可以证明，随机变量

$$t = \frac{Y_0 - \widehat{Y}_0}{\sigma\sqrt{1 + \frac{1}{n} + \frac{(X_0 - \overline{X})^2}{\sum_{i=1}^{n}(X_i - \overline{X})^2}}} \tag{8-20}$$

服从自由度为 $n-2$ 的 t 分布。在给定置信度 $1-\alpha$ 的情况下，因变量单个值 Y_0 的置信区间为

$$\widehat{Y}_0 - t_{a/2}(n-2)S(d_0) \leqslant Y_0 \leqslant \widehat{Y}_0 + t_{a/2}(n-2)S(d_0) \tag{8-21}$$

复习思考题

1.10 个同类企业的生产性固定资产价值与工业总产值比较，如表 8-2 所示。

表 8-2　生产性固定资产价值与工业总产值比较

企业编号	生产性固定资产价值(万元)	工业总产值(万元)
1	318	524
2	910	1019

续表

企业编号	生产性固定资产价值(万元)	工业总产值(万元)
3	200	638
4	409	815
5	415	913
6	502	928
7	314	605
8	1210	1516
9	1022	1219
10	1225	1624
合计	6525	9801

(1) 说明两变量之间的相关方向。

(2) 建立回归直线方程。

(3) 计算估计标准差。

(4) 估计生产性固定资产价值(自变量)为 1100 万元时总产值(因变量)的可能值。

2. 表 8-3 中的数据是主修会计学专业并获得管理学学士学位的学生毕业后的月薪(用 y 表示)和他在校学习时的成绩绩点(用 x 表示)。 由这些数据估计的回归方程是 $\hat{y} = 2153.5 + 574.4x$ 。

表 8-3 成绩绩点与月薪

成绩绩点	月薪(元)	成绩绩点	月薪(元)
3.0	3800	3.6	4200
3.2	3905	3.8	4350
3.4	4100	4.0	4700

(1) 计算 SST、SSR 和 SSE。

(2) 计算样本确定系数 r^2 ，并对拟合优度做出评述。

(3) 计算样本相关系数。

第九章　多元线性回归

【本章学习要求】

通过本章的学习，了解多元线性回归的概念；了解多元线性回归方程的构建与求解；了解多元回归方程的显著性检验和回归系数的显著性检验。

【本章重点】

- 多元线性回归的基本思想
- 多元线性回归的方法
- 回归方程的显著性检验
- 回归系数的显著性检验

【本章难点】

- 多元回归模型的建立
- 回归方程的显著性检验
- 回归系数的显著性检验

第一节　多元线性回归模型

我们假设一元线性回归的因变量只受一个自变量影响。事实上，因变量经常受多个因素影响。研究因变量(被解释变量)对于两个或两个以上自变量(解释变量)之间的回归问题，称为多元线性回归分析。

若因变量 Y 与解释变量 $X_1, X_2 \cdots, X_k$ 具有线性关系，则它们之间的线性回归模型可表示为

$$Y = \beta_0 + \beta_1 X_1 + \beta_2 X_2 + \cdots + \beta_k X_k + u$$

其中，u 为随机扰动项。

对于第 i 个观测值

$$Y_i = \beta_0 + \beta_1 X_{1i} + \beta_2 X_{2i} + \cdots + \beta_k X_{ki} + u_i \quad (i = 1, 2, \cdots, n)$$

即

$$\left.\begin{array}{l} Y_1 = \beta_0 + \beta_1 X_{11} + \beta_2 X_{21} + \cdots + \beta_k X_{k1} + u_1 \\ Y_2 = \beta_0 + \beta_1 X_{12} + \beta_2 X_{22} + \cdots + \beta_k X_{k2} + u_2 \\ \vdots \\ Y_n = \beta_0 + \beta_1 X_{1n} + \beta_2 X_{2n} + \cdots + \beta_k X_{kn} + u_n \end{array}\right\} \tag{9-1}$$

其矩阵形式表示为

$$\begin{bmatrix} Y_1 \\ Y_2 \\ \vdots \\ Y_n \end{bmatrix} = \begin{bmatrix} 1 & X_{11} & X_{21} & \cdots & X_{k1} \\ 1 & X_{12} & X_{22} & \cdots & X_{k2} \\ \vdots & \vdots & \vdots & & \vdots \\ 1 & X_{1n} & X_{2n} & \cdots & X_{kn} \end{bmatrix} \begin{bmatrix} \beta_0 \\ \beta_1 \\ \beta_2 \\ \vdots \\ \beta_k \end{bmatrix} + \begin{bmatrix} u_1 \\ u_2 \\ \vdots \\ u_n \end{bmatrix} \tag{9-2}$$

也即

$$Y = X\beta + u \tag{9-3}$$

上述模型的建立需满足以下条件。

(1) $E(u_i) = 0$ 。

(2) $D(u_i) = E(u_i^2) = \sigma_u^2 (i = 1, 2, \cdots, n)$ ， $\mathrm{Cov}(u_i, u_j) = 0$ $(i \neq j,\ i,j = 1,2,\cdots,n)$ 。

(3) $\mathrm{Cov}(x_j, u_i) = 0$ $(j = 1, 2, \cdots, k; i = 1, 2, \cdots, n)$ 。

(4) $u \sim N(0, \sigma_u^2 I)$ 。

第二节　参数的最小二乘估计

与一元回归类似，多元线性回归方程为

$$\overline{Y} = b_0 + b_1 x_1 + b_2 x_2 + \cdots + b_k x_k$$

我们试图找到参数 $\beta_0, \beta_1, \cdots, \beta_k$ 的适宜估计值 $b_0, b_1, \cdots, b_k$ ，使实际观察值与回归方程估计值之间残差平方和最小，即

$$Q = \sum e_i^2 = \sum (Y_i - \hat{Y}_i)^2 = \sum (Y_i - b_0 - b_1 x_{1i} - b_2 x_{2i} - \ldots - b_k x_{ki})^2$$

达到最小，其充分必要条件为

$$\left. \begin{array}{l} \dfrac{\partial Q}{\partial b_0} = 0 \\[2mm] \dfrac{\partial Q}{\partial b_1} = 0 \\[1mm] \vdots \\[1mm] \dfrac{\partial Q}{\partial b_k} = 0 \end{array} \right\} \tag{9-4}$$

整理得

$$\left. \begin{array}{l} nb_0 + b_1 \sum x_{1i} + b_2 \sum x_{2i} + \cdots + b_k \sum x_{ki} = \sum Y_i \\[1mm] b_0 \sum x_{1i} + b_1 \sum x_{1i}^2 + b_2 \sum x_{2i}^2 x_{1i} + \cdots + b_k \sum x_{ki}^2 x_{1i} = \sum x_{1i} Y_i \\[1mm] \vdots \\[1mm] b_0 \sum x_{ki} + b_1 \sum x_{1i} x_{ki} + b_2 \sum x_{2i} x_{ki} + \cdots + b_k \sum x_{ki} x_{ki} = \sum x_{ki} Y_i \end{array} \right\} \tag{9-5}$$

上述联立方程组求解可得到 $b_0, b_1, \cdots, b_k$ 值。

由此可以证明，多元线性回归的最小二乘估计也是最佳线性无偏估计。

第三节　回归方程的显著性检验

一、总离差平方和分解

与一元回归模型类似，多元回归模型也可以将总离差平方和进行分解。

$$Y_i - \overline{Y} = (Y_i - \hat{Y}_i) + (\hat{Y}_i - \overline{Y})$$

同一元回归，可得

$$\sum (Y_i - \overline{Y})^2 = \sum (\hat{Y}_i - \overline{Y})^2 + \sum (Y_i - \hat{Y})^2 \tag{9-6}$$

即

$$\text{SSTO} = \text{SSR} + \text{SSE}$$

其中

总离差平方和：$\text{SSTO} = \sum (Y_i - \overline{Y})^2$

回归平方和：$\text{SSR} = \sum (\hat{Y}_i - \overline{Y})^2$

残差平方和：$\text{SSE} = \sum (Y_i - \hat{Y})^2$

二、样本决定系数对回归方程"拟合优度"的检验

样本决定系数也称复决定系数、多重决定系数

$$R^2 = \frac{\text{SSR}}{\text{SSTO}} = 1 - \frac{\text{SSE}}{\text{SSTO}} \tag{9-7}$$

如果直接应用 R^2 来描述拟合优度，则 R^2 与样本容量有关，随着 n 增大，R 也会随之增大。因此，对 R^2 变形得到修正值

$$\overline{R}^2 = 1 - (1 - R^2)\frac{n-1}{n-k-1}$$

其中，n 为样本观测值，k 为自变量个数。

当 n 为小样本，自变量数很大时，$\overline{R}^2$ 为负，此时取 $\overline{R}^2$ 为 0。

R^2 与 $\overline{R}^2$ 均反映在给定样本下，回归方程与样本观测值拟合优度，但不能据此进行总体模型的推断。

三、回归方程的显著性检验

建立回归方程后，分析因变量 Y 与 k 个自变量是否确有线性回归关系，用 F 统计量进行回归方程的显著检验。F 检验的目的是检验多个变量联合对因变量是否有显著影响，计算 F 统计量值时应用方差分析表(见表 9-1)。

(1) 提出假设 $H_0: \beta_1 = \beta_2 = \cdots = \beta_k = 0$

$$H_1: \beta_i \text{ 不全为 } 0 \quad (i = 1, 2, \cdots, k)$$

表 9-1　方差分析表

离差名称	平方和	自由度	均方差
回归	SSR	k	SSR/k(k 个解释变量)
残差	SSE	$n-k-1$	SSE/$(n-k-1)$
总理差	SSTO	$n-1$	

(2)　构造并计算统计量

$$F = \frac{SSR/k}{SSE/(n-k-1)} \sim F(k, n-k-1) \tag{9-8}$$

或

$$F = \frac{R^2/k}{(1-R^2)/(n-k-1)} \ (k \text{ 为自变量个数})$$

(3)　规定显著性水平 α，查表得 $F_\alpha(k, n-k-1)$。

(4)　若 $F > F_\alpha$，拒绝 H_0，即 β_i 不全为 0，回归方程显著。若 $F < F_\alpha$，接受 H_0，回归方程不显著。

四、回归系数的显著性检验

回归方程显著，并不意味着每个自变量对因变量 Y 的影响都重要，因此，需要进行回归系数的显著性检验。

(1)　提出假设 $H_0: \beta_i = 0 \ (i = 1, 2, \cdots, k)$

$\qquad\qquad H_1: \beta_i \neq 0 \ (i = 1, 2, \cdots, k)$

(2)　构造并计算统计量

$$T_i = \frac{b_i}{s(b_i)} \ (i = 1, 2, \cdots, k) \tag{9-9}$$

(3)　查表得 $t_{\frac{\alpha}{2}}(n-k-1)$。

(4)　比较若 $|T_i| < t_{\frac{\alpha}{2}}$，接受 H_0；若 $|T_i| > t_{\frac{\alpha}{2}}$，拒绝 H_0。

关于模型的异方差、自相关、多重共线性问题的检验，请参考计量经济学有关教材。

复习思考题

1. 在多元线性回归分析中，反映回归平方和在应变量 Y 的总离均差平方和中所占比重的统计量是(　　)。

　　A. 复相关系数　　B. 偏相关系数　　C. 偏回归系数　　D. 确定系数

2. 可用来进行多元线性回归方程的配合适度检验是(　　)。

　　A. χ^2 检验　　　　B. F 检验　　　　　C. U 检验　　　　　D. Ridit 检验

3. 一家食品公司建立了销售收入和广告费用及口味研发投入的回归方程

$$\hat{y} = 30 + 8x_1 + 5x_2$$

上述式子中，x_1 为广告费用(千元)，x_2 为口味研发投入(千元)，y 为销售收入(千元)。
试求：

(1) 如果食品公司广告费用为 20000 元，口味研发投入为 10000 元，估计食品公司的销售收入。

(2) 分析销售收入和广告费用及口味研发投入的关系。

4. 表 9-2 为 2021 年某地区人均寿命(y)、按购买力平价计算的人均 GDP(x_1)、成人识字率(x_2)、1 岁儿童疫苗接种率(x_3)的数据，根据数据回答以下问题。

(1) 运用多元回归的方法分析各地区人均寿命与人均 GDP、成人识字率、1 岁儿童疫苗接种率的关系。

(2) 对所建立的回归模型进行检验。

表 9-2　运用多元回归方法分析各项数据

国家和地区	人均寿命(年) y	人均 GDP(元) x_1	成人识字率(%) x_2	1 岁儿童疫苗接种率(%) x_3
地区 1	79	194	99	99
地区 2	77	185	90	79
地区 3	70	83	97	83
地区 4	74	147	92	90
地区 5	69	53	94	86
地区 6	70	74	80	90
地区 7	71	27	89	88
地区 8	70	29	80	94
地区 9	65	24	90	92
地区 10	71	18	95	96

5. 某学者研究在某种营养缺乏状态下儿童的体重(Y，kg)与身高(X_1，cm)、年龄(X_2，岁)的关系获得了 12 名观察对象的观测资料，计算得到如下基本数据。

$\sum X_1 = 1611$，$\sum X_1^2 = 219631$，$\sum X_2 = 106$，$\sum X_2^2 = 976$，$\sum Y = 341$，$\sum Y^2 = 9883$，$\sum X_1 X_2 = 14454$，$\sum X_1 Y = 46439$，$\sum X_2 Y = 3079$。

(1) 请写出求解 $\hat{Y} = b_0 + b_1 X_1 + b_2 X_2$ 二元线性回归方程的正规方程组。

(2) 设方程组的解为 $b_0 = 2.114$，$b_1 = 0.135$，$b_2 = 0.923$，请写出回归方程。

第十章　时间序列分析

【本章学习要求】

通过本章的学习，掌握时间序列的编制；了解平均发展水平、发展速度以及平均发展速度的意义及其计算；了解时间序列长期趋势的测定和分析、季节变动的测定和分析。

【本章重点】

- 时间序列的水平分析与速度分析
- 时间序列长期趋势的测定和分析
- 时间序列季节变动的测定和分析

【本章难点】

- 时间序列长期趋势的测定和分析
- 时间序列季节变动的测定和分析

【章前导读】

2016—2020 年我国经济运行情况分析

1. GDP(国内生产总值)和人均 GDP

近几年，我国经济高速发展，各项经济指标稳步增长。国内生产总值由 2016 年的 746395.1 亿元增加至 2020 年的 1015986.2 亿元。第一产业增加值由 2016 年的 60139.2 亿元增加至 2020 年的 77754.1 亿元。第二产业增加值由 2016 年的 295427.8 亿元增加至 2020 年的 384255.3 亿元。第三产业增加值由 2016 年的 390828.1 亿元增加至 2020 年的 553976.8 亿元。人均国内生产总值由 2016 年的 53783 元增加至 2020 年的 72000 元。2016-2020 年我国 GDP 和人均 GDP 详情如表 10-1 所示。

表 10-1　我国 2016—2020 年 GDP 和人均 GDP 详情

指　标	2016 年	2017 年	2018 年	2019 年	2020 年
国民总收入(亿元)	742694.1	830945.7	915243.5	983751.2	1008782.5
GDP(亿元)	746395.1	832035.9	919281.1	986515.2	1015986.2
第一产业增加值(亿元)	60139.2	62099.5	64745.2	70473.6	77754.1
第二产业增加值(亿元)	295427.8	331580.5	364835.2	380670.6	384255.3
第三产业增加值(亿元)	390828.1	438355.9	489700.8	535371.0	553976.8
人均 GDP (元)	53783	59592	65534	70078	72000

2. 人口及人口增长率

近几年，我国人口增长速度越来越慢。由于时代变迁，生存压力增大，养育孩子的成本越来越高。最近几年，结婚人数逐渐减少，新生婴儿也相应减少，因此，人口增长速度变慢了。我国年末总人口由 2016 年的 139232 万人增加至 2020 年的 141212 万人。由于城镇化进程的加速，城镇人口由 2016 年的 81924 万人增加至 2020 年的 90220 万人。乡村人口由 2016 年的 57308 万人减少至 2020 年的 50992 万人。我国 2016—2020 年乡村人口、城镇人口和年末总人口详情如表 10-2 所示。

表 10-2　我国 2016—2020 年乡村人口、城镇人口和年末总人口详情

指　　标	2016 年	2017 年	2018 年	2019 年	2020 年
年末总人口(万人)	139232	140011	140541	141008	141212
男性人口(万人)	71307	71650	71864	72039	72357
女性人口(万人)	67925	68361	68677	68969	68855
城镇人口(万人)	81924	84343	86433	88426	90220
乡村人口(万人)	57308	55668	54108	52582	50992

　　2016—2020 年，我国人口出生率逐年降低。人口出生率由 2016 年的 13.57‰降至 2020 年的 8.52‰。人口自然增长率由 2016 年的 6.53‰降至 2020 年的 1.45‰。据专家预测，未来 2~3 年我国人口将进入负增长时期。2016—2020 年我国人口出生率和自然增长率详情如表 10-3 所示。

　　人口一旦呈现下降趋势，就很难扭转。为了促进人口的稳定增长，国家已经放开"三孩"政策并出台相应的生育辅助政策，很多地方已经出台了延长生育假期的政策。四川攀枝花率先推出鼓励生育的新政策，本地户籍二孩、三孩每月发放 500 元补贴，直到孩子 3 周岁。

表 10-3　我国 2016—2020 年人口出生率和人口自然增长率详情

指　　标	2016 年	2017 年	2018 年	2019 年	2020 年
人口出生率(‰)	13.57	12.64	10.86	10.41	8.52
人口死亡率(‰)	7.04	7.06	7.08	7.09	7.07
人口自然增长率(‰)	6.53	5.58	3.78	3.32	1.45

　　3. 财政收入

　　我国财政收入由 2016 年的 159604.97 亿元增加至 2019 年的 190390.08 亿元。2020 年受新冠肺炎疫情影响，财政收入下降至 182913.88 亿元。财政支出逐年增加，我国财政支出由 2016 年的 187755.21 亿元增加至 2020 年的 245679.03 亿元。我国 2016—2020 年财政收入和支出详情如表 10-4 所示。

表 10-4　我国 2016—2020 年财政收入和支出详情

指　　标	2016 年	2017 年	2018 年	2019 年	2020 年
财政收入(亿元)	159604.97	172592.77	183359.84	190390.08	182913.88
财政支出(亿元)	187755.21	203085.49	220904.13	238858.37	245679.03
财政收入增长速度(%)	4.5	7.4	6.2	3.8	-3.9
财政支出增长速度(%)	6.3	7.6	8.7	8.1	2.9

我国经济发展面临着诸多挑战，在 2021 年第九届中国企业家年会上，曹德旺指出：中国经济的发展面临诸多困难和挑战。恒大负债 2 万亿元，占到去年 GDP 的 2%。制造业人工成本上涨，拉闸限电，材料涨价。服务业碰到疫情也困难重重。这些都是我们现实中碰到的问题。怎么解决呢？处理今天的事情要回顾过去的历史，去探索形成这个果的原因，查不到原因就没有解决的办法。

（资料来源：小五更读书。）

【关键词】

时间序列　长期趋势　季节变动　循环变动　不规则变动

第一节　时间序列概述

一、时间序列的含义及作用

(一)时间序列的含义及要素

时间序列，又称动态序列，是指将某一个统计指标在不同时间的观测值按时间先后顺序排列而形成的序列。时间序列由两个基本要素构成：一个是时间要素，表明现象的观察值所属的时间；另一个是指标数值要素，表明现象在某一时间段内发展变化的状态。其中，时间可以是年份、季度、月份或其他任何时间形式。如表 10-1 就是我国 2016—2020 年 GDP 和人均 GDP 等的时间序列。

(二)时间序列的作用

对时间序列进行分析具有十分重要的现实意义，具体体现在下述几方面。
(1)　可以反映社会经济现象的发展变化，描述现象的发展状态和结果。
(2)　可以研究社会经济现象的发展规律和发展趋势，对某些社会经济现象进行预测。
(3)　可以在不同国家或地区之间进行对比分析。

根据时间序列所反映的事物的发展过程、方向和趋势，进行类推或延伸，借以预测事物未来发展趋势和水平的分析方法称为时间序列分析法。在统计学中，用时间序列来对国民经济、农业、水文气象、生物等现象进行分析是十分常用的一种分析方法。

二、时间序列的种类

时间序列依据指标数值的性质不同，可以分为绝对数时间序列、相对数时间序列和平均数时间序列。绝对数时间序列是基本的时间序列，相对数时间序列和平均数时间序列是在其基础上派生出来的。

(一)绝对数时间序列

绝对数时间序列是由一系列同类的总量指标数值按照时间的先后顺序排列构成的时间

序列，因此，绝对数时间序列又称总量指标时间序列，如章前导读表 10-1 就是由我国国内生产总值组成的绝对数时间序列。根据绝对数反映的时间状态不同，绝对数可分为时期指标和时点指标，因此构成的数列可以分为时期序列和时点序列。

1. 时期序列

时期序列是反映现象在某一段时间内发展变化过程总量的绝对数时间序列。时期序列有如下所述特点。

(1) 不同时期的总量指标可以相加，所得数值表明现象在更长一段时期的指标值。例如，可以将 2021 年第一、二、三、四各季度的国内生产总值累加，得到 2021 年全年国内生产总值。

(2) 指标数值的大小与时间长短相关。一般情况下，时间越长，指标数值越大；反之，指标数值越小。例如，某月我国国内生产总值指标数值，比全年国内生产总值小，但比该月某一天的国内生产总值大。

(3) 指标数值可通过连续调查的方式获得。由于时期指标是反映现象在某一段时间内发展过程的总量，因而必须在这段时间内把现象发生的数量逐一登记，并进行累加得到指标数值。

2. 时点序列

时点序列是反映现象在某一时点所处的状态总量的时间序列。时点序列的特点如下所述。

(1) 不同时间点上的时点指标不可相加，这是因为不同时点的总量指标相加没有意义。例如，我国 2019 年和 2020 年年末的人口数分别为 141 008 万和 141 212 万，如果将两个数字相加得到 282 220 万，但这个数据属于哪个具体时间是无法说明的，因此也就没有实际意义。

(2) 指标数值的大小与时间长短一般没有直接关系。在时点序列中，每个指标数值均为时点指标，说明在某一时点上现象所表现出的指标数值，但时点指标数值之间没有直接关联，因此大小也与时间无直接关系。例如，企业年底的职工人数不一定比各月底的职工人数多，一天之中早上的气温不一定比下午的气温低等。

(3) 指标值可通过间断统计的方式获得。时点序列中的每个指标数值通常是通过一定时期登记一次得到的，只需要在某一时点进行统计，而不必连续统计，如我国历次人口普查就是根据联合国的有关建议和国家的实际情况间隔 10 年进行一次。

(二)相对数时间序列

相对数时间序列是由一系列同类相对指标数值按时间的先后顺序排列构成的时间序列，用于反映社会经济现象之间数量对比关系的发展变化过程。由于相对指标一般表现为两个相关的绝对数之比，因此两个时期指标、两个时点指标、一个时期指标与一个时点指标之比都可以形成相对数时间数列。由于相对指标数值的基数不同，所以相对数时间序列中的各项数值不能直接相加。

(三)平均数时间序列

平均数时间序列是由一系列同类平均指标数值按时间的先后顺序排列构成的时间序

列，用于反映社会经济现象指标数值发展的一般水平。平均指标可由两个总量指标对比得到，因此，平均数时间序列中的各项数值不能直接相加。

在经济统计分析中，往往把绝对数时间序列、相对数时间序列和平均数时间序列结合起来，对社会经济现象进行全面分析。

三、时间序列的编制原则

编制时间序列的目的是通过对序列中的各项指标的比较、研究来分析社会经济现象的发展过程及其规律。因此，编制时间序列需要遵循下述几项原则。

(一)时间长短要一致

时间序列是由诸多指标数值及对应的时间所构成的，其中的指标数值时间间隔要相同，否则很难进行客观分析和比较。比如某一时间序列的第一个指标数值是每月 1 日统计得出，则后面的数据均应是每月 1 日统计的数据，并将它们按照时间的先后顺序排列起来，由此得出相应的时间序列。

(二)总体范围要一致

无论是绝对数时间序列、相对数时间序列，还是平均数时间序列，指标数值的大小都与现象的总体范围密切相关，否则无法进行比较和计算。比如某一地区的行政区划发生了变化，则该区前、后两个时期某一指标数值就不能直接进行对比，必须将资料进行调整，以求总体范围的一致。调整的办法是以最新的区划范围来调整历史资料。

(三)经济内容应一致

时间序列中的指标数值所包含的经济内容需要一致，即为同类的指标数值，否则数值无法进行对比和计算。例如，时间序列中第一个指标数值为企业某月月末产品库存量，则其他指标数值均需为月末产品库存量。

(四)统计口径应一致

时间序列的计量单位、计量价格、计算方法等要统一，如计量单位包括吨、千克、元、亿元等；计量价格包括不变价和现行价等；计算方法包括生产法、分配法和使用法等。若统计口径不一致，就会使计算得出的结果存在差异。因此，编制时间序列时，应注意保持各指标的统计口径一致，以保障指标数值间的可比性。

第二节　时间序列的水平分析

时间序列的分析方法包括水平分析法、速度分析法、长期趋势分析法和季节变动分析法等。本节着重介绍现象发展的水平指标，即发展水平、平均发展水平、增长水平和平均增长水平。

一、发展水平

发展水平就是时间序列中时间所对应的各指标数值，记作 $a_i(i=1,2,\cdots,n)$，它反映的是社会经济现象在具体时间上所达到的规模和发展程度，是计算其他时间序列指标的基础。如章前导读表 10-1 中我国 2016—2020 年国内生产总值分别为 746 395.1 亿元、832 035.9 亿元、91 9281.1 亿元、986 515.2 亿元、1 015 986.2 亿元，以上五个数据均为各期的发展水平。

反映社会现象发展水平的指标可以是绝对指标、相对指标或平均指标。时间序列中最早时间所对应的指标数值称为最初水平，记作 a_0；最晚时间对应的指标数值称为最末水平，记作 a_n；其他指标数值称为中间发展水平。如章前导读表 10-1 中 2016 年我国国内生产总值 746 395.1 亿元和 2020 年我国国内生产总值 1 015 986.2 亿元就分别为最初水平和最末水平，其他数值均为中间水平。另外，作为对比基准那一时期的发展水平称为基期水平，用来作为比较时期的发展水平称为报告期水平。

二、平均发展水平

平均发展水平也称序时平均数，是指时间序列不同时间段发展水平的平均数，反映现象在一段时期中发展的一般水平。在对时间序列进行分析时，为了综合说明现象在一段时期内的发展水平，需要计算平均发展水平指标。

计算平均发展水平的方法要根据时间序列指标的性质来确定，前面我们已经知道有绝对数时间序列、相对数时间序列和平均数时间序列，计算这三种时间序列序时平均数的方法不同。

(一)绝对数时间序列的平均发展水平

绝对数时间序列又可分为时期序列和时点序列两种，计算方法也有所不同。

1. 时期序列的平均发展水平

时期序列中各期指标数值是可以累加的，所以计算这种序列的平均发展水平方法比较简单，采用前面讲过的简单算术平均数方法即可计算，计算公式为

$$\bar{a} = \frac{a_1 + a_2 + \cdots + a_n}{n} = \frac{\sum_{i=1}^{n} a_i}{n} \tag{10-1}$$

其中：$\bar{a}$ 为平均发展水平；a_i 为第 i 个时期的指标数值；n 为时间序列期数。

例 10-1 章前导读表 10-1 中我国 2016—2020 年国内生产总值的平均发展水平为

$$\bar{a} = \frac{a_1 + a_2 + \cdots + a_n}{n} = \frac{\sum_{i=1}^{n} a_i}{n}$$

$$= \frac{(746\,395.1 + 832\,035.9 + 919\,281.1 + 986\,515.2 + 1\,015\,986.2)}{5}$$

$$= 900\,042.7(亿元)$$

因此，这 5 年我国平均国内生产总值为 900 042.7 亿元。

2. 时点序列的平均发展水平

(1) 连续变动的连续时点序列，即时点数列的资料是逐日登记逐日排列的，可用简单算术平均数法计算

$$\bar{a} = \frac{a_1 + a_2 + \cdots + a_k}{k} = \frac{\sum\limits_{i=1}^{k} a_i}{k} \tag{10-2}$$

例 10-2 某企业一周内流动资金为 20 万元、25 万元、15 万元、18 万元、30 万元、20 万元、12 万元。则该周内每天平均流动资金为

$$\bar{a} = \frac{a_1 + a_2 + \cdots + a_k}{k} = \frac{\sum\limits_{i=1}^{k} a_i}{k} = \frac{(20 + 25 + 15 + 18 + 30 + 20 + 12)}{7} = 20(万元)$$

因此，该企业一周内每天平均流动资金为 20 万元。

(2) 非连续变动的连续时点序列，即被研究的现象不是逐日登记的，而是间隔几天变动一次。计算方法是加权算术平均法，其计算公式为

$$\bar{a} = \frac{a_1 T_1 + a_2 T_2 + \cdots + a_n T_n}{T_1 + T_2 + \cdots + T_n} = \frac{\sum\limits_{i=1}^{n} a_i T_i}{\sum\limits_{i=1}^{n} T_i} \tag{10-3}$$

例 10-3 某企业 10 月 1 日职工人数为 300 人，10 月 10 日有 12 名职工离职，10 月 22 日有 18 名职工入职，则该企业 10 月平均职工人数为

$$\bar{a} = \frac{a_1 T_1 + a_2 T_2 + \cdots + a_n T_n}{T_1 + T_2 + \cdots + T_n} = \frac{\sum\limits_{i=1}^{n} a_i T_i}{\sum\limits_{i=1}^{n} T_i} = \frac{300 \times 9 + 288 \times 12 + 306 \times 10}{9 + 12 + 10} \approx 297(人)$$

因此，该企业 10 月平均职工人数约为 297 人。

(3) 间断时点数列，即统计时点间隔在一天以上(如间隔一月、一年等)的时点序列，称为间断时点序列。间断时点的平均发展水平也有两种类型，即间隔相等和间隔不等。

① 如果间隔不等，其平均发展水平的计算公式为

$$\bar{a} = \frac{\left(\dfrac{a_1 + a_2}{2}\right) T_1 + \left(\dfrac{a_2 + a_3}{2}\right) T_2 + \cdots + \left(\dfrac{a_{n-1} + a_n}{2}\right) T_{n-1}}{\sum\limits_{i=1}^{n-1} T_i} \tag{10-4}$$

式(10-4)中，T_i 为观察值 a_i 与 a_{i+1} 之间的间隔日期长度。

例 10-4 某煤炭企业 2020 年煤炭库存量统计如表 10-5 所示。

表 10-5 2020 年某煤炭企业煤炭库存量统计

统计时点	1 月 1 日	4 月 1 日	6 月 1 日	10 月 1 日	12 月 31 日
库存量(吨)	120	126	130	128	140

$$\overline{a} = \frac{\left(\frac{a_1 + a_2}{2}\right)T_1 + \left(\frac{a_2 + a_3}{2}\right)T_2 + \cdots + \left(\frac{a_{n-1} + a_n}{2}\right)T_{n-1}}{\sum\limits_{i=1}^{n-1} T_i}$$

$$= \frac{\left(\frac{120+126}{2}\right) \times 3 + \left(\frac{126+130}{2}\right) \times 2 + \left(\frac{130+128}{2}\right) \times 4 + \left(\frac{128+140}{2}\right) \times 3}{3+2+4+3} \approx 129(\text{吨})$$

因此，该企业全年平均煤炭库存量约为 129 吨。

② 如果间隔相等，其平均发展水平的计算公式为

$$\overline{a} = \frac{\frac{a_1}{2} + a_2 + \cdots + a_{n-1} + \frac{a_n}{2}}{n-1} \tag{10-5}$$

例 10-5 某经济开发区 2020 年上半年各月月初居民人数统计如表 10-6 所示。

表 10-6 2020 年上半年某经济开发区各月月初居民人数统计

统计时点	1.1	2.1	3.1	4.1	5.1	6.1	7.1
人数(百人)	1360	1396	1418	1594	1672	1800	1912

$$\overline{a} = \frac{\frac{a_1}{2} + a_2 + \cdots + a_{n-1} + \frac{a_n}{2}}{n-1} = \frac{\frac{1360}{2} + 1396 + \cdots + 1800 + \frac{1912}{2}}{7-1} \approx 1586(\text{百人})$$

因此，2020 年上半年该经济开发区初居民平均人数约为 1586 百人。

(二)相对数和平均数时间序列的平均发展水平

计算相对数和平均数时间序列的平均发展水平必须根据时间序列指标的分子、分母资料，分别计算分子和分母上所有数据的平均数，然后，将二者进行比较，从而得出该时间序列的平均发展水平，计算公式为

$$\overline{c} = \frac{\overline{a}}{\overline{b}} \tag{10-6}$$

其中，$\overline{a}$ 为分子各数值的平均数；$\overline{b}$ 为分母各数值的平均数。

例 10-6 某企业 2021 年第一季度各月产量计划完成情况统计如表 10-7 所示，那么，该企业 2021 年第一季度产量各月平均计划完成情况怎样？

表 10-7 2021 年第一季度某企业各月产量计划完成情况统计

统计数据	1 月	2 月	3 月
计划数 b(件)	500	700	800
实际数 a(件)	600	714	840
计划完成情况 c(%)	120	102	105

解：

$$\overline{c} = \frac{\overline{a}}{\overline{b}} = \frac{600 + 714 + 840}{500 + 700 + 800} = \frac{2154}{2000} = 107.7\%$$

因此，该企业 2021 年第一季度产量各月平均计划完成 107.7%。

三、增长水平

增长水平又称增长量，是指时间序列中报告期水平与基期水平之差，用来说明现象的数量特征在一定时期内增减变动的水平。计算公式为

$$增长水平=报告期水平-基期水平 \tag{10-7}$$

当增长水平为正数时，表明报告期水平相对基期水平上升；反之，表明报告期水平相对基期水平下降。由于基期不同，增长水平又可分为逐期增长水平和累积增长水平。

(一)逐期增长水平

逐期增长水平是报告期发展水平与其前一期发展水平之差，说明报告期比前一期增长的绝对数量。公式为

$$\Delta_i = a_i - a_{i-1} (i = 1, 2, \cdots, n) \tag{10-8}$$

即各期的逐期增长水平分别为 $a_1 - a_0, a_2 - a_1, a_3 - a_2, \cdots, a_n - a_{n-1}$。

(二)累积增长水平

累积增长水平是报告期发展水平与某一固定时期的发展水平之差，通常固定时期的发展水平为时间序列的最初水平。累积增长水平说明现象在一定时期内的总增长量。公式为

$$\Delta_i = a_i - a_0 (i = 1, 2, \cdots, n) \tag{10-9}$$

即各期的累积增长水平分别为 $a_1 - a_0, a_2 - a_0, a_3 - a_0, \cdots, a_n - a_0$。

(三)逐期增长水平与累积增长水平的关系

(1) 逐期增长水平之和等于相应时期的累积增长水平，即

$$(a_1 - a_0) + (a_2 - a_1) + (a_3 - a_2) + \cdots + (a_n - a_{n-1}) = a_n - a_0$$

(2) 相邻两个时期的累积增长水平之差等于相应时期的逐期增长水平，即

$$(a_i - a_0) - (a_{i-1} - a_0) = a_i - a_{i-1}$$

四、平均增长水平

平均增长水平也称平均增长量，是逐期增长水平的算术平均数，可用来说明现象水平特征在一定时期内平均每期增长或减少的绝对数量。公式为

$$平均增长水平 = \frac{逐期增长水平之和}{逐期增长水平个数} = \frac{累积增长水平}{逐期增长水平个数} \tag{10-10}$$

第三节　时间序列的速度分析

时间序列的速度分析主要是通过速度指标对现象在某段时间内的发展变化程度进行描述，速度指标包括发展速度、增长速度、平均发展速度、平均增长速度等。

一、发展速度

发展速度是以相对数表示的两个不同时期发展水平的比值，用于描述现象在观察期内的相对发展变化程度。公式为

$$发展速度 = \frac{报告期水平}{基期水平} \times 100\% \tag{10-11}$$

当发展速度指标值介于 0～1 时，表明报告期水平低于基期水平；当发展速度指标值等于 1 时，表明报告期水平达到基期水平；当发展速度指标值大于 1 时，表明报告期水平超过基期水平。

由于基期选择的不同，发展速度有环比发展速度与定基发展速度之分。

(一)环比发展速度

环比发展速度是报告期发展水平与其前一期发展水平之比，表明现象逐期发展变化的程度。

$$环比发展速度: \frac{a_1}{a_0}, \frac{a_2}{a_1}, \frac{a_3}{a_2}, \cdots, \frac{a_n}{a_{n-1}}$$

(二)定基发展速度

定基发展速度是报告期发展水平与某一固定时期发展水平之比，通常固定时期的发展水平为时间序列的最初水平。定基发展速度说明现象相对于某一基础水平在一定时期内总的发展速度。

$$定基发展速度: \frac{a_1}{a_0}, \frac{a_2}{a_0}, \frac{a_3}{a_0}, \cdots, \frac{a_n}{a_0}$$

(三)环比发展速度与定基发展速度的关系

(1) 环比发展速度的连乘积等于相应时期的定基发展速度。即

$$\frac{a_1}{a_0} \times \frac{a_2}{a_1} \times \frac{a_3}{a_2} \times \cdots \times \frac{a_n}{a_{n-1}} = \frac{a_n}{a_0}$$

(2) 相邻时期的定基发展速度之商等于相应时期的环比发展速度。即

$$\frac{a_n}{a_0} \div \frac{a_{n-1}}{a_0} = \frac{a_i}{a_{n-1}}$$

二、增长速度

增长速度又称增长率，也是用相对数表示的各期增减量与基期发展水平的比值，用于描述报告期发展水平与基期发展水平增长的快慢情况。增长速度的计算公式为

$$增长速度 = \frac{增长水平}{基期水平} \times 100\%$$

$$= \frac{报告期水平 - 基期水平}{基期水平} \times 100\%$$

$$= \frac{报告期水平}{基期水平} - 100\%$$

$$= 发展速度 - 100\%$$

当增长速度大于 0 时，表明现象的数量特征为增长程度；当增长速度小于 0 时，表明现象的数量特征为减少程度。

与发展速度相类似，增长速度又分为环比增长速度和定基增长速度。

(一)环比增长速度

环比增长速度是用前一期水平作为基期计算所得的相对数，表示现象的逐期增长速度。

$$环比增长速度：\frac{a_1}{a_0} - 1, \frac{a_2}{a_1} - 1, \frac{a_3}{a_2} - 1, \cdots, \frac{a_n}{a_{n-1}} - 1$$

(二)定基增长速度

定基增长速度是用某一固定时期作为基期计算所得的相对数，表示在较长时期内总的增长速度。

$$定基增长速度：\frac{a_1}{a_0} - 1, \frac{a_2}{a_0} - 1, \frac{a_3}{a_0} - 1, \cdots, \frac{a_n}{a_0} - 1$$

发展速度与增长速度是对社会现象进行分析的两大基本指标，若发展速度大于 1，则增长速度为正值；若发展速度在 0～1，则增长速度为负值。环比增长速度和定基增长速度之间无法进行换算，二者之间若想进行换算，必须借助定基发展速度和环比发展速度才能进行。

三、平均发展速度

平均发展速度是各个时期环比发展速度的平均数，反映社会经济现象在一段时期逐年平均发展变化的情况。实际工作中有两种计算平均发展速度的方法，即水平法和累积法，本章主要讲解采用水平法计算平均发展速度，公式为

$$\bar{x} = \sqrt[n]{x_1 \cdot x_2 \cdot x_3 \cdots x_n} = \sqrt[n]{\prod x} \tag{10-12}$$

其中，$\bar{x}$ 表示平均发展速度，x_n 表示各年环比发展速度，n 表示环比发展速度的项数。

由于环比发展速度的连乘积等于相应时期的定基发展速度，所以，平均发展速度的计算公式还可以表示为

$$\bar{x} = \sqrt[n]{\frac{a_1}{a_0} \times \frac{a_2}{a_1} \times \frac{a_3}{a_2} \times \cdots \times \frac{a_n}{a_{n-1}}} = \sqrt[n]{\frac{a_n}{a_0}} \tag{10-13}$$

　　由上不难看出，几何平均法名义上是各个环比发展速度的几何平均数，实际上也是由最初和最末两期的水平决定的。只要由最末水平决定，中间各期的水平变化对平均发展速度的计算结果并没有影响。所以，平均发展速度的几何平均法也称为水平法。

四、平均增长速度

　　平均增长速度是一个较长时期内环比增长速度的平均数，用以反映观察期内平均增长变化的程度。平均增长速度不能直接通过各环比增长速度求得，应通过发展速度和增长速度的关系计算求得。计算公式为

$$平均增长速度 = 平均发展速度 - 1 \tag{10-14}$$

五、速度分析与水平分析的结合运用

　　时间序列的速度指标是由水平指标对比计算而来的，是以百分数表示的抽象化指标。速度指标把现象的具体规模或水平抽象掉了，因此，不能反映现象的绝对量差别。在应用速度指标进行分析时，要注意下述几个问题。

1. 要把发展速度和增长速度同其绝对量结合起来

　　因为发展速度是报告期发展水平除以基期发展水平而得的，从数量关系来看，基期发展水平低，速度就高；基期发展水平高，速度就低。因此，速度高可能掩盖低水平，速度低可能隐藏着高水平。

　　1%增长量是以绝对增长水平除以相应的用百分数表示的增长速度得到的，即前期水平的1%，是一个既考察速度又兼顾水平的指标，用公式表示为

$$1\%增长量 = \frac{a_i - a_{i-1}}{\left(\dfrac{a_i}{a_{i-1}} - 1\right)} \times 100\% \tag{10-15}$$

2. 要把平均速度指标与时间序列的水平指标结合起来

　　平均速度指标应结合其所依据的各个基本指标，如发展水平、增长量、环比发展速度、定基发展速度等来分析研究，只有如此，才能深入了解全面发展、具体过程和特点，从而对研究具有比较确切和完整的认识。

　　平均速度是一个较长时期总速度的平均数，它是上升、下降的环比速度的代表值。如果时间数列中中间时期指标值出现了特殊的高低变化，或者最初、最末水平受特殊因素的影响，使指标值偏离常态，不管是用水平法还是累积法计算平均速度，都会降低或失去其说明问题的意义。所以，仅仅计算一个平均速度指标是不够的，应该联系各期的水平指标，综合计算各期的环比速度。

　　在分析较长历史时期的动态资料时，这种计算可采取计算分段平均速度的方式来补充说明总平均速度。因为一个总平均速度指标，仅能笼统反映较长时期内逐年一般的平均发展或增长情况，不能据以深入了解这种现象发展过程中的变化情况。例如，计算中华人民共和国成立 70 多年来粮食生产发展变化情况，除了计算总平均速度外，还要按照各个五

年计(规)划时期或各个特定时期分段计算其平均速度加以补充说明。

第四节 长期趋势分析

一、时间序列的构成因素与分析模型

(一)时间序列的构成因素

时间序列中各期的发展水平是不断变化的，变化的结果受到诸多因素的影响，包括基本因素、季节因素、循环变动因素和偶然因素等。引起变动的因素不同，所起的作用也不同，诸多因素共同作用形成了各期的发展水平。为了研究现象发展变化的趋势及规律性，我们需要分析影响时间序列发展水平变动的各种因素及其特点。时间序列的变动因素根据形式不同可以分为长期趋势因素、季节变动因素、循环变动因素和不规则变动因素。

(1) 长期趋势因素是指某些较长时期内对事物总体性发生作用的根本性因素。时间序列受此因素影响而产生的变动称为长期趋势变动(T)，对这种变动的分析称为长期趋势分析。长期趋势因素对时间序列的影响是长期的。例如，随着国民经济的发展，我国国内生产总值、居民人均可支配收入、进出口总额、人均寿命等均出现长期增长趋势；新生儿死亡率、文盲等均出现长期递减趋势。

(2) 季节变动因素是指现象受到的某些季节性影响因素。时间序列受此因素影响而产生的变动称为季节变动(S)，此变动通常表现为季节性的变化规律，而且常以一年为周期上下波动，各年的变化幅度相差不大，表现为逐年同月(或同季)有相同的变化方向和大致相同的变化幅度，对季节变动的分析称为季节变动分析。例如，水果、裙装、棉服等商品的销售额明显受季节因素影响会产生季节变动。

(3) 循环变动因素是指现象受到的某些周期性影响因素。时间序列受此因素影响而产生的变动称为循环变动(C)，此变动规律与季节变动规律相似，常按照一定的时间规律循环往复，其不同仅在于循环变动所持续的周期一般都在一年以上。例如，一个典型的商业周期包括繁荣、衰退、萧条及复苏4个阶段，其持续时间超过1年，4个阶段过后又重复前面的周期性规律。

(4) 不规则变动因素是指受到无法预期的偶发性的影响因素。时间序列受此因素影响而产生的变动称为不规则变动(I)。不规则变动因素包括自然灾害、战争、政治事件、瘟疫等，如我国2008年发生汶川大地震，帐篷、食品、药品等的需求量剧增，地震因素对上述产品销量的影响是直接、重要而又不可预期的，因此是不规则变动因素；受2019年年末新冠肺炎疫情影响，各行业遭受严重冲击，对全球经济、贸易、线下消费都是一场大寒潮，餐饮、交通、旅游、房地产等五大行业，以及线下零售等都受到了前所未有的冲击。

(二)时间序列的分析模型

时间序列总变动(Y)与上述四种变动形态的结合有两种假定，即乘法模式和加法模式。

(1) 当时间序列的变动受到的影响因素可以相互影响时，时间序列总变动是各个因素变动的连乘积，可以表现为乘法模型形式 $Y_i = T_i \times S_i \times C_i \times I_i$。

(2) 当时间序列的变动受到的影响因素互相对立时，时间序列总变动是各个因素变动的总和，可以表现为加法模型形式 $Y_i = T_i + S_i + C_i + I_i$。

在实际应用中，乘法模型和加法模型都可以采用，但相对而言，乘法模型的运用较多。以后各节介绍的时间序列构成分析均以乘法模型为例。

二、长期趋势变动分析

长期趋势变动是客观现象受到某种根本性因素的影响，在一段相当长的时间内，持续向上或向下发展变化的变动趋势。对时间序列长期趋势的分析一般采用适当的方法对时间序列进行修匀，使修匀后的序列排除季节变动、循环变动和不规则变动的影响，只显示现象变动的基本趋势。

测定长期趋势目的在于研究现象在一段时间内的发展方向和趋势，以把握现象发展变化的规律性，还可以对未来的变动趋势作出预测。

测度现象长期趋势变动需要对原有时间序列进行修匀，修匀的方法主要有时距扩大法、移动平均法、数学模型法等。

(一)时距扩大法

时距扩大法是测定长期趋势因素最简单的方法，它是将原时间序列相邻几期数据合并成一个数据，以此将原时间序列的时距扩大，形成新的时间序列。其作用是消除较小时距单位所受的非基本因素影响，以显示现象变动的总趋势。

时距扩大法的优点是直观、计算简单，缺点是经过修匀后得到的新的时间数列的项数明显减少，不便于做进一步的分析研究，因此，选择的新时距不宜过大。如表 10-8 所示是我国某煤炭企业 2020 年和 2021 年的产量统计资料。

从表 10-8 中可以看出，2020—2021 年该企业产量呈不断上升的趋势，但由于受其他因素影响，有些时期存在波动，我们把时距由原来的 1 个月扩大为 3 个月，期数也由原时间序列的 24 期变为 8 期，时距扩大后形成的时间序列如表 10-9 所示。

表 10-8 某煤炭企业 2020 年和 2021 年的产量统计资料

单位：吨

月 份	产 量	月 份	产 量	月 份	产 量	月 份	产 量
2020 年 1 月	34 100.61	2020 年 7 月	35 478.10	2021 年 1 月	38 666.41	2021 年 7 月	39 662.67
2020 年 2 月	33 954.18	2020 年 8 月	35 530.43	2021 年 2 月	39 137.39	2021 年 8 月	39 688.25
2020 年 3 月	34 426.49	2020 年 9 月	36 626.62	2021 年 3 月	39 480.97	2021 年 9 月	38 877.00
2020 年 4 月	35 344.82	2020 年 10 月	37365.87	2021 年 4 月	39 787.95	2021 年 10 月	38 529.18
2020 年 5 月	35 148.07	2020 年 11 月	37 894.51	2021 年 5 月	39 838.90	2021 年 11 月	38 473.54
2020 年 6 月	34 966.86	2020 年 12 月	38 213.15	2021 年 6 月	39 932.13	2021 年 12 月	38 430.18

表 10-9　某煤炭企业 2020 年和 2021 年的产量统计资料(修匀后)

单位：吨

时　期	总产量	平均年产量
2020 年 1—3 月	102 481.28	34 160.43
2020 年 4—6 月	105 459.75	35 153.25
2020 年 7—9 月	107 635.15	35 878.38
2020 年 10—12 月	113 473.53	37 824.51
2021 年 1—3 月	117 284.77	39 094.92
2021 年 4—6 月	119 558.98	39 852.99
2021 年 7—9 月	118 227.92	39 409.31
2021 年 10—12 月	115 432.90	38 477.63

采用时距扩大法以"季"为单位能够更加明确地看出，2020 年和 2021 年两年该煤炭企业产量上升趋势更加明显。

(二)移动平均法

移动平均法是把原时间序列按照一定的时距扩大，采用逐期递推的方法计算出一系列扩大了时距的动态平均数，并以这一系列动态平均数作为对应时期的趋势值的分析方法。

移动平均法是比时距扩大法更为复杂的测定方法，这种方法也具有消除偶然因素对时间序列影响的作用，处理后的结果能够准确地反映现象发展的长期趋势。

移动平均法的具体步骤如下所述。

(1)　确定扩大时距所采用的期数 K。

(2)　对原时间序列指标数值计算 K 项移动平均数，其计算公式为

$$\overline{Y}_i = \frac{Y_i + Y_{i+1} + \cdots + Y_{i+k-1}}{K} (i = 1, 2, \cdots, n) \tag{10-16}$$

(3)　若 K 为奇数，则 K 项移动平均数即为长期趋势值；若 K 为偶数，则将 K 项移动平均数再做一次二项移动平均即可得到长期趋势值。

例 10-7　某公司 6 年内各季度的销售额数据如表 10-10 所示，计算 4 项移动平均值。

解：通过 3 个步骤进行移动平均。

第 1 步。由于是 6 年四个季度的销售额，所以扩大时距移动平均所采用的期数是 4 期。从 2016 年第一季度开始，顺次加上 6.7 万元、4.6 万元、10.0 万元和 12.7 万元，总和为 34.0 万元。四个季度总和向前移动，也就是说，将 2016 年第二季度、第三季度、第四季度的销售额加上 2017 年第一季度销售额，由 4.6 加上 10.0、加上 12.7、加上 6.5 得到总和为 33.8 万元。该步骤一直继续到 6 年所有的季度销售额，表 10-10 第二列给出所有的移动总和。注意到第一个移动总和 34.0 位于 2016 年的二季度和三季度之间，第二个移动总和 33.8 位于 2016 年的三季度和四季度之间，依次往下。

第 2 步。将第二列的移动总和除以 4 得四季度移动平均数(见第三列)，所有的移动平均数均位于季度之间。例如，第一个移动平均数 8.500 位于 2016 年的二季度和三季度之间。

第 3 步。将移动平均数中心化。第一个中心化移动平均数(8.500+8.450)/2=8.475 得

到，位置对应于 2016 年第三季度。其他中心化移动平均数类似得到。注意第四列的中心化移动平均数都对应一个特定的季度。

表 10-10 某公司 6 年内各季度的计算销售额 4 项移动平均的统计

年份	季度	(1)销售额 (万元)	(2)四个季度 总和(万元)	(3)四个季度 移动平均数	(4)中心化 移动平均数
2016	第一季度	6.7	—	—	—
	第二季度	4.6			
			34.0	8.500	
	第三季度	10.0			8.475
			33.8	8.450	
	第四季度	12.7			8.450
			33.8	8.450	
2017	第一季度	6.5			8.425
			33.6	8.400	
	第二季度	4.6			8.513
			34.5	8.625	
	第三季度	9.8			8.675
			34.9	8.725	
	第四季度	13.6			8.775
			35.3	8.825	
2018	第一季度	6.9			8.900
			35.9	8.975	
	第二季度	5.0			9.038
			36.4	9.100	
	第三季度	10.4			9.113
			36.5	9.125	
	第四季度	14.1			9.188
			37.0	9.250	
2019	第一季度	7.0			9.300
			37.4	9.350	
	第二季度	5.5			9.463
			38.3	9.575	
	第三季度	10.8			9.588
			38.4	9.600	
	第四季度	15.0			9.625
			38.6	9.650	
2020	第一季度	7.1			9.688
			38.9	9.725	
	第二季度	5.7			9.663
			38.4	9.600	
	第三季度	11.1			9.713
			39.3	9.825	
	第四季度	14.5			9.888
			39.8	9.950	
2021	第一季度	8.0			9.988
			40.1	10.025	
	第二季度	6.2			10.075
			40.5	10.125	
	第三季度	11.4			—
			—	—	
	第四季度	14.9			

利用移动平均法分析长期趋势时，应注意下述几个问题。

(1) 移动平均后的趋势值应放在各移动项的中间位置。凡是奇数项移动平均求得的均值，应对准所平均时期的中间时期，一次移动平均值即是长期趋势值；偶数项移动平均求得的平均值，应对准所平均时期中间的两个时间之间，并再做一次二项移动平均，所得数值为长期趋势值。

(2) 移动平均法中扩大的时距数需要根据实际需要选择，平均后的项数应比原时间序列项数减少，所以移动平均的项数 K 不宜过大。当平均项数 K 为奇数时，移动平均数序列首尾各减少 $(K-1)/2$ 项；当平均项数 K 为偶数时，移动平均数序列首尾各减少 $K/2$ 项。

(3) 不宜根据修匀后的新时间序列直接进行预测，若要进行预测，需要对修匀后的新序列作出进一步分析。这表明移动平均法并不是测定长期趋势的理想方法。

(三)数学模型法

移动平均法虽然能在基本保持原有数据特征的基础上分析数据的长期趋势，但是它不能实现预测，而只能大致看出数据的走势。我们对于数据趋势的分析更重要的意义是对数据未来走势的预测，甚至预测出具体的数值。因此，我们需要更加行之有效的趋势分析方法，即数学模型法。

数学模型法的建立常用的是最小二乘法，它是测定长期趋势的常用方法，是在对现象作初步分析的基础上，选择一个合适的数学方程配合时间序列的变动，据以进行长期趋势预测的一种分析方法。它的基本原理是求出长期趋势值和实际值的离差平方和为最小，即 $\sum(Y-\hat{Y})^2 =$ 最小值，这就使求出的趋势线与原数列达到最佳的配合。

最小二乘法既可用于配合直线，也可用于配合曲线，所以它是分析长期趋势十分有效和理想的方法。一般来说，常见的趋势线模型有 3 种，即直线趋势线、指数趋势线和二次抛物线趋势线。

1. 线性趋势方程

当时间序列各期的逐期增长水平大致相同时，表明现象的发展呈线性趋势，可以拟合恰当的趋势直线，即可用下列线性模型来描述。

$$\hat{Y}_t = a + bt \tag{10-17}$$

式中，$\hat{Y}_t$ 为时间序列 Y_t 的趋势值；t 为时间；a 为趋势线在 Y 轴上的截距，是当 $t=0$ 时 $\hat{Y}_t$ 的数值；b 为趋势线的斜率，表示时间 t 每变动一个单位时，趋势值 $\hat{Y}_t$ 的平均变动量。

求解参数 a 和 b 的值，最常用的方法是最小二乘法，又叫最小平方法。

设 Q 为趋势值 $\hat{Y}$ 和实际值 Y_t 之间离差的平方和，即

$$Q = \sum(Y_t - \hat{Y}_t)^2 = \sum(Y_t - a - bt)^2 \tag{10-18}$$

当 Q 最小时所确定的方程是与原趋势值拟合最好的直线，如果确定了此时的参数 a 与 b 的值，也就得到了这条直线的方程。要使 Q 最小，其必要条件是对 a、b 的一阶偏导数为零，即

$$\frac{\partial Q}{\partial a} = -2\sum (Y_t - a - bt) = 0$$

$$\frac{\partial Q}{\partial b} = -2\sum t(Y_t - a - bt) = 0 \qquad (10\text{-}19)$$

对上式进行整理得到以下标准方程式组

$$\begin{cases} \sum Y_t - na - b\sum t = 0 \\ \sum tY_t - a\sum t - b\sum t^2 = 0 \end{cases} \qquad (10\text{-}20)$$

用消元法求解参数 a，b 则得

$$b = \frac{n\sum tY_t - \sum t\sum Y_t}{n\sum t^2 - (\sum t)^2}$$

$$a = \frac{\sum Y_t}{n} - \frac{b\sum t}{n} = \bar{Y}_t - b\bar{t} \qquad (10\text{-}21)$$

将 a，b 代入趋势方程，即为所求的最佳配合趋势直线方程。

例 10-8 某食品连锁店 2017—2021 年的销售额如表 10-11 所示。试给出最小二乘趋势的直线方程，并预测 2022 年销售额是多少。

表 10-11 某食品连锁店 2017—2021 年销售额

年份	销售额(百万美元)
2017	7
2018	10
2019	9
2020	11
2021	13

解：为了简化计算步骤，用代码来代替年份。也就是说，我们设 2017 年为 1，2018 年为 2，以此类推。这样就缩减了 $\sum t$、$\sum t^2$ 和 $\sum tY_t$ 值的取值范围，常称这种方法为代码法。

为了计算方便，可将公式中所需要的值计算出来，如表 10-12 所示。

表 10-12 某食品连锁店 2017—2021 年的销售额确定趋势方程所需要的计算数据

年 份	销售额(百万美元)Y_t	时间(t)	tY_t	t^2
2017	7	1	7	1
2018	10	2	20	4
2019	9	3	27	9
2020	11	4	44	16
2021	13	5	65	25
合计	50	15	163	55

利用式(10-21)确定 a、b 的值为

$$b = \frac{n\sum tY_t - \sum t\sum Y_t}{n\sum t^2 - (\sum t)^2} = \frac{5\times163 - 50\times15}{5\times55 - 15^2} = 1.3$$

$$a = \frac{\sum Y_t}{n} - \frac{b\sum t}{n} = \overline{Y}_t - b\overline{t} = \frac{50}{5} - 1.3\times\frac{15}{5} = 6.1$$

所以，趋势方程为 $\hat{Y}_t = a + bt = 6.1 + 1.3t$。

2022 年所对应的时间为 6，$\hat{Y}_6 = a + bt = 6.1 + 1.3\times6 = 13.9$(百万美元)。

2. 非线性趋势方程

当时间序列的散点图呈某种曲线形状时，表明发展呈某种非线性趋势，需要配合适当的趋势曲线。趋势曲线的形式很多，下面介绍两种常用的趋势曲线方程，即抛物线型趋势方程和指数曲线型趋势方程。

(1) 抛物线型趋势方程。当时间序列的折线图大致呈抛物线形状，或当时间序列各期的二级逐期增长(逐期增长量的逐期增长量)大致相同时，表明现象的发展呈现抛物线型趋势，可拟合一条抛物线，即可用方程来描述为

$$\hat{Y}_t = a + bt + ct^2 \tag{10-22}$$

估计参数 a、b、c 时，可将 t 和 t^2 视为两个自变量，按二元线性回归方程形式估计其参数。

(2) 指数曲线型趋势方程。当时间的折线图大致呈指数曲线时，或时间序列各期的环比增长速度大致相同时，表明发展呈指数曲线型趋势，可拟合一条指数曲线，即可用方程描述为

$$\hat{Y}_t = ab^t \tag{10-23}$$

式中，a、b 为未知参数，若 $b>1$，表示增长率随 t 的增加而增加；若 $b<1$，表示增长率随 t 的增加而降低。

为估计参数 a 和 b，可将式(10-23)两端取对数，得：

$$\ln(\hat{Y}_t) = \ln(a) + t\ln(b) \tag{10-24}$$

设 $Y' = \ln(\hat{Y}_t)$，$A = \ln(a)$，$B = \ln(b)$，则有 $Y' = A + Bt$

因此，按线性回归方程形式估计出 A 和 B 之后，再取反对数即可得参数 a 和 b 的估计值。

第五节　季节变动分析

季节变动是指现象受到某些季节因素影响而产生的周期性变动。季节变动是一种比较常见的经济和社会现象，以月份或季度作为时间观测单位的时间序列数据通常具有一年一度的周期变化，这种周期变化是由季节因素的影响造成的。"季节变动"中的"季节"是一个广义的概念，它不仅仅是一个季度、一个月或者一周的概念，还是一个较短周期的具有某种规律性的波动。因此，季节变动的时间序列资料主要以月份或者季度为时间单位，以年份为单位的时间序列资料不可能显示出季节变动的规律。

季节变动往往会掩盖或混淆经济发展中其他客观变化规律，以致给增长速度和其他分析造成困难和麻烦。因此，测定季节变动的目的主要在于：一是通过分析过去的季节变动

规律，为当前的决策提供依据；二是为了对未来现象的季节变动作出预测，以便提前作出合理的安排；三是为了能够消除季节变动对时间序列的影响，以便分析其他构成要素的影响。

在进行经济增长分析时，必须消除季节变动的影响，将季节要素从原序列中剔除，这就是季节调整。季节变动可以通过季节指数(也称季节比率)来实现，以季节指数表明季节变动的规律。假设现象不存在季节变动时的季节指数为 1，那么，如果季节指数大于 1，说明处于旺季；如果季节指数小于 1，说明处于淡季。测定季节变动主要采用同期平均法和移动平均趋势剔除法。

一、同期平均法

同期平均法又称原始资料平均法，是在不存在长期趋势或长期趋势不明显的情况下，测定季节变动的最基本的方法。

同期平均法的测定步骤如下所述。

(1) 计算各年同季(月)的平均数，目的是消除非季节因素的影响。道理很简单，因为同样是旺季或者淡季，有些年份的旺季更旺或更淡，这就是非季节因素的影响。因为我们假设没有长期趋势，因此，这些因素通过平均的方法就可以相互抵消。

(2) 计算各年同季(或同月)的平均数，即时间数列的序时平均数，目的是计算季节比率。因为就测定季节变动的目的来讲，只计算"异年同季(或同月)的平均数"已经可以反映现象的季节变动趋势了：平均数大，表明是旺季，越大越旺；平均数小，表明是淡季，越小越淡。但是，这种大与小、淡与旺的情况只能和其他季节相比才会有准确的认识。因此，就需要将"各年同季的平均数"进行相对化变换，即计算季节比率，对比的标准就应该是时间数列的序时平均数。

(3) 计算季节比率。方法是将各年同季的平均数分别和时间数列的序时平均数进行对比。一般用可用公式表示为

$$季节指数 = 同季(或月)平均数 / 总季(或月)平均数 \times 100\%$$

例 10-9 某农产品按季节价格统计数据如表 10-13 所示，运用同期平均法计算季节指数。

表 10-13 某农产品按季节价格统计

季　节	2016年	2017年	2018年	2019年	2020年	2021年	6年合计(元)	同季平均数	季节指数(%)
冬季	6.0	6.5	6.8	7.0	7.4	7.7	41.4	6.9	119.4
春季	5.2	5.8	6.1	6.3	6.6	7.2	37.2	6.2	107.3
夏季	3.0	3.3	3.7	4.0	4.2	4.5	22.7	3.78	65.4
秋季	5.5	5.8	6.0	6.4	6.7	7.0	37.4	6.23	107.8
全年合计(元)	19.7	21.4	22.6	23.7	24.9	26.4	138.7	23.12	400.0
季节平均(元)	4.925	5.350	5.650	5.925	6.225	6.600	34.675	5.780	100.0

从表 10-13 中可以发现，该农产品 6 年内价格水平呈持续上涨形势，并且受季节因素影响，全年内各季节价格有所调整。经过计算，季节指数分别为 119.4%、107.3%、65.4%、107.8%，冬、春、秋三个季节为旺季，平均价格较高，夏季价格较低，为淡季。

二、移动平均趋势剔除法

移动平均趋势剔除法的基本原理是将长期趋势和不规则变动等因素的影响从时间序列的实际值中剔除，再计算各季度(或月)的季节指数，从而使计算结果更精确。

例 10-10 根据表 10-10 某公司销售额季度数据，运用移动平均剔除法，计算季节指数。

解：通过 6 个步骤计算季度季节指数。

第 1 步至第 3 步的步骤在前面的例 10-8 已经完成，就是利用移动平均法计算长期趋势值，如表 10-14 所示。

表 10-14　某公司 6 年内各季度的销售额数据及特定季节指数

年份	季节	(1)销售额(万元)	(2)四季度总和(万元)	(3)四季度移动平均数	(4)中心化移动平均数	(5)特定季节指数
2016	冬季	6.7	—	—		
	春季	4.6	34.0	8.500	—	—
	夏季	10.0	33.8	8.450	8.475	1.180
	秋季	12.7	33.8	8.450	8.450	1.503
2017	冬季	6.5	33.6	8.400	8.425	0.772
	春季	4.6	34.5	8.625	8.513	0.540
	夏季	9.8	34.9	8.725	8.675	1.130
	秋季	13.6	35.3	8.825	8.775	1.550
2018	冬季	6.9	35.9	8.975	8.900	0.775
	春季	5.0	36.4	9.100	9.038	0.553
	夏季	10.4	36.5	9.125	9.113	1.141
	秋季	14.1	37.0	9.250	9.188	1.535
2019	冬季	7.0	37.4	9.350	9.300	0.753
	春季	5.5	38.3	9.575	9.463	0.581
	夏季	10.8	38.4	9.600	9.588	1.126
	秋季	15.0	38.6	9.650	9.625	1.558
2020	冬季	7.1	38.9	9.725	9.688	0.733
	春季	5.7	38.4	9.600	9.663	0.590
	夏季	11.1	39.3	9.825	9.713	1.143
	秋季	14.5	39.8	9.950	9.888	1.466
2021	冬季	8.0	40.1	10.025	9.988	0.801
	春季	6.2	40.5	10.125	10.075	0.615
	夏季	11.4	—	—	—	—
	秋季	14.9				

第 4 步：将表 10-14 第一列的销售额除以第四列的中心化移动平均数得到剔除长期趋势的季节指数，这里称为特定季节指数。特定季节指数等于原始时间序列和移动平均数的比值。进一步讲，假如时间序列表示为 TCSI，移动平均表示 TC，从数学上说，特定季节指数就是 TCSI/TC，其结果即为 SI。所以，特定季节指数中包含了季节变动和不规则变动。为了求出季节变动，需要再通过一定方法剔出特定季节指数中的 I(不规则变动)。

把已经得到的特定季节指数进一步去掉其中的不规则成分，即可得到季节指数。

第 5 步：将特定季节指数整理到一个表格，如表 10-15 所示，这将有助于我们查找对应季度特定的季节指数值。消除不规则变动的方法就是计算各个季节特定季节指数的平均数。我们把各个季度的特定季节指数的平均数称为典型季节指数。表 10-15 就是计算典型季节指数。

第 6 步：理论上，四个季度的均值之和应该等于 4，因为四舍五入，该和不一定恰好等于 4。在该例题中，均值之和为 4.009，所以可对每一个均值加以调整，使其总和为 4。

$$季度均值的调整因子 = \frac{4}{4个均值总和} \tag{10-25}$$

本例中调整因子=4/4.009=0.997755。

所以，调整后冬季指数为 0.767×0.997755=0.765。每个均值都往下调，可使总和为 4。通常指数都应写成百分数的形式，所以将表 10-15 的调整值都乘以 100，这样就得出本题的最终结果：冬季指数 76.5%，秋季指数为 151.9%……意思是秋季的销售额高于季度典型销售的 51.9%，冬季则低于季度典型销售的 23.5%。

表 10-15 某公司 6 年内各季度销售额的典型季节指数

年 份	冬 季	春 季	夏 季	秋 季	
2016	—	—	1.180	1.503	
2017	0.772	0.540	1.130	1.550	
2018	0.775	0.553	1.141	1.535	
2019	0.753	0.581	1.126	1.558	
2020	0.733	0.590	1.143	1.466	
2021	0.801	0.615	—	—	
总计	3.834	2.879	5.720	7.612	
均值(典型季节指数)	0.767	0.576	1.144	1.522	4.009
调整值	0.765	0.575	1.141	1.519	—
季节指数(%)	76.5	57.5	114.1	151.9	4

复习思考题

一、单项选择题

1. 时间序列的构成要素是(   )。

　　A. 时间和频数　　　　　　　　　B. 分组和指标值

C. 时间和指标值   D. 分组和频数

2. 时间序列中，数值大小与时间长短没有直接关系的是(　　)。

     A. 平均数时间序列   B. 时期序列

     C. 时点序列   D. 相对数时间序列

3. 发展速度属于(　　)。

     A. 动态相对数   B. 比较相对数   C. 比例相对数   D. 强度相对数

4. 环比发展速度的连乘积等于(　　)。

     A. 定基发展速度   B. 环比发展速度

     C. 无意义   D. 相应的定基发展速度

5. 某车间月末员工人数资料如表 10-15 所示。

表 10-15　某车间月末员工人数

月份	1	2	3	4	5	6	7
月初人数(人)	100	104	110	112	115	120	126

则该车间上半年的平均人数为(　　)。

     A. 110 人   B. 112 人   C. 114 人   D. 116 人

6. 由一个 6 项的时间序列可以计算的环比发展速度(　　)。

     A. 有 5 个   B. 有 6 个   C. 有 7 个   D. 有 8 个

7. 某地区粮食产量的环比增长速度 2020 年为 3%，2021 年为 5%，则 2020—2021 年该地区粮食产量共增长了(　　)

     A. 2%   B. 8%   C. 8.15%   D. 15%

二、判断题(正确在括号内打"√"，错误打"×")

1. 时间序列中的发展水平是报告期指标值除以基期指标值。　　　　　　　　(　　)

2. 时期序列中的数值相加没有实际意义。　　　　　　　　　　　　　　　　(　　)

3. 环比发展速度减 1 等于定基增长速度。　　　　　　　　　　　　　　　　(　　)

4. 平均发展速度就是环比发展速度的算术平均数。　　　　　　　　　　　　(　　)

5. 季节变动是变动周期大于 1 年的变动。　　　　　　　　　　　　　　　　(　　)

6. 时点序列的平均发展水平算法与时期序列的平均发展水平相同。　　　　　(　　)

7. 只有增长速度大于 100%，才能说明事物的变动是增长的。　　　　　　　(　　)

8. 采用几何平均法计算平均发展速度时，每一个环比发展速度都会影响平均发展速度的大小。　　　　　　　　　　　　　　　　　　　　　　　　　　　　(　　)

9. 奇数项移动平均只要移动一次即可。　　　　　　　　　　　　　　　　　(　　)

10. 季节变动是无法进行趋势分析的。　　　　　　　　　　　　　　　　　(　　)

三、计算题

1. 我国 2016—2020 年国内生产总值数据如表 10-16 所示。

要求: (1) 计算并填写列表中所缺数据。

         (2) 计算我国 2016—2020 年的平均国内生产总值。

         (3) 计算我国 2016—2020 年国内生产总值的平均发展速度和平均增长速度。

表 10-16 2016—2020 年国内生产差值

年 份		2016	2017	2018	2019	2020
国内生产总值(万亿元)		74.64		91.93	98.65	
发展速度(%)	环比	—				
	定基	—				136.12
增长速度(%)	环比	—	11.47			
	定基	—				

2. 某对外出口公司 2017—2020 年出口额如表 10-17 所示。

表 10-17 某对外出口公司 2016—2020 年出口额

单位：亿元

年 份	2017	2018	2019	2020	2021
出口额	10	12	15	18	20

要求：用最小二乘法拟合合适的趋势方程并预测 2022 年出口额。

第十一章 统 计 指 数

【本章学习要求】

通过本章的学习，了解统计指数的概念和作用；掌握统计指数的分类及编制方法，统计指数体系的因素分析；了解统计指数在社会经济研究中的应用。

【本章重点】

- 统计指数的概念
- 统计指数的编制方法
- 统计指数体系的因素分析

【本章难点】

- 统计指数的编制方法
- 统计指数体系的因素分析
- 统计指数在社会经济研究中的应用

【章前导读】

2022 年 4 月全国 CPI、PPI 数据出炉

2022 年 4 月，全国 CPI(居民消费价格指数)同比上涨 2.1%。其中，城市上涨 2.2%，农村上涨 2.0%；食品价格上涨 1.9%，非食品价格上涨 2.2%；消费品价格上涨 3.0%，服务价格上涨 0.8%。2022 年 1～4 月平均，全国居民消费价格比上年同期上涨 1.4%。

2022 年 4 月，全国居民消费价格环比上涨 0.4%。其中，城市上涨 0.4%，农村上涨 0.3%；食品价格上涨 0.9%，非食品价格上涨 0.2%；消费品价格上涨 0.5%，服务价格上涨 0.1%。如图 11-1 所示。

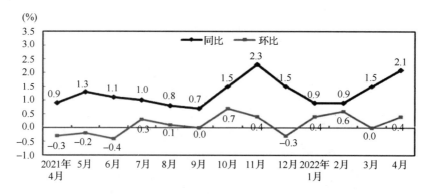

图 11-1 2021 年 4 月至 2022 年 4 月全国居民消费价格涨跌幅

2022 年 4 月，全国工业生产者出厂价格指数(PPI)同比上涨 8.0%，环比上涨 0.6%，如图 11-2 所示。；工业生产者购进价格同比上涨 10.8%，环比上涨 1.3%。2022 年 1～4 月平

均，工业生产者出厂价格比去年同期上涨 8.5%，工业生产者购进价格上涨 11.2%，如图 11-3 所示。。

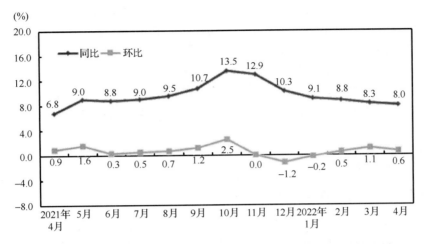

图 11-2　2021 年 4 月至 2022 年 4 月全国工业生产者出厂价格涨跌幅

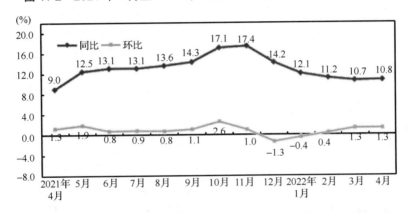

图 11-3　2021 年 4 月至 2022 年 4 月全国工业生产者购进价格涨跌幅

（资料来源：国家统计局。）

【关键词】

统计指数　指数体系　因素分析　居民消费价格指数

第一节　统计指数的概念和种类

一、统计指数的概念和作用

统计指数简称指数，是一种常用的统计分析法，可用来分析研究社会经济现象数量和数量关系。

(一)指数的概念

指数的含义有广义和狭义之分。广义上的指数泛指所有反映社会经济现象变动情况的相对数，用以反映客观现象在不同空间、不同时间上的变动情况。它如前面讲过的动态相对数、计划完成相对数、比较相对数等都属于指数。

狭义上的指数是指用来综合反映那些不能直接相加的复杂社会经济现象总体变动的相对数，这是一种特殊的相对数。比如零售物价指数，是反映所有零售商品价格总变动的相对数；工业产品产量指数，是表明在某一范围内全部工业产品实物量总变动的相对数；等等。本章主要研究狭义的指数。

(二)指数的作用

1. 反映复杂社会经济现象总体的综合变动情况

统计研究社会现象总体变动情况时，除了说明个别现象，如个别产品产量、个别产品成本、个别商品价格等的变动情况外，还要综合研究多种产品产量、多种商品价格总的变动情况。因为这些个别的不同商品或产品的单价、单位成本，虽然也都用货币表示，但它们的使用价值不同，生产单位产品所需要的物力、劳力不一样，同样不能简单对比。因此，就要利用指数将这些不能直接相加、对比的现象，过渡到能够相加并综合对比，以反映其总的变动情况。

2. 分析和测定复杂社会经济现象总变动中各个因素的变动对其影响程度及变动方向

复杂社会经济现象的总体是由多个因素构成的，其变动是构成的诸多因素变动综合影响的结果。比如商品销售额是由商品销售量和销售价格两个因素组成的，即

$$商品销售额 = 商品销售量 \times 商品销售价格$$

商品销售额的多少，取决于商品销售量的多少和商品销售价格的高低。诸如此类现象，就需要编制指数来分析和测定社会经济现象总体中各个构成因素对其总变动的影响程度及变动方向。

3. 测定平均水平对比分析中各组平均水平与总体结构变动对其的影响程度

在对现象总体进行分组的情况下，平均水平数值大小，既受现象水平高低的影响，又受现象总体内部结构不同的影响。比如职工平均工资的变化，既受各组平均工资水平高低的影响，又受各组工人人数在全体职工中所占比重大小的影响，要分析平均水平中两个因素的变动情况和影响程度，可以通过编制平均指标指数来研究。

4. 反映计划综合执行情况

在检查计划完成情况时，经常要涉及不能直接相加的复杂社会经济现象。有时，还要将不同地区、不同空间的现象进行对比分析，这就需要运用统计指数。

二、统计指数的种类

统计指数是分析社会经济现象变动的相对数，有以下几种分类方式。

(一)按指数所反映的对象范围大小可分为个体指数和总指数

1. 个体指数

个体指数是说明单个现象变动的相对数。比如某种产品产量指数、某种商品的价格指数等。其计算方法比较简单。

个体产品产量指数：$K_Q = \dfrac{Q_1}{Q_0} \times 100\%$

个体商品物价指数：$K_P = \dfrac{P_1}{P_0} \times 100\%$

个体产品单位成本指数：$K_Z = \dfrac{Z_1}{Z_0} \times 100\%$

式中：K_Q、K_P、K_Z——分别为产量、物价、单位成本个体指数。

Q_1、Q_0——分别为报告期和基期商品销售量或产品实物量。

P_1、P_0——分别为报告期和基期商品或产品的单价。

Z_1、Z_0——分别为报告期和基期商品或产品的单位成本。

2. 总指数

总指数是说明多种事物综合变动的相对数，如反映多种产品产量综合变动的物量总指数，说明多种产品价格综合变动的价格总指数等。它们的编制和计算方法比较复杂，我们将在后面专门研究。

此外，还有一种介于个体指数与总指数之间的指数——类指数，是反映总体中某一组或某一类现象变动的相对数。其编制和计算方法与总指数相同。

(二)按指数研究对象的性质可分为数量指标指数和质量指标指数

1. 数量指标指数

数量指标指数简称数量指标，是反映现象数量指标变动程度的相对数，可以说明总体的规模、水平变动情况。比如产品产量指数、职工人数指数、商品销售量总指数等。

2. 质量指标指数

质量指标指数简称质量指标，是反映现象质量指标变动程度的相对数，可以说明总体内在质量变动情况，是表明工作质量好坏、管理水平高低的指数。比如价格总指数、平均工资总指数、劳动生产率指数等。

在统计指数的编制和应用中，必须注意数量指数和质量指数的区分，它们的编制方法不同。

(三)按指数所对比内容的时间可分为动态指数和静态指数

(1) 动态指数是由两个不同时期的变量值对比形成的相对数，说明现象在不同时间内的变化情况。

(2) 静态指数是指在同一时间条件下，不同空间中的同一现象不同数值对比的相对数。

(四)按指数所采用的基期可分为定基指数和环比指数

定基指数是指以某一固定时期作为对比基期的指数，环比指数是指各个指数都以前一期为基期的指数。

(五)按指数编制的方法可分为综合指数和平均指数

综合指数是两个总量指标对比形成的指数，是先综合后对比。

平均指数是以指数化因素的个体指数为基础，使用固定权数对个体指数或类指数进行平均计算的一种总指数。这方面的内容，后面将会作详细介绍。

第二节 总指数的编制和计算

总指数按编制的方法可分为综合指数和平均指数两种。综合指数是将不能直接相加的各种社会经济变量通过乘以另一个与此有关的同度量因素而转换成可以相加的总量指数，然后进行对比，得到的相对数以说明复杂现象的综合变动情况。它是总指数的基本形式。如前文所述，按指数研究对象的性质，综合指数可分为数量综合指数和质量综合指数两种。

平均指数是以被研究现象总体中的各个个体指数为基础，对其进行平均编制的总指数。

一、编制综合指数的一般方法

在编制综合指数时，要理解以下三点。

(一)运用两分法对复杂社会经济现象进行分解

由于构成现象的各因素之间存在着相互联系，因此要对现象总体进行分解，并判断它们是数量因素还是质量因素，从而确定所要编制的指数是数量指数还是质量指数，并确定同度量因素的选择和所属时期。如表 11-1 所示，某商店销售 A、B、C 三种不同商品的销售数据中，销售量是数量因素，而销售价格是质量因素。

(二)选择适当的同度量因素，使原来不能直接相加的现象过渡到可以相加

从表 11-1 中可以看出，A、B、C 三种不同商品，它们的使用价值和计量单位不同，不能直接相加，因而也不能直接进行对比以反映它们的总变动情况。为此需要找到一个同度量因素，以此作为媒介。借助三种商品各自的销售价格，把不同商品的销售量乘以相应的销售价格后过渡到商品销售额价值量就可以相加并进行对比，计算商品销售量总指数。同样，三种商品的销售价格也不能简单相加，要通过销售量对其同度量化后才能相加对比，以计算价格总指数。统计时，通过乘以一个因素，把原来不能直接相加的现象过渡到可以相加，这个作为媒介的因素，叫作同度量因素。它在指数计算中具有权衡轻重的作用，所以又称它为权数。

表 11-1　某商店销售 A、B、C 三种不同商品的相关资料

商品名称	计量单位	基期			报告期			假定销售额(万元)	
		销售量	单价(元)	销售额(万元)	销售量	单价(元)	销售额(万元)		
—	—	Q_0	P_0	$Q_0 P_0$	Q_1	P_1	$Q_1 P_1$	$Q_1 P_0$	$Q_0 P_1$
A	米	40000	24	96	60000	22	132	144	88
B	千克	50000	12	60	56000	10	56	67.2	50
C	件	10000	60	60	8000	55	44	48	55
合计	—	—	—	216		—	232	259.2	193

(三)确定同度量因素的所属时期

在编制综合指数时，为了分析一个因素的变动情况，就必须使另一个因素固定不变，以排除它对综合指数的影响，即要把所对比的分子和分母所乘以的那个同度量因素固定在某一时期不变。在复杂现象总体中，各个不同时期的同度量因素不同、数值不同，有基期的，也有报告期的。那么，到底同度量因素应选择在哪个时期呢？这是统计工作一个重要的理论问题，业内有着不同的观点。根据实践中的实际情况，确定统计指数同度量因素所属时期一般是编制数量综合指数时，以基期的质量因素作为同度量因素为宜；编制质量综合指数时，以报告期的数量因素作为同度量因素为宜。

二、数量综合指数的编制和计算方法

数量综合指数是反映数量因素综合变动情况的指数。仍以表 11-1 资料为例，说明其编制和计算方法。

从表 11-1 的资料中可以看出，A、B 两种商品的销售量在报告期比在基期均有所增加，而 C 商品却有所减少。它们各自的变动情况，可用计算个体销售量指数表示为

A 商品销售量指数：$K_Q = \dfrac{Q_1}{Q_0} \times 100\% = \dfrac{60000}{40000} = 150\%$

B 商品销售量指数：$K_Q = \dfrac{Q_1}{Q_0} \times 100\% = \dfrac{56000}{50000} = 112\%$

C 商品销售量指数：$K_Q = \dfrac{Q_1}{Q_0} \times 100\% = \dfrac{8000}{10000} = 80\%$

式中，K_Q——个体数量指数。

Q_1、Q_0——报告期和基期的商品销售量。

为了反映三种商品销售量总变动情况，就需要编制销售量综合指数。如前文所述，虽然不能将它们直接相加取得两个时期的销售量总指标，但是可以借助它们各自的价格作为同度量因素，而价格是反映三种商品质量好坏的质量因素。这样，把同度量因素——价格固定在基期，排除了价格对销售量总指数的影响，然后乘以各自的销售量得到销售额，从而将它们过渡到价值形态，使三种商品由不同的使用价值形态转化为同质异量的价值总

量，进而得到三种商品基期销售额的总量和按基期价格与报告期销售量计算所得的假定销售额总量，然后将这两个总量指标对比，得到三种商品销售量综合指数。其一般的计算公式为

$$\overline{K_Q} = \frac{\sum Q_1 P_0}{\sum Q_0 P_0} \times 100\% = \frac{259.2}{216.0} \times 100\% = 120\%$$

式中，$\overline{K_Q}$ ——销售量综合指数。

Q_1、Q_0——报告期和基期销售量。

P_1、P_0——报告期和基期销售价格。

计算结果表明，三种商品销售量在报告期比基期平均增长了 20%。

公式中的分子和分母之差为

$$\sum Q_1 P_0 - \sum Q_0 P_0 = 259.2 - 216 = 43.2(万元)$$

计算结果表明，由于三种商品销售量平均增长了 20%，进而使销售额增加了 43.2 万元。这是在假定价格不变的情况下，由于销售量报告期比基期增加而增加的销售额，其经济意义很明显。

上面的计算公式，最早是由德国经济学家拉斯贝尔提出的，所以又称为拉斯贝尔数量指数公式，简称拉氏公式。产量指数、职工人数指数、商品销售量指数等数量指数，一般都可用这个公式编制和计算，并将作为同度量因素的质量因素固定在基期。

关于数量总指数的编制与计算，统计学界也有不同的观点，有的学者主张将同度量因素销售价格固定在报告期，其公式为

$$\overline{K_Q} = \frac{\sum Q_1 P_1}{\sum Q_0 P_1} \times 100\% = \frac{232}{193} \times 100\% = 120.21\%$$

计算结果表明，三种商品的销售量平均增长了 20.21%，

其分子、分母之差为

$$\sum Q_1 P_1 - \sum Q_0 P_1 = 232 - 193 = 39(万元)$$

上述计算结果表明，由于三种商品销售量平均增长了 20.21%，使销售额增加了 39 万元。这是在三种商品销售价格也发生变化的情况下，销售量的变动使销售额增加，它不仅是销售量变动的结果，还受到销售价格变动的因素影响。而且，这个结果是表明报告期的销售量与基期的销售量按报告期的价格计算所得的销售额之间变动的程度和差额，其经济意义与现实意义都很缺乏。同时，还与编制数量综合指数纯粹的初衷相违背。因此，在实际工作中，一般不采用这个公式测定数量的综合变动情况。

三、质量综合指数的编制和计算方法

质量综合指数是反映现象质量因素总变动情况的指数。仍以表 11-1 中的资料为例，说明其编制和计算方法。

从表 11-1 中的资料可以看出，A、B、C 三种商品销售价格在报告期比在基期都有所下降，它们各自的变动情况，可以编制个体价格指数，其公式为

A 商品的价格指数：$K_P = \dfrac{P_1}{P_0} \times 100\% = \dfrac{22}{24} \times 100\% = 91.67\%$

B 商品的价格指数：$K_P = \dfrac{P_1}{P_0} \times 100\% = \dfrac{10}{12} \times 100\% = 83.33\%$

C 商品的价格指数：$K_P = \dfrac{P_1}{P_0} \times 100\% = \dfrac{55}{60} \times 100\% = 91.67\%$

式中，K_P——个体价格指数。

P_1、P_0——报告期和基期的商品销售价格。

为了反映三种商品销售价格总变动情况，需要编制价格综合指数。前面已经讲过，三种商品的销售价格虽然都是以货币为计量单位，但也不能直接相加，它们具有不同的度量。A 商品是每米的价格，B 商品是每千克的价格，C 商品是每件的价格，将它们相加是没有任何意义的。因此，也要通过同度量因素使之转化为可以相加的价值量指标。这里，可以借助它们各自的销售量作为同度量因素，而销售量是反映三种商品销售数量的因素。按照编制综合指数的一般方法，把同度量因素——销售量固定在报告期，然后乘以各自的价格，使它们过渡到价值形态，这样就能得到三种商品报告期的销售额总量和按基期的价格与报告期销售量计算所得的假定销售额总量，再将这两个总量指标对比，得到三种商品的价格综合指数。其一般的公式为

$$\bar{K}_P = \frac{\sum Q_1 P_1}{\sum Q_1 P_0} \times 100\% = \frac{232}{259.2} \times 100\% = 89.51\%$$

式中，$\bar{K}_P$——销售价格综合指数；其他符号同前。

计算结果表明，三种商品的价格在报告期比在基期平均下降了 10.49%。

公式中的分子与分母之差为

$$\sum Q_1 P_1 - \sum Q_1 P_0 = 232 - 259.2 = -27.2(万元)$$

其结果表明，由于三种商品的价格平均下降了 10.49%，销售额也减少了 27.2 万元。这是在假定同度量因素——销售量不变，并将其固定在报告期的情况下，由于销售价格在报告期比在基期有所下降，因而减少了销售额，其计算结果具有现实的经济意义。同时也包含销售量变化的因素在内。

上面这个公式，是由德国经济学家哈曼·派许最早提出的，故又称为派许质量指数公式，简称派氏公式。物价总指数、单位成本总指数等，一般都可用这个公式编制和计算。

质量综合指数的编制在统计学界同样有不同的观点。有人提出将同度量因素——数量因素固定在基期，其公式为

$$\bar{K}_P = \frac{\sum Q_0 P_1}{\sum Q_0 P_0} \times 100\% = \frac{193}{216} \times 100\% = 89.35\%$$

计算结果表明，三种商品的价格在报告期比在基期平均下降了 10.65%。

公式中的分子与分母之差为

$$\sum Q_0 P_1 - \sum Q_0 P_0 = 193 - 216 = -23(万元)$$

计算结果表明，由于三种商品销售价格平均下降了 10.65%，销售额也减少了 23 万元。这是假定销售量没有变动的情况下，纯粹由于价格变动而产生的结果。这个价格综合指数反映了价格变动的程度和差额，其经济意义也是很明显的。

将两个质量综合指数进行比较，前面的公式是以报告期的销售量为同度量因素计算的

价格综合指数，其结果受价格与销售量变动的双重影响，即这种价格综合指数不仅反映了价格的变动，还受到销售量变化的影响。因此，具有非常现实的经济意义。因为这个公式的计算结果，表明由于价格变化，报告期实际销售的商品量使商店减少销售额 27.2 万元；对消费者来说，报告期购买这类商品由于价格下降而少支出 27.2 万元。按后面的以基期销售量为同度量因素公式计算，表明由于价格变化，商店基期销售的商品量，在按报告期价格计算时减少销售额 23 万元；对消费者来说，基期购买的商品如果等到报告期再购买，可少支出 23 万元。显然，这是缺乏现实经济意义的。另外，现实生活表明，价格的变化既会引起生产或销售商品的结构变化，也会推动居民消费结构发生变化。所以，我们在编制价格总指数反映价格变化而对生产和销售以及对消费者的影响时，应从现实出发，一般选择以报告期的销售量作为同度量因素为宜。但是，这也不是绝对的，有时当基期销售量资料比较容易取得，而报告期销售量资料不易取得或尚不具备时，也可以用基期销售量作为同度量因素来编制价格指数。

第三节　平均数指数和平均指标指数的因素分析

一、平均数指数

在实际工作中，用前文讨论的综合指数研究社会经济现象变动情况，常常会因所掌握资料的限制而遇到困难。因此通过以个体指数为基础，采用加权平均形式编制的总指数在统计中称为平均数指数。它与综合指数相比，只是掌握资料不同，因此所采用的计算方法不同，但其经济意义是一样的。平均数指数实质上是综合指数的变形。下面主要分析加权算术平均数指数、加权调和平均数指数和固定权数加权平均指数三种。

(一)加权算术平均数指数

加权算术平均数指数是对个体数量指数采用加权算术平均方法计算的总指数。一般情况下，在编制数量指标总指数时，当掌握的资料是个体数量指数和基期的总量指标时，可以采用这种形式来编制数量总指数。其计算公式为

$$\bar{K}_Q = \frac{\sum k_Q \cdot P_0 Q_0}{\sum P_0 Q_0} \times 100\% = \sum k_Q \cdot \frac{P_0 Q_0}{\sum P_0 Q_0} \times 100\% \qquad (11\text{-}1)$$

式中，$\bar{K}_Q$——数量加权算术平均指数。

k_Q——个体数量指数 $\dfrac{Q_1}{Q_0}$；其他符号同前。

仍以表 11-1 所示资料为例编制表 11-2。

因此

$$\bar{K}_Q = \frac{\sum Q_1 P_0}{\sum Q_0 P_0} = \frac{\sum k_Q \cdot Q_0 P_0}{\sum Q_0 P_0} = \frac{259.2}{216} = 120\%$$

其分子、分母之差为

$$\sum k_Q \cdot Q_0 P_0 - \sum Q_0 P_0 = 259.2 - 216 = 43.2(万元)$$

表 11-2　某商店三种商品销售量和销售额资料(掌握销售量个体指数)

商品名称	计量单位	销售量		基期销售额(万元)	销售量个体指数 $k_Q = \dfrac{Q_1}{Q_0}$ (%)	假定销售额(万元)
		基期 Q_0	报告期 Q_1	$Q_0 P_0$		$k_Q \times Q_0 P_0 = Q_1 P_0$
A	米	40000	60000	96	150	144
B	千克	50000	56000	60	112	67.2
C	件	10000	8000	60	80	48
合计	—	—	—	216	—	259.2

计算结果表明，三种商品的销售量在报告期比在基期平均增长了 20%。因销售量增长而增加的销售额为 43.2 万元。

上式中，个体销售量指数 k_Q 是变量，以基期商品销售额 $Q_0 P_0$ 为权数，将销售量综合指数变形即为加权算术平均数指数。即

$$\bar{K}_Q = \frac{\sum Q_1 P_0}{\sum Q_0 P_0} = \frac{\sum \frac{Q_1}{Q_0} \cdot Q_0 P_0}{\sum Q_0 P_0} = \frac{\sum k_Q \cdot Q_0 P_0}{\sum Q_0 P_0} \tag{11-2}$$

从式(11-2)中可以看出，在资料完全相同的情况下，以基期价值总量指标为权数的加权算术平均指数与前面编制的数量综合指数的经济意义是一致的，而且计算结果也相同。

(二)加权调和平均数指数

加权调和平均数指数是对个体质量指数用加权调和平均方法计算的总指数。当编制质量指标总指数时，如果仅掌握了报告期的总量指标和个体质量指数，可用这种方法编制质量总指数。即

$$\bar{K}_P = \frac{\sum Q_1 P_1}{\sum Q_1 P_0} = \frac{\sum Q_1 P_1}{\sum Q_1 P_1 \cdot \frac{P_0}{P_1}} = \frac{\sum Q_1 P_1}{\sum \frac{1}{k_p} Q_1 P_1} \tag{11-3}$$

式中：$\bar{K}_P$——质量加权调和平均数指数。

k_p——个体数量指数 $\dfrac{P_1}{P_0}$；其他符号同前。

仍以表 11-1 资料为例，编制表 11-3。

表 11-3　某商店三种商品销售量和销售额资料(掌握价格个体指数)

商品名称	计量单位	价格(元)		报告期销售额(万元)	价格个体指数 $k_p = \dfrac{P_1}{P_0}$ (%)	假定销售额(万元) $\dfrac{Q_1 P_1}{k_p}$
		基期 P_0	报告期 P_1	$Q_1 P_1$		
A	米	24	22	132	91.67	144
B	千克	12	10	56	83.33	67.2
C	件	60	55	44	91.67	48
合计	—	—	—	232	—	259.2

所以

$$\bar{K}_P = \frac{\sum Q_1 P_1}{\sum Q_1 P_0} = \frac{\sum Q_1 P_1}{\sum \frac{1}{k_p} Q_1 P_1} = \frac{232}{259.2} = 89.51\%$$

$$\sum Q_1 P_1 - \sum \frac{1}{k_p} Q_1 P_1 = 232 - 259.2 = -27.2(万元)$$

计算结果表明,三种商品的销售价格在报告期比在基期平均下降 10.49%,因销售价格下降而减少商品销售额 27.2 万元。其计算结果经济意义与前面讲的质量综合指数结果完全相同。

上式中,个体价格指数 k_p 是变量,以报告期商品销售额 $Q_1 P_1$ 为权数。将商品销售价格总指数公式变形为加权调和平均数指数公式。即

$$\bar{K}_P = \frac{\sum Q_1 P_1}{\sum Q_1 P_0} = \frac{\sum Q_1 P_1}{\sum Q_1 P_1 \frac{P_0}{P_1}} = \frac{\sum Q_1 P_1}{\sum \frac{1}{k_p} Q_1 P_1} \tag{11-4}$$

由此可见,在资料相同的情况下,以报告期价值总量指标为权数计算的加权调和平均数指数与前面所讨论的质量指标综合指数是一致的。

(三)固定权数加权平均数指数

编制加权平均数指数时,其权数有变动权数和固定权数两种。权数随报告期而经常变动的称变动权数,权数确定后在较长时间内不变的为固定权数。

在统计工作中,有时报告期权数的资料不易取得,往往选择经济发展比较稳定的某一时期的价值总量结构作为固定权数 W 来计算平均数指数。这种固定权数可使总指数计算比较简便、迅速,有较大的灵活性。如我国的零售物价指数就是采用固定权数的平均数指数。

固定权数为结构形式,即 $\frac{QP}{\sum QP}$,以 W 表示 QP,则加权算术平均数指数和调和平均数指数公式分别为

$$\bar{K}_Q = \frac{\sum k_Q W_0}{\sum W_0}, \quad \bar{K}_P = \frac{W_1}{\sum \frac{1}{k_p} W_1} \tag{11-5}$$

在后文讨论零售物价指数编制时,还将对此进行详细介绍。

二、平均指标指数及其因素分析

平均指标指数也称总平均指数。它是对总体平均指标变动程度的测定,如劳动生产率指数、平均工资指数、平均成本指数等。以表 11-4 所示资料为例,说明平均指标指数的编制及其应用。同时,根据指数之间的内在联系,分析平均指标总变动中,各组的平均水平及其结构变动对它的影响情况。

表 11-4 某集团公司生产量和工人数资料

分公司名称	工人人数(人)				人均生产量(千吨)		总产量(千吨)			劳动生产率指数
	基 期		报告期		基期	报告期	基期	报告期		
符 号	f_0	$\dfrac{f_0}{\sum f_0}$ (%)	f	$\dfrac{f_1}{\sum f_1}$ (%)	Q_0	Q_1	$Q_0 f_0$	$Q_1 f_1$	$Q_0 f_1$	$\dfrac{Q_1}{Q_0}$ (%)
甲公司	30000	60	20000	38.46	0.20	0.25	6000	5000	4000	125
乙公司	20000	40	32000	61.54	0.40	0.75	8000	24000	12800	187.5
合计	50000	100	52000	100	—	—	14000	29000	16800	199.18

(一)劳动生产率可变结构指数

在进行平均指标指数因素分析时，要与统计分组结合起来分析。从表 11-4 中的资料可知，某集团甲、乙两个分公司，工人人数、生产量、劳动生产率各不相同，基期乙公司职工人数比甲公司少，而劳动生产率却比甲公司高出了一倍。为了提高全公司的劳动生产率，集团除了采取各种科学管理技术措施以外，调整两个公司的工人人数，改变集团公司工人人数的比例，也是重要的措施之一。从上述资料可见，公司劳动生产率在报告期比在基期提高受两个因素的共同影响：一是各分公司劳动生产率都有所提高；二是两个分公司工人人数在全公司所占比重发生了变化。表明现象总体的平均水平发生变动，由各组平均指标水平高低和工人人数总体中结构变动两个因素共同作用结果的指数称为可变构成指数。

根据表 11-4 中的资料，计算该集团公司劳动生产率可变构成指数，其公式为

$$\frac{\overline{Q}_1}{\overline{Q}_0} = \frac{\dfrac{\sum Q_1 f_1}{f_1}}{\dfrac{\sum Q_0 f_0}{f_0}} = \frac{\dfrac{29000}{52000}}{\dfrac{14000}{50000}} = \frac{0.5577}{0.2800} = 199.18\%$$

其分子、分母之差为

$$\frac{\sum Q_1 f_1}{f_1} - \frac{\sum Q_0 f_0}{f_0} = 0.5577 - 0.2800 = 0.2777(千吨)$$

计算结果表明，该公司劳动生产率在报告期比在基期上升了 99.18%，平均每个工人多生产了 277.7 吨铁矿石。这是受各矿劳动生产率变动和劳动生产率水平不同的两公司工人人数结构变动的共同影响所致。接下来，就来分析这两个因素对全公司劳动生产率的影响程度。

(二)劳动生产率固定结构指数

先来分析甲、乙两分公司劳动生产率变动对集团公司总劳动生产率变动的影响。按指数编制的一般方法,将各分公司工人人数的比重固定在报告期,单纯反映甲、乙分公司劳动生产率变动对集团公司总劳动生产率变动的影响,即用报告期工人人数比例作权数,计算劳动生产率固定结构指数,其公式为

$$\frac{\sum Q_1 f_1}{f_1} = \frac{\dfrac{29000}{52000}}{\dfrac{16800}{52000}} = \frac{0.5577}{0.3231} = 172.61\%,$$

$$\frac{\sum Q_1 f_1}{f_1} - \frac{\sum Q_0 f_1}{f_1} = 0.5577 - 0.3231 = 0.2346(千吨)$$

计算结果表明,假定甲、乙两分公司劳动力在全公司的人数构成报告期与基期相同的情况下,由于各分公司劳动生产率的提高使全公司的劳动生产率提高了 72.61 个百分点,从而使公司人均产量增加了 234.6 吨铁矿石。

(三)劳动生产率结构影响指数

接下来,分析甲、乙两分公司工人人数在集团公司工人人数中比重变动对公司劳动生产率的影响。同样,根据编制指数的一般方法,把各分公司的劳动生产率固定在基期,以此作为权数,计算劳动生产率结构影响指数,其公式为

$$\frac{\sum Q_0 f_1}{f_1} = \frac{\dfrac{16800}{52000}}{\dfrac{14000}{50000}} = \frac{0.3231}{0.2800} = 115.39\%$$

$$\frac{\sum Q_0 f_1}{f_1} - \frac{\sum Q_0 f_0}{f_0} = 0.3231 - 0.2800 = 0.0431(千吨)$$

其结果表明,假定甲、乙两分公司劳动生产率在报告期保持和在基期一样,由于劳动生产率水平较低的甲公司人数在全公司人数的比重由基期的 60%下降到报告期的 38.46%,而劳动生产率水平比较高的乙公司人数在全公司人数的比重则由基期的 40%上升到报告期的 61.54%,从而使全公司劳动生产率提高了 15.39 个百分点,每个人平均增加产量 43.1 吨铁矿石。

从上面的分析中可以进一步了解到,可变构成指数、固定结构指数和结构影响指数都是总指数。它们具有独立的经济意义,并且它们之间有着内在的联系,即

在相对数上,可变构成指数=固定结构指数×结构影响指数

$$\frac{\sum Q_1 f_1}{f_1} = \frac{\dfrac{\sum Q_1 f_1}{f_1}}{\dfrac{\sum Q_0 f_1}{f_1}} \times \frac{\dfrac{\sum Q_0 f_1}{f_1}}{\dfrac{\sum Q_0 f_0}{f_0}}, \quad 199.18\% = 172.61\% \times 115.39\%$$

在绝对数上,各因素分子和分母之差的代数和表示总劳动生产率水平的差额,存在着

这样的联系：劳动生产率可变构成指数分子，分母之差等于劳动生产率固定结构指数分子、分母之差与劳动生产率结构影响指数分子、分母之差的代数和。

$$\frac{\sum Q_1 f_1}{f_1} - \frac{\sum Q_0 f_0}{f_0} = \left(\frac{\sum Q_1 f_1}{f_1} - \frac{\sum Q_0 f_1}{f_1} \right) + \left(\frac{\sum Q_0 f_1}{f_1} - \frac{\sum Q_0 f_0}{f_0} \right)$$

$$0.5577 - 0.2800 = (0.5577 - 0.3231) + (0.3231 - 0.2800)$$
$$0.2777(千吨/人) = 0.2346(千吨/人) + 0.0431(千吨/人)$$

(四)平均指标指数的特点

从上面对平均指标指数的讨论可以看出其具有下述两个特点。

(1) 平均指标指数是利用分组资料计算的指数，它所测定的总体平均指标指数是对组平均数的加权平均，其权数是各组单位数占总体单位总数的比重。它所综合的不是不可同度质量的变量，而是不同地区、不同单位的同一指标。

(2) 平均指标指数除了可以测定总体平均指标变动程度以外，还可测定总体内部各组水平的平均变动和总体结构变动对总平均指标变动的影响，能适应统计研究的不同要求，计算三种不同形式的总平均指标指数，即上面所论述的可变构成指数、固定结构指数和结构影响指数。

第四节　指数体系和因素分析

一、指数体系的概念和作用

客观现象是错综复杂的，各种因素对它的影响不是孤立的，而是相互联系、相互制约和相互影响的。统计中，除了依据现象内在因素联系编制综合指数外，同时还要采用指数体系来分析现象中各个因素的影响程度，这就需要建立指数体系。

所谓指数体系，是指若干有联系的指数在数量上、逻辑上形成的一个整体，即反映客观事物本身内在联系所构成的整体。

利用指数体系，可以从相对数和绝对数两个方面，分析在受多种因素影响的复杂总体中各个因素的影响程度、变动方向及绝对数量；还可以进行指数之间的相互推算，若已知指数体系中三个数中的任意两个，就可以推算第三个指数；也可以对社会经济现象进行预测。

二、两个因素分析

复杂的社会经济现象是由两个或两个以上因素构成的，各因素之间的客观联系是建立统计指数体系的依据。这种关系，在相对数上表现为乘积关系，在绝对数上表现为总和关系。如表 11-1 中某商店销售 A、B、C 三种不同商品，按照前面已经计算出来的结果，则可以得到如下所述各种结果。

(1) 其相对数上关系为

商品销售额总指数=商品销售量总指数×商品销售价格总指数

$$\frac{\sum Q_1 P_1}{\sum Q_0 P_0} = \frac{\sum Q_1 P_0}{\sum Q_0 P_0} \times \frac{\sum Q_1 P_1}{\sum Q_1 P_0}, \quad \frac{232}{216} = \frac{259.2}{216} \times \frac{232}{259.2}$$

$$107.41\% = 120\% \times 89.51\%$$

(2) 绝对数上关系为

商品销售额增减总额=因销售量变动影响而增减变动销售总额+因销售价格变动

影响而增减的销售总额

$$\sum Q_1 P_1 - \sum Q_0 P_0 = \left(\sum Q_1 P_0 - \sum Q_0 P_0\right) + \left(\sum Q_1 P_1 - \sum Q_1 P_0\right)$$

$$232 - 216 = (259.2 - 216) + (232 - 259.2)$$

$$16(万元) = 43.2(万元) + (-27.2)(万元)$$

以上的计算表明，某商店销售 A、B、C 三种商品的销售额，在报告期比在基期上升了 7.41%，由此导致增加销售金额为 16 万元。销售额变动是受以下两个因素共同影响的结果：一是由于三种商品的销售量在报告期比在基期平均上升了 20%，使销售额增加了 43.2 万元；二是由于三种商品的销售价格在报告期比在基期平均下降了 10.49%，使销售额减少了 272 万元。

通过指数体系，对影响商品销售额的两个因素——销售量和销售价格从相对数和绝对数两个方面进行分析，可以测定它们的影响程度和变动的绝对数额。同样地，可以对产品产值与产品产量、出厂价格之间，生产总成本与产品产量、单位成本之间等社会经济现象从相对数和绝对数进行两个因素分析。

三、总指数多因素分析

复杂社会现象变动有时受三个或三个以上多因素变动的影响，对此，可以利用指数体系进行多因素分析，以测定多个因素变动对现象总体变动的影响程度。这种分析，从理论上讲可以推广到 4 个、5 个甚至更多的因素分析。但统计研究中应分清主次，抓住主要矛盾，以便采取措施加以消除。因此，一般通过对三四个因素的分析就可以满足其要求了。

多因素分析的基本方法与两因素分析相同。在进行多因素现象分析时，需要注意下述两点。

(一)同度量因素固定时期的选择

为了反映一个因素变动，必须假定其他因素固定不变，也有一个选择同度量因素固定的时期问题，即同度量因素固定时期的选择。一般来说，测定数量因素变动时，应将质量因素固定在基期；在测定质量因素变动时，应将数量因素固定在报告期，与前面讲的综合指数编制方法相似。其目的是使各个因素指数的连乘积等于总指数，各个因素指数变动而影响的差额之和要等于总指数实际发生的差额，以保障指数体系的完整性，计算结果有现实意义。

(二)各个因素的排列顺序

在多因素分析中，对各个因素的排列顺序，要根据现象各因素之间的内在联系加以确定，应使相邻两个因素的乘积具有独立经济意义。如表 11-5 所示，某厂原材料消耗总额=

产量×原材料单耗×原材料单价，多因素分析中排序也是如此，从数量因素逐步过渡到质量因素；或者倒转过来，即为原材料消耗总额=原材料单价×原材料单耗×产量，从质量因素过渡到数量因素。上述两种排序，无论哪种，其相邻两个因素的乘积都有独立的经济意义，即原材料单价×原材料单耗=全部产品原材料消耗总额。而原材料单耗×产量=全部产品原材料消耗总量。这样排序，是将三个因素合并为两个因素，即三个因素分析是两个因素分析的拓展。如果按照产品的原材料单耗×原材料单价×产量，就不符合指数分解逻辑，而原材料单价×产量，则缺乏现实经济意义。在多因素分析中，各因素的排序一般是从数量因素逐步过渡到质量因素，即数量因素在最前，而质量因素在最后。下面以表 11-5 为例说明多因素的分析方法。

表 11-5　某厂生产甲、乙两种产品原材料消耗情况

产品名称	原材料名称	产量		原材料单耗		原材料单价(元)		原材料支出总额(万元)			
		基期	报告期	基期	报告期	基期	报告期	基 期	报告期	假定	
		Q_0	Q_1	M_0	M_1	P_0	P_1	$Q_0M_0P_0$	$Q_1M_1P_1$	$Q_1M_0P_0$	$Q_1M_1P_0$
甲(万件)	A(千克)	10	12	10	9	14	15	1400	1620	1680	1512
乙(万袋)	B(米)	8	7	3.2	3.3	20	21	512	485.1	448	462
合计	—	—	—	—	—	—	—	1912	2105.1	2128	1974

根据表 11-5 中的资料对原材料支出总额进行多因素分析。

相对数上：原材料支出总额指数=产量总指数×产品的原材料单耗总指数×原材料单价总指数，即

$$\frac{\sum Q_1 M_1 P_1}{\sum Q_0 M_0 P_0} \times 100\% = \frac{\sum Q_1 M_0 P_0}{\sum Q_0 M_0 P_0} \times 100\% \times \frac{\sum Q_1 M_1 P_0}{\sum Q_1 M_0 P_0} \times 100\% \times \frac{\sum Q_1 M_1 P_1}{\sum Q_1 M_1 P_0} \times 100\%$$

$$\frac{2105.1}{1912.0} \times 100\% = \frac{2128.0}{1912.0} \times 100\% \times \frac{1974.0}{2128.0} \times 100\% \times \frac{2105.1}{1974.0} \times 100\%$$

$$110.10\% = 111.30\% \times 92.76\% \times 106.64\%$$

绝对数上关系为

$$\sum Q_1 M_1 P_1 - \sum Q_0 M_0 P_0 = \left(\sum Q_1 M_0 P_0 - \sum Q_0 M_0 P_0\right) +$$
$$\left(\sum Q_1 M_1 P_0 - \sum Q_1 M_0 P_0\right) + \left(\sum Q_1 M_1 P_1 - \sum Q_1 M_1 P_0\right)$$

$$2105.1 - 1912 = (2128 - 1912) + (1974 - 2128) + (2105.1 - 1974)$$

$$193.1(万元) = 216(万元) + (-154)(万元) + 131.1(万元)$$

据此，可以计算以下几个指数，并对其因素进行分析。

1. 原材料支出总额指数

$$K_{QMP} = \frac{\sum Q_1 M_1 P_1}{\sum Q_0 M_0 P_0} \times 100\% = \frac{2105.1}{1912.0} \times 100\% = 110.1\%$$

$$\sum Q_1 M_1 P_1 - \sum Q_0 M_0 P_0 = 2105.1 - 1912 = 193.1(万元)$$

从上面的计算可知，原材料支出总额报告期比基期上升了 10.1%，从而原材料支出额也增加了 193.1 万元。

2. 原材料支出总额因素分析

(1) 产品产量总指数。分析产量因素变动对原材料支出总额变动的影响时，应将作为同度量因素的两个质量因素，即原材料单耗和原材料单价固定在基期，则

$$\bar{K}_Q = \frac{\sum Q_1 M_0 P_0}{\sum Q_0 M_0 P_0} \times 100\% = \frac{2128}{1912} \times 100\% = 111.3\%$$

计算结果表明，由于报告期的产量比基期增加，使原材料支出额上升 11.3%，增加支出额为

$$\sum Q_1 M_0 P_0 - \sum Q_0 M_0 P_0 = 2128 - 1912 = 216(万元)$$

(2) 原材料单耗总指数。分析原材料单耗变动对原材料支出总额变动的影响时，应将产量因素固定在报告期不变，而将原材料单价因素固定在基期，则

$$\bar{K}_M = \frac{\sum Q_1 M_1 P_0}{\sum Q_1 M_0 P_0} \times 100\% = \frac{1974}{2128} \times 100\% = 92.76\%$$

$$\sum Q_1 M_1 P_0 - \sum Q_1 M_0 P_0 = 1974 - 2128 = -154(万元)$$

其结果表明，由于单位产品原材料单耗下降，使原材料费用支出额下降了 7.24%，节约原材料费用支出额 154 万元。

(3) 原材料单价总指数。分析原材料单价变动对原材料支出总额变动的影响时，应将产品产量与产品原材料单耗的乘积作为数量因素，固定在报告期。即

$$\bar{K}_P = \frac{\sum Q_1 M_1 P_1}{\sum Q_1 M_1 P_0} \times 100\% = \frac{2105.1}{1974} \times 100\% = 106.64\%$$

$$\sum Q_1 M_1 P_1 - \sum Q_1 M_1 P_0 = 2105.1 - 1974 = 131.1(万元)$$

上述结果说明，由于原材料单价报告期比基期上涨，使原材料费用支出总额上升了 6.64%，增加支出费用 131.1 万元。

将原材料费用支出总额变动的情况及其影响的因素从相对和绝对两方面逐个进行分析和测定，所得结论如下所述。

某厂生产甲、乙两种产品，消耗 A、B 两种原材料的支出总额，报告期比基期上升 10.1%，增加支出费用 193.1 万元。这是下述三个因素共同影响的结果。

(1) 产品产量增加，使原材料费用支出上升 11.3%，增加费用支出 216 万元。

(2) 产品单耗下降，使原材料支出下降 7.24%，节约原材料费用支出 154 万元。

(3) 原材料价格上涨，导致原材料费用支出上升 6.64%，使费用支出增加 131.1 万元。说明该厂经营状况良好，贯彻了增产节约的方针，取得了可喜的成绩。综上所述，分析结果如表 11-6 所示。

表 11-6　某厂原材料费用支出因素分析

项　目	费用支出额(万元)		指数(%)	报告期比基期增减额(万元)
	基　期	报告期		
原材料费用支出总额	1912	2105.1	110.1	193.1
1.产量影响	1912	2128	111.3	216
2.原材料单耗影响	2128	1974	92.76	−154
3.原材料单价影响	1974	2105.1	106.64	131.1

四、总指数与平均指标指数相结合的因素分析

平均指标指数与总指数之间的关系，如同平均指标与总量指标的关系一样，存在着一定的经济联系，同样可以进行两因素分析和多因素分析。某集团公司产量因素分析如表11-7所示。

表 11-7　某集团公司产量因素分析

项　目	基　期	报　告　期
生产量(千吨) $\sum Q$	14000($\sum Q_0$)	29000($\sum Q_1$)
工人人数 $\sum f$	50000($\sum f_0$)	52000($\sum f_1$)
劳动生产率(千吨/人) $\bar{q}$	0.28($\bar{q}_0$)	0.5577($\bar{q}_1$)

相对数上关系为产品产量总指数=工人人数指数×劳动生产率指数
即

$$\frac{\sum Q_1}{\sum Q_0} \times 100\% = \frac{\sum f_1}{\sum f_0} \times 100\% \times \frac{\bar{q}_1}{\bar{q}_0} \times 100\% \,,$$

$$\frac{29000}{14000} \times 100\% = \frac{52000}{50000} \times 100\% \times \frac{0.5577}{0.2800} \times 100\% \,,$$

$$207.14\% = 104\% \times 199.18\%$$

绝对数上关系为 $\sum Q_1 - \sum Q_0 = 29000 - 14000 = 15000(千吨)$

计算结果表明，该公司报告期产量比基期产量上升107.14%，增加产量15000千吨，这是公司工人增加与劳动生产率提高两个因素共同影响的结果。

(1)　由于工人人数在报告期比在基期上升4%，增加2000人，集团公司产量增加为
$$(\sum f_1 - \sum f_0) \times \bar{q}_0 = (52000 - 50000) \times 0.28 = 560(千吨)$$

(2)　因为公司劳动生产率在报告期比在基期上升99.18%，公司增加产量为
$$(\bar{q}_1 - \bar{q}_0) \times \sum f_1 = (0.5577 - 0.28) \times 52000 = 14440.4(千吨)$$

又因为劳动生产率指数是可变构成指数，其影响劳动生产率固定结构指数和劳动生产率结构影响指数，可以进一步分析。

相对数上关系为劳动生产率可变构成指数 = 劳动生产率固定结构指数×劳动生产率结构影响指数
即

$$\frac{\bar{q}_1}{\bar{q}_0} \times 100\% = \frac{\dfrac{\sum Q_1 f_1}{f_1}}{\dfrac{\sum Q_0 f_0}{f_0}} \times 100\% = \left(\frac{\dfrac{\sum Q_1 f_1}{f_1}}{\dfrac{\sum Q_0 f_1}{f_1}} \right) \times 100\% \times \left(\frac{\dfrac{\sum Q_0 f_1}{f_1}}{\dfrac{\sum Q_0 f_0}{f_0}} \right) \times 100\% \,,$$

$$199.17\% = 172.61\% \times 115.39\%$$

绝对数上关系为

$$\bar{q}_1 - \bar{q}_0 = \left(\frac{\sum Q_1 f_1}{f_1} - \frac{\sum Q_0 f_1}{f_1} \right) \times \left(\frac{\sum Q_0 f_1}{f_1} - \frac{\sum Q_0 f_0}{f_0} \right)$$

0.2777(千吨/人)=(0.5577-0.3231)(千吨/人)+(0.3231-0.2800)(千吨/人)

所以，全公司劳动生产率上升 99.17 个百分点，增加产量 14440.4 千吨是因为

(1) 甲、乙两公司工人劳动生产率提高，集团公司劳动生产率在报告期比在基期提高 72.61%，从而使公司增加产量为：

$$\left(\frac{\sum Q_1 f_1}{f_1} - \frac{\sum Q_0 f_1}{f_1} \right) \times \sum f_1 = (0.5577 - 0.3231) \times 52000 = 12199.2 \text{(千吨)}$$

(2) 由于甲、乙两分公司工人人数在全集团公司人数比重有了变动，即劳动生产率较低的甲公司在全公司人数中的比重从基期的 60% 下降到报告期的 38.46%，而劳动生产率较高的乙公司人数比重由基期的 40% 上升到报告期的 61.54 个百分点，使公司劳动生产率上升 15.39 个百分点，从而增加产量为

$$\left(\frac{\sum Q_0 f_1}{f_1} - \frac{\sum Q_0 f_0}{f_0} \right) \times \sum f_1 = (0.3231 - 0.28) \times 52000 = 2241.2 \text{(千吨)}$$

所以，上述四个指数存在着如前所述的关系。

相对数上关系为产品产量总指数=工人人数总指数×劳动生产率固定结构指数×劳动生产率结构影响指数

$$\frac{\sum Q_1}{\sum Q_0} = \frac{\sum f_1}{\sum f_0} \times \left(\frac{\dfrac{\sum Q_1 f_1}{f_1}}{\dfrac{\sum Q_0 f_1}{f_1}} \right) \times \left(\frac{\dfrac{\sum Q_0 f_1}{f_1}}{\dfrac{\sum Q_0 f_0}{f_0}} \right), \quad \frac{29000}{14000} = \frac{52000}{50000} \times \frac{\dfrac{29000}{52000}}{\dfrac{16800}{52000}} \times \frac{\dfrac{16800}{52000}}{\dfrac{14000}{52000}}$$

207.14%=104%×172.61%×115.39%

绝对数上关系为

$$\sum Q_1 - \sum Q_0 = (\sum f_1 - \sum f_0)\bar{q}_0 + \left(\frac{\sum Q_1 f_1}{f_1} - \frac{\sum Q_0 f_1}{f_1} \right) \times$$
$$\sum f_1 + \left(\frac{\sum Q_0 f_1}{f_1} - \frac{\sum Q_0 f_0}{f_0} \right) \times \sum f_1$$

29000-14000≈(52000-50000)×0.28+(0.5577-03231)×52000+(0.3231-0.28)×52000

15000(千吨)≈560(千吨)+12199.2(千吨)+2241.2(千吨)

由于小数取位时进行了四舍五入，产生 0.4 千吨误差，可进行适当调整。

通过上面一系列的计算与分析，可以进行下述综合分析。

某集团公司在报告期产量比在基期上升 107.14%，增加产量 15000 千吨。其原因：①由于全公司工人人数在报告期比在基期上升 4%，增加 2000 人，使公司增加产量 560 千吨；②由于全公司劳动生产率提高 99.17 个百分点，从而增加产量 14440.4 千吨。其中又因为甲、乙两分公司工人劳动生产率的提高使全公司劳动生产率提高 72.61 个百分点，使公司增加产量 12199.2 千吨；③由于甲、乙两分公司工人人数在全公司人数比重中的变动，使公司劳动生产率提高 15.39 个百分点，从而增加产量 2241.2 千吨。该公司劳动管理工作成效显著。

第五节 统计指数的应用

统计指数在我国社会经济生活中的应用非常广泛，每月、每季度及每年国家统计局和地方统计局都要公布某些统计指数来说明经济运行情况，并用来预测经济走势。比如定期公布的零售物价指数(RPI)、居民消费价格指数(CPI)和股票价格指数(SPI)等，这些指数都是与居民的生活和工作息息相关的统计指数。

一、零售物价指数

零售物价指数是测定市场零售商品价格变动的一种相对数。它是我国政府加强宏观调控和市场管理、制定物价和分配政策、研究和分析市场商品供需情况和国民经济运行的重要依据之一。

为了反映不同地区和全国的物价水平，按其研究范围，可分为省(自治区、直辖市)、地区零售物价指数和全国零售物价指数；为了反映各地和全国城乡物价状况，又分别按农村和城市编制农村零售物价指数和城市零售物价指数。

零售物价指数的编制比较烦琐，因为社会零售商品品种繁多，且价格变动频繁，很难获取全面资料按综合指数公式计算。因此在统计时，通常采用抽样的方法，选择有代表性的商品，将它们的个体价格指数加权平均，并计算各类商品零售物价指数和全部商品的零售物价指数。具体方法如下所述。

(一)对商品分类和代表商品的选择

我国的零售物价指数包括各种经济类型的工业、商业、餐饮业和其他行业的零售商品及农民对非农业居民出售农产品的价格指数。按国家统计局规定，全部商品可分为食品、饮料烟酒、服装鞋帽、纺织品、中西药品、化妆品、报纸杂志、文化用品、日用品、家用电器、首饰、燃料、建筑装潢材料、机电产品等 14 大类，每一大类又分若干中类，中类再分小类，每个小类又包括若干商品集团。例如，食品这一大类，可分为粮食、油脂、肉禽蛋、水产品、鲜菜、干菜、鲜果、干果、饮品和其他食品等 10 大类；在粮食这一种类中又可分为细粮和粗粮 2 个小类；而细粮这个小类包括面粉、大米、糯米、挂面 4 个商品。然后，再从各个商品集团中抽选代表商品，计算零售物价指数。

代表商品是各地根据统计部门规定需要调查的商品目录和地区的实际情况进行选择的商品。一般多选择质量中等，在本地销售量大，生产和销售前景看好，价格变动趋势有一定代表性的商品。而代表商品也并非一直不变，因为生产不断发展，人民的生活需求不断变化，商品的品种规格也随之变化，所以代表商品也应经常审查并进行调整。

(二)代表商品价格的调查和计算

代表商品选定后，应对其价格进行调查和计算。这是由各地根据商品销售额的比重和农贸市场商品成交额的多少，选择经营品种比较齐全、成交量大的中心市场作为调查点，派员定点定时进行调查登记。对同种商品的零售价格，每个大中城市确定 3～5 个不等的调查点，小城市和县城确定 1～2 个调查点。对一般性商品，每月调查 2～3 次，与人们生活密切相关、价格变动比较频繁的商品，调查次数要多一些，一般每 5 天要调查一次；对国家控制定价的一些主要商品价格或价格变动相对稳定的商品，通常每月或每季度调查一次。

根据调查所取得的资料按月、季度和年度计算平均价格，即对各个调查点同一时间、同一商品的价格用简单算术平均方法求得各种商品同一时间的平均价格，作为计算价格指数的商品价格；将同一种商品 1 个月内不同时间的平均价格加以平均，计算出各种商品月平均价格；再对 12 个月的月平均价格加以平均，即可得到各种商品的平均价格。

(三)零售物价指数的计算公式和权数

零售物价的类指数和总指数的加权算术平均数公式为 $\bar{K}_P = \dfrac{\sum k_P W}{\sum W}$

式中：$\bar{K}_P$——零售物价类指数或总指数。

$k_P = \dfrac{P_1}{P_0}$——商品的个体价格指数。

$W = Q_0 P_0$——各代表规格品所代表的商品集团的零售额。

$\sum W$——小类商品零售总额。

计算加权算术平均数，其权数应采用固定权数，一般代表商品的权数可每年计算一次，或三年计算一次；季节性强的鲜菜、鲜果应每月计算一次。

零售物价指数计算顺序是先小类，再中类、大类，最后将各大类商品零售物价指数加权平均计算出城市(农村)全国的零售物价总指数。每一类权数在同一类中各类商品零售额所占比重用百分数表示，其和为 100%。各省(自治区、直辖市)包括城市和农村的综合零售物价总指数的计算顺序，是在城市和农村单项代表商品零售物价指数的基础上，再根据城乡商品零售额资料，确定每一种商品城乡间的比重，再通过加权计算出各省、自治区、直辖市单项商品零售价格指数，然后再用加权算术平均数公式分层汇总计算出小类、中类、大类直至零售物价总指数。接下来，以某市某年零售商品物价指数为例，说明其编制的步骤和计算方法(见表 11-8 和表 11-9)

表 11-8　某城市零售商品价格食品大类指数计算

类别及品名	规格等级牌号	计量单位	平均价格(元)		权数(%) $\dfrac{W}{\sum W}$	以基数为 100	
			基期 (P_0)	本期 (P_1)		指数(%) $k_P = \dfrac{P_1}{P_0}$	指数×权数 $\sum k_P \dfrac{W}{\sum W}$
甲	乙	丙	(1)	(2)	(3)	(4)=(2)/(1)	(5)=(4)×(3)
食品大类指数					100	129.29	129.29
1.粮食中类					14	151.85	21.26
(1)细粮小类					96	151.98	145.90
	二等粳米	千克	1.81	2.80	80	154.70	123.77
	籼米	千克	1.56	2.20	20	141.03	28.21

续表

类别及品名	规格等级牌号	计量单位	平均价格(元) 基期 (P_0)	平均价格(元) 本期 (P_1)	权数(%) $\dfrac{W}{\sum W}$	以基数为100 指数(%) $k_P=\dfrac{P_1}{P_0}$	以基数为100 指数×权数 $\sum k_P \dfrac{W}{\sum W}$
(2)粗粮小类					4	148.84	5.95
	赤豆	千克	3.23	5.00	60	154.80	92.88
	绿豆	千克	4.36	6.10	40	139.91	55.96
2.油脂中类					4	175.90	7.04
3.肉禽蛋中类					25	146.90	36.73
4.水产品中类					15	118.32	17.75
5.鲜菜中类					10	62.75	6.28
6.干菜中类					1	120.83	1.21
7.鲜果中类					5	119.22	5.96
8.干果中类					1	144.82	1.45
9.其他食品类					6	139.21	8.35
10.饮食业中类					19	122.40	23.26

表 11-9 某城市零售商品价格总指数计算

类别及品名	规格等级牌号	计量单位	平均价格(元) 基期	平均价格(元) 本期	权数(%)	以基数为100 指数	以基数为100 指数×权数
甲	乙	丙	(1)	(2)	(3)	(4)	(5)=(4)×(3)
总指数					100		114.85
1.食品类					25	129.29	32.32
2.饮料、烟酒类					14	106.53	14.91
3.服装、鞋帽类					10	118.41	11.84
4.纺织品类					2	120.70	2.41
5.中西药品类					4	117.22	4.69
6.化妆品类					4	108.24	4.33
7.报纸杂志类					1	107.40	1.07
8.文化体育用品类					2	106.21	2.12
9.日用品类					20	118.00	23.60
10.家用电器类					10	94.55	9.46
11.首饰类					1	102.90	1.03
12.燃料类					1	131.50	1.32
13.建筑材料类					2	94.27	1.89
14.机电产品类					4	96.58	3.86

按前文所述，其计算步骤如下所述。

(1) 计算各代表商品的个体零售价格指数。如表 11-8 中二等粳米的个体零售价格指数为

$$K_P = \frac{P_1}{P_0} = \frac{2.80}{1.81} = 154.70\%$$

(2) 各代表商品个体零售物价指数乘以权数，加总后计算出各小类商品零售物价指数。如表 11-8 中细粮小类的零售物价指数为

$$\overline{K}_P = \sum k_P \frac{W}{\sum W} = 154.70\% \times 0.80 + 141.03\% \times 0.20 = 151.98\%$$

(3) 各小类零售物价指数乘以相应的权数，加总后计算出各中类零售物价指数。如表 11-8 中粮食中类的零售物价指数为

$$\overline{K}_P = \sum k_P \frac{W}{\sum W} = 151.98\% \times 0.96 + 148.84\% \times 0.04 = 151.85\%$$

(4) 各中类零售物价指数乘以相应的权数，加总后得到各大类的零售物价指数。如表 11-8 中食品大类的零售物价指数为

$$\overline{K}_P = \sum k_P \frac{W}{\sum W} = 151.85\% \times 0.14 + 175.90\% \times 0.04 + 146.90\% \times 0.25$$

$$+ 118.32\% \times 0.15 + 62.75\% \times 0.10 + 120.83\% \times 0.01 + 119.22\% \times 0.05$$

$$+ 144.82\% \times 0.01 + 139.21\% \times 0.06 + 122.40\% \times 0.19 = 129.29\%$$

(5) 各大类商品零售物价指数乘以相应的权数，加总后即可得到某市某年零售商品物价总指数 114.85%(见表 11-9)。其计算方法与第(4)步计算各类零售商品物价指数完全相同，将表 11-9 中 14 大类商品零售物价指数分别乘以相应的权数加总后即可。

二、居民消费价格指数

居民消费价格是指居民支付所购买消费品和获得服务项目的价格。它与居民生活密切相关，在国民经济价格体系中占有重要的地位。居民消费价格指数是反映消费品和服务项目价格变动趋势和程度的相对数。比如 2021 年 11 月我国居民消费价格同比上涨 2.3%，其中食品类上涨 1.6%。按照国际惯例，当 CPI>3% 的增幅时，即为通货膨胀。当 CPI>5% 时，已达到严重通货膨胀的标准。它是用来反映和分析居民实际收入与生活水平变化情况，是政府研究和制定价格决策、分配政策的重要依据。

按照国际标准，居民消费价格的调查内容可分为食品、烟酒及用品、衣着、家庭设备用品及服务、医疗保健及个人用品、交通和通信、娱乐教育文化用品及服务、居住等 8 大类。根据我国城乡居民消费模式、消费习惯，根据抽样调查选中的近 12 万户城乡居民家庭(其中，城市近 5 万户，农村近 7 万户)的消费支出数据，并结合其他相关资料，选取了 251 个基本分类、约 700 种商品和服务项目作为经常性调查项目。国家统计局直属的全国调查系统采取定人、定时、定点的直接调查方式，由专职调查员到不同类型、不同规模的农贸市场和商店现场采集价格资料。对于与居民生活密切相关、价格变动比较频繁的商品，至少每 5 天调查一次价格，从而保证居民消费价格指数能够及时、准确地反映市场价格的变动情况。

由于居民消费价格指数是用一定数量的代表品种反映价格总水平的变化，因此必须确定每一种调查商品或服务项目价格对价格总水平影响的重要程度(称为权数)，用以加权计

算分类价格指数及价格总指数。编制居民消费价格指数所用权数是指城乡居民家庭用在各类商品或服务项目的支出额在消费支出总额中的比重。我国确定权数的依据是全国 12 万户城乡居民家庭调查资料，并辅之以一些典型调查作补充。随着人民生活水平的提高，消费结构在不断变化。为此，还要根据城乡居民家庭消费支出结构的变化，每年对权数进行调整，通常是以上年的权数来计算本年的价格指数的。

居民消费价格指数的编制同商品零售物价指数一样，也是采用抽样方法，定人、定点、定时，派员调查登记代表商品和服务项目的价格。在计算平均价格和个体价格指数的基础上，按加权算术平均数指数公式，从小类、中类到大类加权计算出居民消费价格指数，最后将各大类居民消费价格指数再加权平均，计算出城乡居民消费价格总指数。它的范围、调查方法、计算公式都与商品零售物价指数相似。

但零售物价指数和居民消费价格指数二者也有不同之处，主要区别如下所述。

1. 观察的角度不同

零售物价指数是从商品出售者的角度来观察物价水平的变动及其对社会经济的影响；居民消费价格指数是从商品消费者的角度来观察物价水平变动及其对居民实际收入和生活水平的影响。

2. 范围不同

范围不同主要表现在三个方面。①购买力地区范围不同。商品零售物价指数包括外地购买力在本地购买的商品，但不包括本地购买力在外地购买的商品；而居民消费价格指数则相反，它包括本地购买力在外地购买的商品，而不包括外地购买力在本地购买的商品。②购买力范围不同。商品零售物价指数既包括居民购买力，也包括企事业和机关团体等社会集团购买力。而居民消费价格指数只包括居民购买部分，不包括社会集团购买部分。③具体商品和项目不同。零售物价指数只反映零售商品价格的变动，这些商品既有生活消费品，又有企事业和机关团体的办公用品和机电产品。比如货车、面包车和大客车，但不包括服务项目；而居民消费价格指数既包括消费品，又包括服务项目，如理发、洗澡、医疗手术、家电维修等。

3. 选择的权数不同

商品零售物价指数是以商业部门的商品零售额比重为权数，而居民消费价格指数是以居民家庭的实际支出为权数。前者资料来源于商业报表或典型调查，后者资料来源于城乡居民住户的抽样调查。

三、零售物价指数和居民消费价格指数的应用

零售物价指数和居民消费价格指数包含丰富的社会经济内容，由此可派生一些指数用来研究社会经济问题，为国家制定有关政策提供依据。

(一)测定通货膨胀

所谓通货膨胀，是货币发行量过多，超过商品流通正常需要，因而引起物价上涨、货

币贬值的一种经济现象。其会严重干扰正常的经济秩序，加剧经济周期波动，增加财政赤字，加重人们的生活负担，尤其是对低收入群体生活影响更大，对一个国家的政治、社会安定产生不利影响。为此，各国政府都把抑制通货膨胀作为制定财政政策的重要考量。

按照通货膨胀的速度(增长率)和严重程度，通货膨胀可划分为四类。

第一类，温和的通货膨胀，也叫爬行通货膨胀。其特征是增长率低，速度慢，危害较轻，是四类通货膨胀中最稳定的。

第二类，加速的通货膨胀，也叫奔驰通货膨胀。其特征是增长率高，一般都在两位数以上，对经济影响明显。

第三类，超速通货膨胀，也叫恶性通货膨胀。其特征是增长率特别高，一般会达到三位数，而且严重失控。它会引起金融体系完全崩溃，从而导致经济崩溃。

第四类，受抑制的通货膨胀，又叫隐蔽通货膨胀。从表面上看，它并没发生。这是由于政府的严格价格管制和配给，实际上经济中的通货膨胀压力是存在的。一旦解除价格管制，就会发生严重的通货膨胀。

通货膨胀程度的测定是计算通货膨胀率。计算通货膨胀率的方法很多，通常用价格指数的环比增长率表示，也可以用居民消费价格指数计算。其计算公式为

$$通货膨胀率(\rho) = \left(\frac{报告期居民消费价格指数}{基期居民消费价格指数} - 1 \right) \times 100\% \tag{11-6}$$

当计算结果为正值时，表明存在通货膨胀；若计算结果为负值，则说明出现通货紧缩，物价下跌，币值升高。

(二)测定货币购买力和职工实际工资

1. 货币购买力指数

货币购买力指数是指单位货币所能购买到的消费品和服务数量。其变动直接由价格的变动所决定，而且与价格变动相反。当价格上涨时，货币购买力下降；而价格下降时，货币购买力上升。所以货币购买力指数与居民消费价格指数呈倒数关系。其计算公式为

$$货币购买力指数 = \frac{1}{居民消费价格指数} \times 100\% \tag{11-7}$$

如 2022 年 4 月，中国居民消费价格同比上涨 2.1%，也就是说，居民消费价格指数为 102.1%，则同期货币购买力指数为 $\frac{1}{102.1\%} \times 100\% = 97.94\%$

计算结果表明，2022 年 4 月中国货币的币值相当于上一年同期的 97.94%。

2. 职工实际工资指数

职工劳动所得的实际工资能够买到多少消费品和服务数量，直接受价格变动的影响。为了准确地反映职工实际生活水平的变动，可用居民消费价格指数来推算职工货币工资实际能够购买到的消费品和服务数量的变动，即计算职工实际工资指数。其计算公式为

$$职工实际工资指数 = \frac{职工平均工资指数}{居民消费价格指数} \times 100\% \tag{11-8}$$
$$= 职工平均工资指数 \times 货币购买力指数$$

例如，2021 年全国城镇非私营单位就业人员年平均工资为 106 837 元，比上年增长 9.71%。2021 年全年居民消费价格(CPI)比上年上涨 0.9%，则 2021 年全国城镇非私营单位就业人员的实际工资指数为 $\frac{109.71\%}{100.9\%} = 108.73\%$。

同样地，还可以计算

$$城市实际收入指数 = \frac{城市人均收入}{城市居民消费价格指数} \times 100\%$$

$$农民实际纯收入指数 = \frac{农村人均纯收入}{农村居民消费价格指数} \times 100\%$$

四、股票价格指数

股票是一种特殊的金融商品，其价格有广义和狭义之分。广义的股票价格包括票面价格、发行价格、账面价格、清算价格、内在价格、市场价格等。狭义的股票价格是市场价格，即股票发行市价，它随股市供求行情变化而涨跌。

股票指数是经过精心选择的具有代表性和敏感性的样本股票在某一时点上平均市场价格计算的动态相对数，用来反映某一股市股票价格总变动趋势，习惯上用"点"表示，即以基期为 100(或 1000)，每上升或下降 1 个单位称为 1 点。股票指数计算方法很多，一般用发行量为权数来加权综合。

股票指数是反映证券市场行情的重要指标，是证券投资者投资决策分析的重要依据，也是反映一个国家和地区宏观经济态势的"晴雨表"。世界各地的股票市场都有自己的股票价格指数。如道-琼斯股价平均数、道-琼斯工业股价平均数、标准普尔股价指数、香港恒生指数等，它们各自都有其计算方法。

我国有上海证券交易所股价指数和深圳证券交易所股价指数。上海证券交易所交易股价指数是以 1990 年 12 月 19 日为基日(即上证所正式营业日)定为 100，以所有上海证券交易所上市的股票为编制范围，以股票发行量为权数的综合股价指数，其计算公式为

$$上证综合指数 = \frac{报告期市价总值}{基日市价总值} \times 100\% \tag{11-9}$$

式中，分子市价总值是股票市价乘发行股数。当市价总值出现非交易因素变动时，如增股、配股、汇率变动时，分母市价总值需修正。

深圳证券交易所股价指数有深圳综合指数和深圳成分指数。深圳综合指数是以在深圳证券交易所上市的所有股票为对象编制的指数，以 1991 年 4 月 3 日为指数基日，1991 年 4 月 4 日公布，以发行量为权数，纳入指数计算范围的股票称指数股。其计算公式为

$$深圳综合指数 = \frac{现时指数股总市值}{基日指数股总市值} \times 100\% \tag{11-10}$$

深圳成分股指数是以 1994 年 7 月 20 日为基日。基日指数为 1000，于 1995 年 1 月 23 日开始发布。它采用流通量为权数，是从上市公司中挑选出有一定上市交易日期和上市规模、交易规模、交易活跃的 40 家具有代表性的成分股计算。计算公式与深圳综合指数相同。当遇股市结构有所变动时，需要加以修正。

复习思考题

一、判断题(正确在括号内打"√"，错误打"×")

1. 在实际应用中，计算价格综合指数时，一般采用基期的数量指标为同度量因素。

                                                                     (   )

2. 总指数有个体指数和综合指数两种计算形式。   (   )

3. 可变构成指数=结构影响指数 × 固定构成指数。   (   )

4. 复杂社会现象由两个因素构成，分析各个因素对总体的影响，称为多因素分析。

                                                                      (   )

5. 价格指数是数量指标指数。   (   )

二、单项选择题

1. 狭义的指数含义是(   )。

    A. 动态指数   B. 定基指数   C. 总指数   D. 个体指数

2. 同度量因素在计算综合指数中(   )。

    A. 只起同度量作用   B. 只起权数作用

    C. 起权数和同度量作用   D. 既不起同度量作用，也不起权数作用

3. 按照个体价格指数和报告期销售额计算的价格指数是(   )。

    A. 综合指数   B. 平均指标指数

    C. 加权算术平均数指数   D. 加权调和平均指数

4. 零售价格上升 2%，销售量增加 5%，则零售额增长(   )。

    A. 7%   B. 7.1%   C. 10%   D. 107.1%

三、应用能力训练题

1. 已知三种产品的成本和产量资料如表 11-10 所示。

表 11-10   三种产品的成本和产量

产品名称	计量单位	单位成本(元)		产量	
		基期(Z_0)	报告期(Z_1)	基期(Q_0)	报告期(Q_1)
甲	件	10	8	3000	5000
乙	千克	8	6	4500	7000
丙	米	6	5.4	10000	20000
合计	—	—	—	—	—

要求:

(1) 计算每种产品的个体成本指数、个体产量指数。

(2) 计算三种产品的单位成本总指数。

(3) 计算由于三种产品单位成本报告期比基期降低所节约的生产费用支出总额。

2. 某企业报告期四种产品的产量、单位成本、个体成本指数资料如表 11-11 所示。

表 11-11 四种产品资料

产品名称	产量(件)	单位成本(元)	个体成本指数(%)
甲	250	40	80
乙	600	20	90
丙	150	100	85
丁	500	80	75
合计	—	—	

要求:

(1) 计算 4 种产品单位成本总指数。

(2) 计算由于 4 种产品单位成本降低所节约的生产费用支出总额。

3. 设某市居民以相同的金额,在报告期购买的副食品数量比在基期购买同样副食品的数量少 8.5%。请计算并分析副食品价格的变动情况。

四、调研分析题

1. 查阅资料,了解中国 CPI 和美国 CPI 编制的方法,并比较其差异。

2. 查阅资料,了解空气质量指数 AQI、制造业采购经理指数 PMI 和沪深 300 股价指数的计算方法。

要求: (1) 有指数的计算步骤和计算方法。

(2) 每题字数在 300~500。

(3) 任选一题。